公文写作

格式·要领·技巧·范例

一本通

博蓄诚品 编著

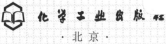

U0314188

化学工业出版社

·北京·

内容简介

本书对社会活动中常见的文种进行了全面阐述，包含了各文种的概念、特点、类型、写作格式及要领等。

全书共九章，依次介绍了公文写作基本知识、行政法定类公文写作、章程制度类公文写作、报告总结类公文写作、凭证条据类公文写作、经济贸易类公文写作、书信类公文写作、礼仪类公文写作、讲话稿写作等内容。附录部分对科技论文、毕业论文、职称论文的写作进行了补充说明。

本书结构合理，内容全面细致，实用性很强，对所涉及的每种文体都配备了相应的范例，让读者即学即用。本书非常适合企事业单位工作人员阅读，还适合备考公务员、事业单位的考生阅读，也适合用作高校或培训机构相关专业的教材及参考书。

图书在版编目（CIP）数据

公文写作一本通：格式·要领·技巧·范例/博蓄诚品编著. —北京：化学工业出版社，2024.2
ISBN 978-7-122-44389-2

Ⅰ.①公… Ⅱ.①博… Ⅲ.①公文-写作 Ⅳ.①H152.3

中国国家版本馆CIP数据核字（2023）第210914号

责任编辑：耍利娜　　　　　　文字编辑：侯俊杰　李亚楠　陈小滔
责任校对：宋　夏　　　　　　装帧设计：王晓宇

出版发行：化学工业出版社
　　　　　（北京市东城区青年湖南街13号　邮政编码100011）
印　　装：河北鑫兆源印刷有限公司
710mm×1000mm　1/16　印张18¹⁄₂　字数343千字
2024年3月北京第1版第1次印刷

购书咨询：010-64518888　　　售后服务：010-64518899
网　　址：http://www.cip.com.cn
凡购买本书，如有缺损质量问题，本社销售中心负责调换。

定　　价：79.00元　　　　　　　　　　版权所有　违者必究

公文是国家机关、社会团体和企事业单位发出的正式文件，它能够规范国家机关和社会团体的工作行为，保证公民的合法权益。随着社会的发展和信息化进程的加快，公文的重要性日益凸显。政府可通过公文了解民众的需求和意见，并做出相应的调整和反应。而企业也可通过公文了解市场的需求，提高产品的竞争力。因此，公文的规范写作越来越受到人们的关注和重视。

对政府机关来说，公文写作水平直接反映了其思想理论和政策水平、对社情民意的掌握情况、对重大问题的分析处置能力，也直接关系到国家意志和法律法规与政策是否能够科学、正确地得到表述和贯彻。对个人来说，公文写作既是一种技能，又是个人能力的体现。同时也是办公室文秘人员及所有从事公文工作的人员必须具备的基本技能。

很多从事文书写作的工作人员，尤其是刚入职的新手们在日常拟写公文时，经常会出现各类常识性的错误，例如行文关系混乱、文种的自创与误用、写作格式不规范等。为了帮助广大文书写作者了解公文基本文种的使用方法、掌握写作技巧、提高写作速度，我们编著了本书。

本书以现行《党政机关公文处理工作条例》为依据，结合相关法律文献和资料，对一些常用的公文文种进行了整理，并运用了大量的公文模板和范例来对各类公务文书进行详细的解读。

全书共九章，对40多种文种的结构、写作要领和方法进行了详细的阐述。其中第一章是全书的重点，分别讲述了公文的含义、特点、类型以及公文常规写作格式，让读者了解公文的写作规范，更新写作观念，巩固写作基础。第二～九章则对各类常见文种的特点、类型以及写作方法做了精要的介绍，并为每一类文种提供了1～3篇经典范例来做辅助说明，让读者真正做到学以致用。

在本书的最后，整理了一些公文写作经典短语以及新时代思想的写作新词新句，方便读者写作使用。此外，还介绍了一些常用论文文种的写作方法，拓展了读者关于应用文写作方面的知识。

总之，本书编著目的是让读者明白规范的公文是什么样的。同时，也帮助读者了解各类文种的写作思路与方法，让读者明白先写什么，后写什么，避免出现常识性的错误，让读者少走弯路。

本书内容安排

全书共分九章，各章节内容安排如下：

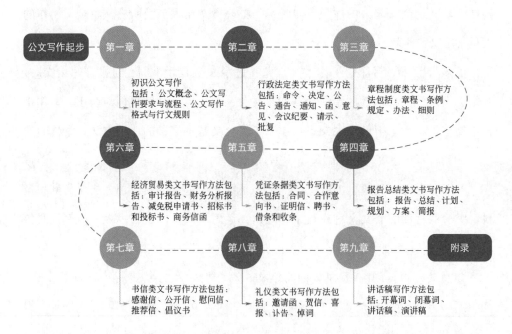

公文写作起步

第一章
初识公文写作
包括：公文概念、公文写作要求与流程、公文写作格式与行文规则

第二章
行政法定类文书写作方法包括：命令、决定、公告、通告、通知、函、意见、会议纪要、请示、批复

第三章
章程制度类文书写作方法包括：章程、条例、规定、办法、细则

第六章
经济贸易类文书写作方法包括：审计报告、财务分析报告、减免税申请书、招标书和投标书、商务信函

第五章
凭证条据类文书写作方法包括：合同、合作意向书、证明信、聘书、借条和收条

第四章
报告总结类文书写作方法包括：报告、总结、计划、规划、方案、简报

第七章
书信类文书写作方法包括：感谢信、公开信、慰问信、推荐信、倡议书

第八章
礼仪类文书写作方法包括：邀请函、贺信、喜报、讣告、悼词

第九章
讲话稿写作方法包括：开幕词、闭幕词、讲话稿、演讲稿

附录

本书读者对象

- 公文基础薄弱的新手；
- 企事业单位的文职人员；
- 刚毕业即将踏入职场的大学生；
- 大中专院校以及培训机构的师生。

本书在编写过程中参考了相关书籍和网站资料，在此对这类书籍和资料的作者深表感谢！由于时间与精力有限，书中疏漏之处在所难免，望广大读者批评指正。

编著者

CONTENTS

目 录

第三章　章程制度类文书写作方法　　073

第四章　报告总结类文书写作方法　113

第五章　凭证条据类文书写作方法 148

第六章　经济贸易类文书写作方法　168

第七章　书信类文书写作方法　197

第八章　礼仪类文书写作方法　218

第九章　讲话稿写作方法　　235

第一章

初识公文写作

察己则可以知人，
察今则可以知古。

——《吕氏春秋·览·慎大览》

第一节

了解公文的概念

公文指的是公务文书。在行政工作中，公文起到了传达政令政策、实施管理、处理公务的作用，以保证各项事务能够正确、高效地进行。下面将简单地对公文的含义、分类、特点和作用进行介绍。

一、公文的含义

公文是机关团体、企事业单位在公务活动中形成的具有法定效力和规范体式的书面材料，是行政管理工作中不可替代的一种特殊的应用文体。在起草公文时，要根据工作需要确定公文文种，再根据不同的文种确定具体的公文内容。

二、公文的分类

一般来说公文可按照行文方向、行文方式、秘密程度与适用范围以及紧急程度进行分类。

（1）行文方向

按照行文方向来分，公文可分为上行文、下行文、平行文以及泛行文这四种。

● 上行文是指下级机关向上级机关报送的公文。例如报告、请示。

● 下行文与上行文相反，是上级机关向下属机关发送的公文。例如命令、决定、通知、批复等。

● 平行文主要是同一组织系统的同级机关或非同一组织系统的任何机关发送的公文。例如信函。

● 泛行文主要是面向社会，没有特定的主送机关和行文方向的公文。例如公告、公报、意见等。

（2）行文方式

按照行文方式来分，公文可分为逐级行文、越级行文、多级行文和直接行文这四种。

● 逐级行文是指向直接下级行文，也可以由直接下级根据本级机关具体情况提出贯彻执行的意见再向下一级机关转发公文，以此类推，直至基层。

● 越级行文是指超越直接上下级机关行文。一般指越过直接的上级或多层上级向更高一层上级直至中央行文。该行文只在一定条件下可实施。例如：遇到自然灾害等特殊的重大情况；多次向上级请示，长期未得到解决的重大问题；对直接上级机关或领导进行检举；上级领导或领导机关交办，指定越级直接上报的事项；对直接下级机关有争议，无法解决的重大问题；等等。

● 多级行文是根据需要向上下多级机关行文。

● 直接行文是同级或其他不相隶属的机关之间相互行文时采用的方式。行文不受系统归属与级别层次制约。

（3）秘密程度与适用范围

公文按秘密程度可分绝密、机密、秘密、普通四种。

● 绝密是指内容涉及最重要的国家秘密，一旦泄露会使国家的安全和利益遭受特别严重的损害的公文，最长期限30年。

● 机密是指内容涉及国家的重要秘密，泄露会使国家安全和利益遭受严重的损害，最长期限是20年。

● 秘密是指内容涉及一般的国家秘密，泄露会使国家安全和利益遭受损害，最长期限是10年。

● 普通是指内容不涉及任何国家秘密，可以在各级机关、各单位广泛传阅的公文。

公文按适用范围可分通用公文和专用公文两种。

● 通用公文是指各级机关和各类团体组织普遍使用的公文，包括法定公文以及其他常用的应用文。

● 专用公文是指一些具有专门职能的部门在其管辖的业务范围内使用的公文，如司法公文、科技公文、外交公文、财经公文等。这些公文是具有特定格式、专指内容的公文。

（4）紧急程度

紧急公文应当明确办理时限。承办部门对交办的公文应当及时办理，有明确办理时限要求的应当在规定时限内办理完毕。

公文按紧急程度可分特急、加急、常规三种。

● 特急是指事关重大而又十分紧急，要求以最快的速度形成、运转和办理的公文，时限为1天。

● 加急是指涉及重要工作需要快速形成、运转和办理的公文，时限为3天。

● 常规是指按照正常程序和速度形成、运转和办理的公文，时限为7天，最长不得超过15天。

三、公文的特点

公文作为一种特殊的应用文体，具有与一般文章截然不同的特点。

法定作者	法定权威	特定体式	现实效用	特定读者
制发公文的作者必须是根据政权立法赋予相应权力和承担相应义务的组织	公文具有法定的权威性和行政约束力	公文具有明确的格式、起草、管理要求，必须按照规定的公文规范来制发	公文是在处理公务的现实活动中产生的，具有时效性，其作用随着工作目的的实现而消失或转化	公文一般都有特定的读者，即主送机关、抄送机关和传达范围

四、公文的作用

公文的性质、含义、特点等因素决定着公文的作用，具体体现为以下5个方面。

（1）领导指导

公文是上级机关对下级机关进行指导的重要工具和主要手段。党政领导机关可以通过决定、通知等下行公文指挥管理下级机关的工作。

（2）联系公务

公文是交流联系、传递信息的重要渠道。通过公文可联系上下级以及平级等机关单位，使信息或政令有效地流通或传达，促使工作有序进行。

（3）宣传教育

在制发公文时，要辅以必要的说明，以方便传达和贯彻政策的实施。其中，通报等类型的公文具有明显的宣传教育作用。

（4）凭证依据

公文作为处理公务的专用文书，具有法定效力。同时公文具备专业的管理与存档部门，是受文机关处理事务、开展工作的依据和凭证。

（5）规范言行

决定、命令等公文具有法规的性质，是一定范围内人们行为的规范和准则。这类文件一旦生效，就必须坚决执行，不得违反。

第二节

公文写作的要求与流程

公文写作是指公务文书的起草与修改，是体现机关领导意图和愿望的写作活动。在起草公文时，撰写人需要按照公文写作的相关要求及流程来写作。为了让初学者更快了解公文写作，下面将对其写作要求及写作流程进行介绍。

一、公文写作的特点

公文写作特点主要体现在以下六个方面：
- 被动写作，遵守性强；
- 对象明确，针对性强；
- 集思广益，群体性强；
- 决策之作，政策性强；
- 紧迫之作，时限性强；
- 讲究格式，规范性强。

经验之谈 !!!

公文写作的基本要求包含5点：① 保证公文内容在政策上的正确性；② 实事求是，在业务上符合客观规律；③ 在文字表述上需准确、鲜明、生动，符合语法逻辑；④ 公文起草要符合统一规定的体式和程序；⑤ 注意选用书写的载体材料与字迹材料。

二、公文写作的基本流程

一般来说一篇公文的形成需要经过七个步骤，分别是了解写作目的、提炼写作主题、构思写作框架、收集资料内容、起草公文内容、修改完善公文以及校对印刷公文。

（1）了解写作目的

在撰写公文前，需要事先和领导进行有效的沟通，了解这篇公文的写作目的。例如：是要告知大众某件事情，还是报告某一项工作，或是向上级请示某一问题，等等。

（2）提炼写作主题

了解了写作目的、思想方针政策后，就需要理清内容的来龙去脉、主次关系，提炼出核心主题。一篇公文只能有一个主题。在提炼过程中，有时可能会提炼出多个主题，这时就需要比较一下，哪一个更准确，就着手从哪一个角度去写。该重要表达的，就绝不吝啬；该三言两语带过的，绝不多讲一句。

（3）构思写作框架

公文的结构比较严谨，先介绍什么、后介绍什么都需要事先构思好，列出写作框架。然后按照这个框架进行构思，整理素材。把相同类或相近的材料先糅合在一起，再进行修改。框架构建起来后，就知道如何查漏补缺。

（4）收集资料内容

选择相关内容进行铺叙，也就是占有资料的问题。资料占有丰富与否、资料质量的好坏，直接关系到整个文章的质量。收集资料是写好公文的基础，也是基本功。因此，在想好主题、文章框架后，就要花精力去收集各种相关资料。充分占有资料，公文才能翔实准确，发挥交流沟通的作用。否则，就会产生误导，这是公文写作的大忌。

（5）起草公文内容

有了主题、框架、资料，就可以着手写作公文了。写作的时候要注意始终紧扣主题，不能跑题。要注意层次，一层一层讲清意思。语言要精练、通俗、朴素。公文是给大众看的，语言越通俗、越直白、越朴素越好。部分公文是要向群众告知事项、宣传道理，所以要用群众看得懂的语言才行。

（6）修改完善公文

公文初稿完成后，需要按照"准确、简洁、生动"的标准对其内容进行反复修改完善。公文是代表组织或单位起草的，要请领导审阅，有的还要广泛征求意见。文章不怕改，越改只会越好。所以公文修改是公文起草不可缺少的一步。

（7）校对印刷公文

公文起草人是公文的第一责任人也是最后一道关口，所以对公文从起草到修改到校对印刷要全程负责。认真校对，修改错别字、标点符号，补苴罅漏，做到一字一符不错。印刷前，还要校对公文标题、发文字号、发文对象、保密等级、印刷数量是否有误，切不可疏忽大意。

三、公文写作的语言要求

语言表达是起草人思想水平、政治水平和业务能力的体现。所以，公文在用语、选词方面是有一定的要求和使用规范的。

（1）准确

① 辨析词义。汉语中有大量的意义相同或相近的词汇，即使是同义词，细细分辨起来还是有些微妙的差异。譬如："优异""优秀""优良"，这三个词粗看相近，细看则有程度的区别；"鼓舞""鼓动""煽动"，从动作的方向和力度上看并无差异，但感情色彩却很不相同。在写作公文时，必须在词语的细微差别和感情色彩上仔细斟酌。

② 讲究语法逻辑。公文写作语言的规范性，指的是语句合乎语法规则，合乎

逻辑。

● 句子成分要完整。主语、谓语、宾语是一个句子的主干，少了其中一个，整个句子就有可能产生歧义。

● 词语之间搭配得当。两个词语相互搭配在一起，必须符合事理和习惯，否则就不通顺。

● 句子还需讲究逻辑性。有句子出现种属概念并列或自相矛盾等逻辑错误。例如"把所有产品都基本纳入了计划"这句话中"所有"和"基本"是自相矛盾的两个词。"所有"表示全部，而"基本"表示非全部。两个词二选一才可，不能同时使用。

（2）精练

① 用语要精确。公文写作中之所以有用语繁多，但意思总是表达不明白的情况，多半是由于用语不精确，只好增加语句去弥补。结果反而是"言愈多，理愈乱"。

② 使用短句。句子越长，句子组成的成分就越多，看似句子读起来别有风味，但读者却需要反复地去揣摩语义，从而制造了阅读障碍。短句的优势就是用较少的字就能把意思表达清楚。读者好读，也容易理解。

③ 适当用文言文词语。文言文词语通常要比现代汉语更为精练，如"业经""悉""兹""兹有""特""拟""者""为荷""于""为""依""逾""其""亦""以""尚""之""该""予""此""凡"等。公文中适当使用文言文词语和文言句式，有利于增强公文的庄重性。

（3）质朴

大方、庄重、朴实，是公文语言的基本风格。在挑选词语时，用能让读者一目了然的词语，避免语言艰深、晦涩、冷僻。此外，夸张、比喻、拟人等艺术性很强的修辞手法也是公文禁用的对象。

第三节

公文的基本格式

一份完整的公文可分为版头、主体和版记三个部分。其中置于公文首页红色分隔线以上的内容为版头部分；置于红色分隔线以下至抄送分隔线之间的内容为主体部分；置于抄送分隔线以下的内容为版记部分，如图1-1、图1-2所示。

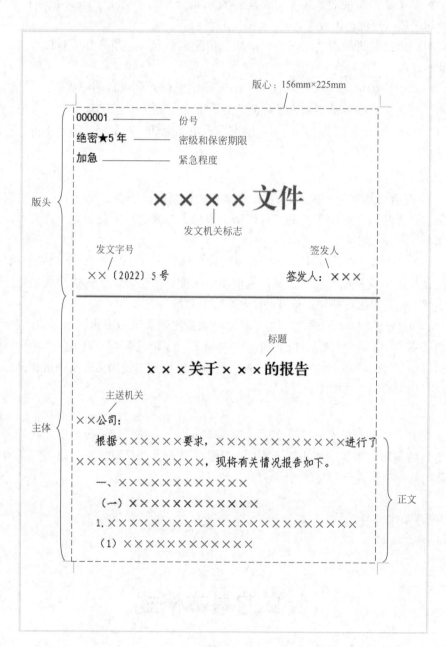

图1-1

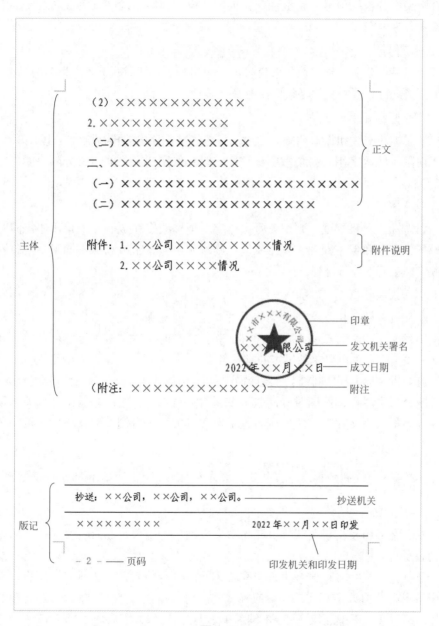

图1-2

一、版头部分

版头部分包括份号、密级和保密期限、紧急程度、发文机关标志、发文字号及签发人等内容。

（1）份号

份号是指公文印制份数的顺序号，一般用6位3号阿拉伯数字顶格编排在版心左上角第一行。涉密文件必须标注份号。

（2）密级和保密期限

如需标注密级和保密期限，则用三号黑体字，顶格编排在版心左上角第二行。保密期限中的数字用阿拉伯数字标注，密级和保密期限之间用★分隔，如"绝密★1年"。

（3）紧急程度

如需标注紧急程度，则用三号黑体字，顶格编排在版心左上角。如需同时标注份号、密级和保密期限、紧急程度，则按照份号、密级和保密期限、紧急程度的顺序自上而下分行排列。

（4）发文机关标志

发文机关标志由发文机关全称或者规范化简称加"文件"二字组成，也可直接使用发文机关全称或者规范化简称。联合行文时，发文机关标志可以并用联合发文机关名称，也可以单独用主办机关名称。

发文机关标志居中排布，上边缘至版心上边缘为35mm，一般使用红色小标宋体。联合行文时，如需同时标注联署发文机关名称，一般应当将主办机关名称排列在前；如有"文件"二字，应当置于发文机关名称右侧，以联署发文机关名称为准上下居中排布。

> **注意事项**：发文机关标志字以醒目美观为原则酌定，但应小于15mm×22mm。

（5）发文字号

发文字号由发文机关代字、年份、发文顺序号组成。联合行文时，使用主办机关的发文字号。

下行文发文字号编排在发文机关标志下空二行位置，居中排布。年份、发文顺序号用阿拉伯数字标注；年份应标全称，用六角括号"〔〕"括入；发文顺序号不加"第"字，不编虚位（即1不编为01），在阿拉伯数字后加"号"字。

上行文的发文字号居左空一字编排，与最后一个签发人姓名处在同一行。

（6）签发人

上行文应当标注签发人姓名。签发人居右空一字，编排在发文机关标志下空二行位置，由"签发人"三字加全角冒号和签发人姓名组成。"签发人"三字用三号仿宋体字，签发人姓名用三号楷体字。

联合发文时有多个签发人的，签发人姓名按照发文机关的排列顺序从左到右、自上而下依次编排，一般每行排两个姓名，回行时与上一行第一个签发人姓名对齐，最后一位签发人姓名应与发文字号处在同一行。如图1-3、图1-4所示的是联合公文的格式。

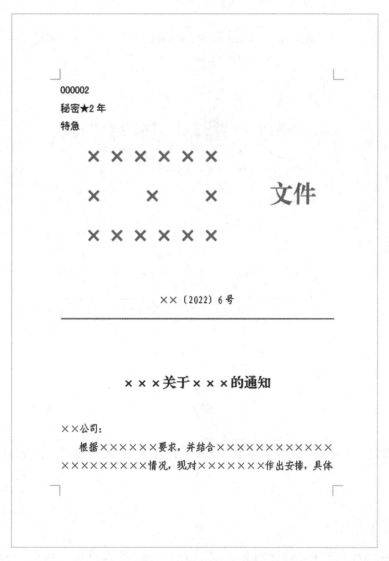

图1-3

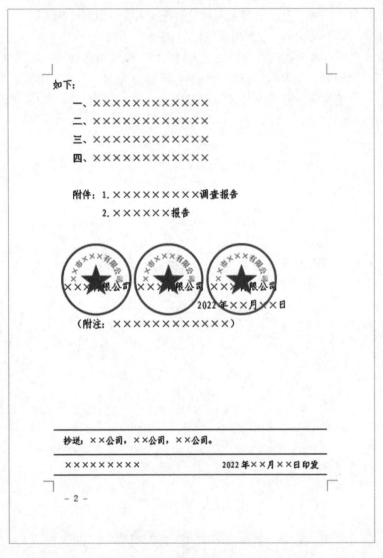

图1-4

> **注意事项**：签发人与发文字号之下4mm处标一条与版心等宽的红色分隔线。

二、主体部分

主体部分是公文中最主要的部分，包括标题、主送机关、正文、附件说明、发文机关署名、成文日期、印章、附注、附件等内容。

（1）标题

标题由发文机关名称、事由和文种组成。一般用二号小标宋体字，编排于红色分隔线下空二行位置，分一行或多行居中排列。回行时，要做到词意完整、排列对称、长短适宜、间距恰当。

注意事项：四个及以上机关联合行文时，标题中的发文机关名称可简略。

（2）主送机关

主送机关是公文的主要受理机关，应当使用机关全称、规范化简称或者同类型机关统称。主送机关编排于标题下空一行，左侧顶格，回行时仍顶格，最后一个机关名称后标全角冒号。如主送机关名称过多导致公文首页不能显示正文时，需要将主送机关名称移至版记，标注方法同抄送机关。

（3）正文

正文是公文的主体，表述了公文的内容。正文一般编排于主送机关名称下一行，每个自然段开头左空二字，回行顶格，其中数字、年份不能回行。

文中结构层次次序数依次可用"一、""（一）""1.""（1）"标注。一般一级标题用黑体字，二级标题用楷体字，三级标题、四级标题和正文用三号仿宋字体。

正文每页排22行、每行排28个字。正文的行距以10.5mm或10mm为宜。

（4）附件说明

附件说明指公文附件的顺序号和名称。公文如有附件，应在正文下空一行左空二字编排"附件"二字，后标全角冒号和附件名称。如有两个及以上附件时，需使用阿拉伯数字标注附件序号，每个附件名称分行并列编排。附件名称后不加标点符号，附件名称过长需回行时，应当与上一行附件名称的首字对齐。

（5）发文机关署名

发文机关署名应当署发文机关全称或规范化简称。对于加盖印章的公文：单一机关行文时，发文机关署名一般在成文日期之上，以成文日期为准居中编排，并在其上加盖印章；联合行文时，各发文机关署名应按照发文机关顺序编排在相应位置，并在其上加盖印章。

不加盖印章的公文：若是单一机关行文，则应在正文（或附件说明）下空一行右空二字编排发文机关署名，发文机关署名下一行编排成文日期，成文日期首字比发文机关署名首字右移二字，若成文日期长于发文日期署名，应使成文日期右空二字编排，并相应增加发文机关署名右空字数；联合行文时应当先编排主办机关署名，其余发文机关署名依次向下编排。

经验之谈 !!!

　　若单一机关制发的公文需加盖签发人签名章时，应在正文（或附件说明）下空二行右空四字加盖签发人签名章，签名章左空二字标注签发人职务，以签名章为准上下居中排布，在签发人签名章下空一行右空四字编排成文日期；联合行文时，应当先编排主办机关签发人职务、签名章，其余机关签发人职务、签名章依次向下编排，与主办机关签发人职务、签名章上下对齐，每行只编排一个机关的签发人职务、签名章且签发人职务应当全称标注。

（6）成文日期

　　成文日期是公文的生效时间，一般署会议通过或者发文机关负责人签发的日期。联合行文时，署最后签发机关负责人签发的日期。成文日期一般右空四字编排，其中的数字用阿拉伯数字标全年、月、日，年份应标全称，月、日不编虚位。

（7）印章

　　公文中有发文机关署名的，应当加盖发文机关印章，并与署名机关相符。有特定发文机关标志的普发性公文和电报可以不加盖印章。

　　单一机关行文时，印章端正、居中下压发文机关署名和成文日期，使发文机关署名和成文日期居于印章中心偏下位置，印章顶端应距正文（或附件说明）一行之内。联合行文时，应将各发文机关署名按照发文机关顺序整齐排列在相应位置，并将印章一一对应、端正、居中下压发文机关署名，最后一个印章端正、居中下压发文机关署名和成文日期，印章之间排列整齐、互不相交或相切，每排印章两端不得超出版心，首排印章顶端应距正文（或附件说明）一行之内。

注意事项：印章需用红色，不得出现空白印章。当公文排版后所剩空白处不能容下印章或签发人签名章、成文日期时，可以调整行距、字距解决。

（8）附注

　　附注是指公文印发传达范围等需要说明的事项，一般居左空二字加圆括号编排在成文日期下一行。

（9）附件

　　附件是指公文正文的说明、补充或者参考资料。附件应当另面编排，与公文正文一起装订。"附件"二字及附件顺序号用三号黑体字顶格编排在版心左上角第一行，附件标题居中编排在版心第三行，附件顺序号和附件标题应当与附件说明的表述一致，附件格式要求同正文。若附件不能与正文一起装订，需在附件左上角第一行顶格编排公文的发文字号并在其后标注"附件"二字及附件顺序号。

三、版记部分

版记部分位于公文最后一页，包括抄送机关、印发机关和印发日期及页码等内容。

（1）抄送机关

抄送机关指除主送机关外需要执行或者知晓公文内容的其他机关，应当使用机关全称、规范化简称或者同类型机关统称。

抄送机关一般用四号仿宋体字。在印发机关和印发日期之上一行、左右各空一字编排。"抄送"二字后加全角冒号和抄送机关名称，回行时与冒号后的首字对齐，最后一个抄送机关名称后标句号。

经验之谈 !!!

若需把主送机关移至版记，除将"抄送"二字改为"主送"外，编排方法同抄送机关。既有主送机关又有抄送机关时，应当将主送机关置于抄送机关之上一行，之间不加分隔线。

（2）印发机关和印发日期

印发机关是指公文的送印机关，印发日期是指公文的送印日期。印发机关和印发日期一般用四号仿宋体字，编排在末条分隔线之上，印发机关左空一字，印发日期右空一字，用阿拉伯数字将年、月、日标全，年份应标全称，月、日不编虚位（即1不编为01），后加"印发"二字。若版记中有其他要素，应将其与印发机关和印发日期用一条细分隔线隔开。

（3）页码

页码指公文页数顺序号，一般用4号半角宋体阿拉伯数字，编排在公文版心下边缘之下，数字左右各放一条一字线；一字线上距版心下边缘7mm。单页码居右空一字，双页码居左空一字。公文的版记页前有空白页的，空白页和版记页均不编排页码。公文的附件与正文一起装订时，页码应当连续编排。

经验之谈 !!!

版记应置于公文最后一页，其最后一个要素应置于最后一行，以便阅读和查询。版记中的分隔线与版心等宽，首条分隔线和末条分隔线用粗线（推荐高度为0.35mm），中间的分隔线用细线（推荐高度为0.25mm）。首条分隔线位于版记中第一个要素之上，末条分隔线与公文最后一面的版心下边缘重合。

四、公文特定格式

以上介绍的是公文基本格式。除此之外，命令、信函、纪要这三种公文有特有的格式。

（1）命令

命令的发文机关标志由发文机关全称加"命令"或"令"字组成，居中摆放。上边缘至版心上边缘为20mm，使用红色小标宋体字。发文机关标志下空两行居中编排发文令号，令号下空两行编排正文内容。

（2）信函

信函发文机关标志上边缘距上页边的距离为30mm。发文机关标志下4mm处为一条红色双线（上粗下细），距下页边20mm处为一条红色双线（上细下粗），两条线长均为170mm。每行居中排28个字。发文机关名称及双线均印红色。发文字号置于文武线下一行版心右边缘顶格写。发文字号下空一行写入公文标题。

（3）纪要

纪要标志由"××纪要"组成，使用红色小标宋体字，居中编排。上边缘至版心的上边缘为35mm。标注出席人员名单，在正文或附件说明下空一行，左空二字编排"出席"二字，使用三号黑体字、全角冒号。出席人单位、姓名则用三号仿宋体。

第四节

公文的行文规则

行文规则是制发、办理公文时必须遵循的基本准则。正常有效的行文应当遵循以下几条基本规则。

一、按机关隶属关系和职责范围行文规则

（1）按机关隶属关系行文

上级机关对下级机关可以作指示、布置工作、提出要求；下级机关可以向直接的上级机关报告工作、提出请示，上级机关对请示事项应予研究答复。除了这一层关系外，在现行管理体制中，还形成了一种各业务部门上下垂直的条条关系，

其中有些部门属本级政府和上级部门双重领导，大部分和上级业务部门之间虽然不属直接领导与被领导的关系，但在业务上的确存在指导与被指导的关系，也就形成了直接的上下行文关系。

（2）按职责范围行文

行文的内容应是本机关职责范围内的事项，而不能超出，超出了即为越权。如果干涉了别的机关事务，不仅在实践中行不通，而且会造成政令混乱。当然，不相隶属机关之间也有公文往来，那只能是商洽工作、通知事项、征询意见等，而不存在请示、报告或布置任务的性质。

二、授权行文规则

如果一个部门的业务需要下级政府和有关部门的支持与配合，按隶属关系和职责范围又不具备布置工作和提出要求的行文权限时，这就可以通过授权行文来解决。例如，这个部门可向本级政府请示，经本级政府同意并授权后，向下级政府行文。在操作中，应将文稿拟好，由本部门领导签署，请本级政府分管领导审批。经政府领导审批后的文稿，在行文时，才能在文首或文中注明"经××政府同意"的字样。这里特别需要说明的是各级政府办公厅（室）的行文都具有授权行文的性质（内部事务除外）。各级政府办公厅（室）以及各部门的办公室是政府和部门的综合办事机构，对外行文都是代表政府和部门的，与本级政府和本部门的公文具有同等效力，下级机关（部门）都应贯彻执行，可不在文首或文中标注"经×××同意"的字样。

三、联合行文规则

同级政府与政府之间，部门与部门之间，上级部门与下级政府之间可以联合行文；政府与同级党委、军事机关之间可以联合行文；政府部门与同级党委部门、军事机关部门之间可以联合行文；政府部门与同级人民团体和行使行政职能的事业单位之间，就某些互相有关的业务，经过会商一致后可以联合行文。

联合行文，既可联合向上行文，也可联合向下行文。联合行文应当确有必要，单位不宜过多。

四、一般情况下不越级行文规则

不越级行文体现了一级抓一级、一级对一级负责的原则。一般情况下不能破坏这种原则，破坏了就会造成混乱，也会影响机关办事效率。所以通常情况下不越级行文。遇有特殊情况，如发生重大的事故、防汛救灾等突发事件或上级领导在现场办公中特别交代的问题，可越级行文，特事特办，但要抄送被越过的上级机关。否则，受文机关对越级公文，可退回原呈报机关，或可作为阅件处理，不予办理或答复。

五、不越权行文规则

如果有涉及其他部门职责范围的事项又未与其他部门协商，或虽经协商但未达成一致意见，不可以单独向下行文。如果擅自行文就构成侵权行为，会造成工作中的许多矛盾。上级机关如发现这种情况，有权责令纠正或撤销这类公文。现实中，这类情况时有发生，因此造成"文件打架""政出多门"。解决这类问题，应提倡部门之间多协商、多对话、多沟通，通过联合行文或授权行文的方式解决。

六、"请示"规则

（1）请示不直接报送领导个人

如果直接"请示"领导个人，其危害性有三点：

● 未经文秘机构签收、登记，成了"帐外公文"，公文的流向、处理情况不得而知，查无踪迹。

● 直接送到领导处，领导也颇为难。批，没有部门的审批意见，只能以经验、凭感觉办事，往往失去决策的科学性；不批，也有可能影响报送单位的工作。

● 有些单位拿着直送领导的批示文件，到有关部门要钱要物，借领导批示向对方施加压力，引起矛盾。

一般来说领导是不会受理这类直接的请示，而是退给文秘机构统一签收、登记、分办，这便形成了公文"倒流"，它破坏了公文处理的正常程序，造成了不必要的紊乱。如果是上级领导个别交办、答应的事项，由此而上报的"请示"，也应主送该领导所在的机关，并在公文中作出说明。收文机关在分办时，自然会把这份公文分送给这位领导批阅。

（2）请示应一事一请，只主送一个机关，不抄送下级机关

● 一事一请。机关或部门都有明确分工，各自只能办理职责范围内的事，如果一文数事，必然涉及几个主管部门，给公文交办带来困难，即使勉强交办出去，可能谁也不愿牵头办理，造成互相推诿、扯皮。

● 只主送一个机关。请示内容是要求答复的事项，主送机关有责任研究并作出答复。相关的机关或部门采用抄送形式，以便主办机关征求意见或会签。如果多头呈送，上级机关一般不予受理。如果办理，会造成机关之间相互等待或意见不统一，增加协调难度，影响工作效率。

● 不同时抄送下级机关。请示内容是未决事项，在上级机关还没有批准前，向下级机关抄送透露，会引起不必要的误会或矛盾，不利于工作的开展。因此，请示事项只能在上级机关答复或批准之后，通知下级机关。

七、"报告"不夹带请示事项规则

"报告"和"请示"是两种不同的文种，适用范围有明显的界限，不能混用。"报告"是向上级机关汇报工作、反映情况，或向上级机关提出意见、建议，供上级机关决策参考。上级机关对"报告"一般不作答复，如果报告中夹带请示事项，很容易误事。如果既想汇报工作，让上级掌握，又想请示解决问题，可通过以下两种方法解决。

● 将"报告"和"请示"分开，形成两份公文分别上报。

● 以请示公文为主，将报告的内容作为附件，附在请示后面作为背景材料，让上级了解请示的充分理由。

八、由文秘机构统一处理规则

为了使公文按正常的渠道运转，按规范的程序办理，机关都设有专司公文处理的文秘机构或配备专人处理公文。公文的正常流程应该是："收"由文秘机构统一签收、拆封、清点分类、登记、拟办、分办、催办；"发"由文秘机构统一核稿，分送领导签批，然后再回到文秘机构登记编号、缮印、校对、用印、分发，分发前，要经过复核或第一读者认真阅读无误后，才可照单分发。这样，无论是公文收进或发出，都经过专司公文处理工作的一个口子把关，就能保证公文在机关有秩序地运转，规范办理，提高机关办事效率，保证公文质量。

经验之谈 !!!

行文规则，是制发、办理公文中必须遵循的基本准则。《党政机关公文处理工作条例》第四章的"行文规则"中，从行文原则、行文方向和行文要求三个方面确立了公文的行文规则。在实际工作中必须严格遵守和执行这些规则，以利提高行文效用，把握行文权限，规范行文体式。

第二章

行政法定类文书
写作方法

天下从事者，不可以无法仪，
无法仪而其事能成者无有也。

——《墨子·法仪》

命令

命令是法定的行政公文的一个文种。它是行政机关公文中的最高形式，适用于公布行政法规和规章、宣布施行重大强制性措施、批准授予和晋升衔级、嘉奖有关单位和人员。

一、命令特点

命令从词义上看，命有使人为事之意，而令则有发号令使有所为之意，两字结合表示上级对下级的指示。与其他类型的公文相比，命令具有强制性、权威性和重要性这三个特点。

强制性	权威性	重要性
上级机关发布的命令，下级机关必须无条件执行。违背命令或抗拒执行命令，则会受到相应的惩罚	《中华人民共和国宪法》规定，只有中华人民共和国主席、国务院、国务院各部和各委员会、县级以上各级地方人民政府才可依据法律规定的权限来发布	命令所涉及的事项一般是公布强制性的行政措施，或公布行政法规和规章，内容比较重要，涉及范围较广，其影响力也比较大

二、命令写作格式及要领

（1）结构及格式

命令有别于其他类行政公文，它具有特定的格式，其结构主要由标题、正文、署名日期三个部分构成，如图2-1所示。

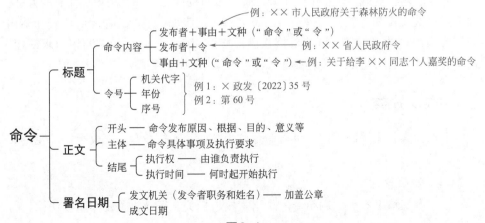

图2-1

命令的格式如图2-2所示。

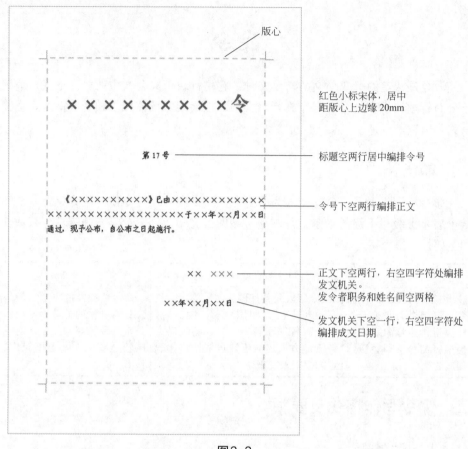

图2-2

（2）写作要领

命令的内容要概括、集中、明确，要与现有的国家法律、法规，政府的方针、政策及有关规定相一致。如提出新的政策规定，应加以说明。命令的格式和结构必须具有严密的逻辑性、鲜明的层次感；文字简练，标点准确，篇幅力求简短。命令的语言应简明扼要，用词准确、规范；语气要庄重严肃。

三、命令分类

根据内容和用途的不同，可将命令分为公布令、行政令、嘉奖令、任免令等不同种类。

（1）公布令

公布令又称发布令、颁布令，是国家权力机关、行政机关发布重要法律、行政法规时所使用的发布生效、即行实施的命令性文书。

公布令一般由令文和附件构成，其中附件为公布的法律或法规文件内容。

【范例】　中华人民共和国国务院令

中华人民共和国国务院令

第755号

《促进个体工商户发展条例》已经2022年9月26日国务院第190次常务会议通过，现予公布，自2022年11月1日起施行。

附件：促进个体工商户发展条例（略）

总理　李克强

2022年10月1日

（2）行政令

行政令又称行政法令，是国务院及其部门、县级以上人民政府发布采取重大的强制性行政措施的一种公文。

【范例】　××市人民政府关于在全市范围内实施野外禁火的命令

××市人民政府
关于在全市范围内实施野外禁火的命令

×政发〔202×〕××号

为有效预防和遏制森林火灾的发生，维护林区社会和谐稳定，确保人民群众生命财产安全，根据《××省森林防火条例》规定，结合我市实际，特发布森林防火禁火令。

一、环山公路以北为全年森林防火禁火期，其他林区自即日起至202×年×月×日为森林防火禁火期。

二、本市行政区域内的所有林区（含自然保护区、风景区、森林公园、湖洲草滩）为森林防火禁火区范围。

三、在森林防火禁火期内，全市所有林区严禁一切野外用火，禁火期间，进入林区人员必须严格遵守执行下列规定：

1. 严禁吸烟、烧烤食物、野炊、使用火把照明、生火取暖；

2. 严禁在林缘、山边地带烧荒、烧田埂、烧稻秆、烧火粪；

3. 严禁扫墓上坟时焚香点烛、烧纸钱、放烟花爆竹；

4. 严禁烧山驱兽驱虫、拉电网或者使用其他容易引发森林火灾的方法狩猎；

5. 严禁违规焚烧疫木、炼山整地、烧荒开垦及其他生产性用火行为；

6. 严禁燃放孔明灯等其他容易引起森林火灾的用火行为。

进入林区的车辆和人员，严禁携带火种进山，应当自觉接受当地人民政府森林防灭火机构登记检查，任何单位和个人不得拒绝、阻碍。对此期间拒不执行本禁火令出现违规用火行为，构成违法的，依法从严处理，构成犯罪的，依法追究刑事责任。

本禁火令自发布之日起执行。

任何单位和个人发现森林火情应立即向当地政府或相关部门报告。

××市森林火情报警电话：×××××××××

××市人民政府（印章）

202×年×月×日

（3）嘉奖令

嘉奖令是中央机关对个人、集体取得重大功绩进行公开表彰的文书。它是法定公文中的一种。嘉奖令发文机关级别较高，一经发出，下级机关必须坚决服从和执行。

嘉奖令内容包含嘉奖对象的主要事迹和功勋、嘉奖决定（荣誉称号或奖励措施）、号召和希望。

【范例】　　　　　　××市公安局××分局嘉奖令

××市公安局××分局嘉奖令

近日，刑侦大队副大队长×××同志，在休假期间突遇老人疾病发作，情况十分紧急，×××同志怀着"人民至上"的强烈责任感，立即挺身而出，当街实施心肺复苏，成功挽救了老人生命。此善举在社会面广泛传播，收获了群众高度赞扬，传递了正能量和真善美，谱写了人民警察为人民的英雄赞歌。

为表彰先进、鼓舞士气、激励斗志，根据《公安机关人民警察奖励条令》规定，特命令：

对×××同志予以通令嘉奖，颁发证书，奖励人民币××××元。

希望全区公安民辅警要以先进为榜样，坚决践行训词精神，始终牢记为民宗旨，发扬成绩，再接再厉，切实履行好党和人民赋予的新时代使命任务。

此令。

局长　×××（印章）

202×年×月×日

（4）任免令

任免令是国家行政领导机关及领导人宣布人员任免的文书。

【范例】 中华人民共和国主席令

中华人民共和国主席令

第×××号

根据中华人民共和国第十三届全国人民代表大会常务委员会第三十五次会议于2022年6月24日的决定：

一、免去×××的国家民族事务委员会主任职务；任命××为国家民族事务委员会主任。

二、免去×××兼任的公安部部长职务；任命×××为公安部部长。

三、免去×××的人力资源和社会保障部部长职务；任命×××为人力资源和社会保障部部长。

四、免去×××的自然资源部部长职务；任命×××为自然资源部部长。

五、任命××为住房和城乡建设部部长。

六、免去×××的退役军人事务部部长职务；任命×××为退役军人事务部部长。

中华人民共和国主席　习近平（印章）

2022年6月24日

第二节

决定

决定具有作出主张的意思，它是法定的公文文种之一，适用于对重要事项作出决策和部署、奖惩有关单位和人员、变更或者撤销下级机关不适当的决定事项。

一、决定特点

决定可以作为行政规范性文件制定的依据，它具有制约性、指导性和行文单向性三大特点。

制约性	指导性	行文单向性
决定由领导机关制发，具有不可更改的确定性。一经制发下级机关须无条件执行，其强制性仅次于命令文种	领导机关对某个问题、某种事项、某种行动进行决策性的指挥部署	决定只能是上级机关给下级机关发送的下行文。下级机关是不能发送给上级机关的

二、决定写作格式及要领

（1）结构及格式

决定主要由标题、主送机关、正文、署名日期四个部分构成，如图2-3所示。

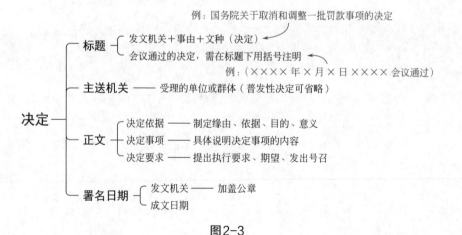

图2-3

决定的格式如图2-4所示。

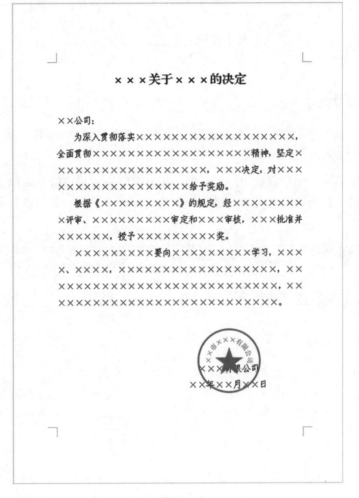

图2-4

（2）写作要领

决定是由上级机关制发的，具有权威性和指导性，因此行文要有决断性，结构要严谨，语言简短明确，不可长篇大论。决定的内容要具体详细，具有一定可行性，以便于理解和执行。

（3）命令与决定的区别

① 两者的使用权限不同。命令用于公布行政法规，或重大事项，只有法律明确规定的机关才可使用；而决定的使用权限较广，党政机关、社会团体、企事业单位等都可使用。

② 两者发文语气不同。命令属于指令性文件，指示性很强，下级机关必须坚决执行，不容违背；而决定属于指挥性文件，指示性较弱，下级机关在执行具体事项时，可结合自身特点来执行，比命令要缓和一些。

③ 两者执行时间不同。命令要求坚决迅速；而决定则允许有一个执行完成的过程。

三、决定分类

根据内容和用途的不同，可以将决定分为知照性和指挥性两种类型。

（1）知照性决定

该类型的决定用于简要记述决定的事项，并将决定传达给有关单位和相关人员。多数没有执行的具体要求。例如表彰决定、处分决定、机构设置决定、人事安排决定等。

【范例】　省政府关于授予第六届"××慈善奖"的决定

省政府关于授予第六届"××慈善奖"的决定

×政发〔202×〕××号

各市、县（市、区）人民政府，省各委办厅局，省各直属单位：

近年来，全省上下坚持以习近平新时代中国特色社会主义思想为指导，深入贯彻实施《中华人民共和国慈善法》，不断完善慈善政策制度，弘扬慈善文化，加强规范管理，推动全省慈善氛围更加浓厚，慈善力量持续壮大，在助力脱贫致富奔小康、乡村振兴、抗击疫情灾情中发挥了积极作用，涌现出一大批热心参与公益慈善事业的组织和个人。为表彰先进、激励公众广泛参与，省政府决定授予119个捐赠企业、爱心个人、慈善组织、慈善项目第六届"××慈善奖"称号，其中"最具爱心慈善捐赠企业或单位"30家、"最具爱心慈善捐赠个人"9名、"最具爱心慈善行为楷模"20名、"最具影响力慈善项目"30个、"最具影响力慈善组织"20个、"优秀慈善工作者"10名。

希望受到表彰的单位和个人珍惜荣誉、再接再厉，继续发挥好榜样作用，积极传播真善美、传递正能量，带动更多人投身公益慈善事业。全省上下要深入学习贯彻习近平总书记关于促进慈善事业发展的重要指示精神，认真落实《中华人民共和国慈善法》和《××省慈善条例》，大力宣传先进典型的慈行善举，传播慈善理念，弘扬慈善文化，在全社会推动形成扶危济困、团结互助的良好风尚，促进全省慈善事业高质量发展，为切实扛起"争当表率、争做示范、走在前列"光荣使命、奋力谱写"强富美高"新××现代化建设新篇章作出新的更大贡献。

附件：第六届"××慈善奖"获奖名单（略）

××省人民政府（印章）

202×年×月×日

（2）指挥性决定

该类型的决定主要用于对重大行动或重要事项作出部署、安排，具有政策性、指导性和强制性。

【范例】 国务院关于授权和委托用地审批权的决定

国务院关于授权和委托用地审批权的决定

国发〔202×〕4号

各省、自治区、直辖市人民政府，国务院各部委、各直属机构：

为贯彻落实党的十九届四中全会和中央经济工作会议精神，根据《中华人民共和国土地管理法》相关规定，在严格保护耕地、节约集约用地的前提下，进一步深化"放管服"改革，改革土地管理制度，赋予省级人民政府更大用地自主权，现决定如下：

一、将国务院可以授权的永久基本农田以外的农用地转为建设用地审批事项授权各省、自治区、直辖市人民政府批准。自本决定发布之日起，按照《中华人民共和国土地管理法》第四十四条第三款规定，对国务院批准土地利用总体规划的城市在建设用地规模范围内，按土地利用年度计划分批次将永久基本农田以外的农用地转为建设用地的，国务院授权各省、自治区、直辖市人民政府批准；按照《中华人民共和国土地管理法》第四十四条第四款规定，对在土地利用总体规划确定的城市和村庄、集镇建设用地规模范围外，将永久基本农田以外的农用地转为建设用地的，国务院授权各省、自治区、直辖市人民政府批准。

二、试点将永久基本农田转为建设用地和国务院批准土地征收审批事项委托部分省、自治区、直辖市人民政府批准。自本决定发布之日起，对《中华人民共和国土地管理法》第四十四条第二款规定的永久基本农田转为建设用地审批事项，以及第四十六条第一款规定的永久基本农田、永久基本农田以外的耕地超过三十五公顷的、其他土地超过七十公顷的土地征收审批事项，国务院委托部分试点省、自治区、直辖市人民政府批准。首批试点省份为北京、天津、上海、江苏、浙江、安徽、广东、重庆，试点期限1年，具体实施方案由试点省份人民政府制订并报自然资源部备案。国务院将建立健全省级人民政府用地审批工作评价机制，根据各省、自治区、直辖市的土地管理水平综合评估结果，对试点省份进行动态调整，对连续排名靠后或考核不合格的试点省份，国务院将收回委托。

三、有关要求。各省、自治区、直辖市人民政府要按照法律、行政法规和有关政策规定，严格审查把关，特别要严格审查涉及占用永久基本农田、生态保护红线、自然保护区的用地，切实保护耕地，节约集约用地，盘活存量土地，维护被征地农民合法权益，确保相关用地审批权"放得下、接得住、管得好"。各省、自治区、直辖市人民政府不得将承接的用地审批权进一步授权或委托。

自然资源部要加强对各省、自治区、直辖市人民政府用地审批工作的指导和服务，明确审批要求和标准，切实提高审批质量和效率；要采取"双随机、一公开"等方式，加强对用地审批情况的监督检查，发现违规问题及时督促纠正，重大问题及时向国务院报告。

国务院（印章）

202×年×月×日

第三节

公告

公告是法定的公文文种之一，用于国家机关向人民群众公布政策法令、宣布有关的重要事项和重大事件的文件。

一、公告特点

公告具有公开性、告知性和权威性三大特点。

公开性	告知性	权威性
公告是通过新闻媒体向国内外发布的，其内容和传播方式具有公开性	公告发布目的是让国内外公众了解告知事项，从而依据公告内容贯彻执行有关事项	制发单位被限制在国家高层领导机关及政府职能部门，地方基层机关、社会团体、企事业单位无权发布公告

二、公告写作格式及要领

（1）结构及格式

公告通常由标题、正文、落款三个部分构成，如图2-5所示。

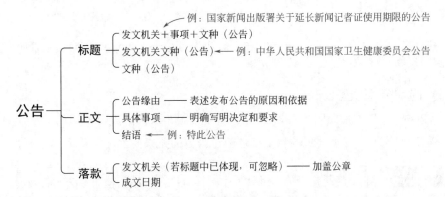

图2-5

公告的格式如图2-6所示。

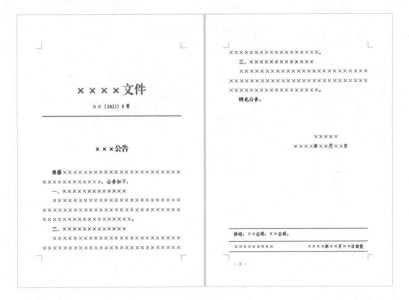

图2-6

（2）写作要领

公告发布面较广，在撰写时语言通俗，条理清楚不啰嗦，做到易读、易懂、易知。

公告内容要直陈其事，一事一告，不加议论说明。

公告不编号，但当某一次会议或某一专门事项需要连续发布几个公告时，则应在标题下单独编号。

三、公告分类

根据内容和用途的不同，公告可分为法定事项型、重要事项型和专业型三种类型。

（1）法定事项型公告

该类型的公告是向国内外宣布法定事项或颁布法律法规时使用的。依照有关法律法规的规定，将重要事项和主要环节以公告的方式向全民公布。

【范例】 市场监管总局关于修订《中国标准创新贡献奖管理办法》的公告

市场监管总局关于修订
《中国标准创新贡献奖管理办法》的公告

国家市场监督管理总局公告2020年第15号

为贯彻落实《中华人民共和国标准化法》，推进实施标准化战略，表彰在标准化活动中作出突出贡献的组织和个人，调动标准化工作者的积极性和创造性，促进标准化事业健康发展，市场监管总局（标准委）对《中国标准创新贡献奖管理办法》进行了修订，现予发布，自发布之日起施行。2016年8月29日原质检总局、标准委发布的《中国标准创新贡献奖管理办法》同时废止。

特此公告。

国家市场监督管理总局（印章）

2020年4月14日

（2）重要事项型公告

该类型的公告用于宣布有关国家政策、经济、科技、教育、人事、外交等方面需要告知全民的重要事项。例如国家重要领导岗位的变动、领导人的出访或其他重大活动、重要科技成果的公布等。

【范例】 关于个人养老金有关个人所得税政策的公告

关于个人养老金有关个人所得税政策的公告

2022年第34号

为贯彻落实《国务院办公厅关于推动个人养老金发展的意见》（国办发〔2022〕7号）有关要求，现就个人养老金有关个人所得税政策公告如下：

一、自2022年1月1日起，对个人养老金实施递延纳税优惠政策。在缴费环节，个人向个人养老金资金账户的缴费，按照12000元/年的限额标准，在综合所得或经营所得中据实扣除；在投资环节，计入个人养老金资金账户的投资收益暂不征收个人所得税；在领取环节，个人领取的个人养老金，不并入综合所得，单独按照3%的税率计算缴纳个人所得税，其缴纳的税款计入"工资、薪金所得"项目。

二、个人缴费享受税前扣除优惠时，以个人养老金信息管理服务平台出具的扣除凭证为扣税凭据。取得工资薪金所得、按累计预扣法预扣预缴个人所得税劳务报酬所得的，其缴费可以选择在当年预扣预缴或次年汇算清缴时在限额标准内据实扣除。选择在当年预扣预缴的，应及时将相关凭证提供给扣缴单位。扣缴单位应按照本公告有关要求，为纳税人办理税前扣除有关事项。取得其他劳务报酬、稿酬、特许权使用费等所得或经营所得的，其缴费在次年汇算清缴时在限额标准内据实扣除。个人按规定领取个人养老金时，由开立个人养老金资金账户所在市的商业银行机构代扣代缴其应缴的个人所得税。

三、人力资源社会保障部门与税务部门应建立信息交换机制，通过个人养老金信息管理服务平台将个人养老金涉税信息交换至税务部门，并配合税务部门做好相关税收征管工作。

四、商业银行有关分支机构应及时对在该行开立个人养老金资金账户纳税人的纳税情况进行全员全额明细申报，保证信息真实准确。

五、各级财政、人力资源社会保障、税务、金融监管等部门应密切配合，认真做好组织落实，对本公告实施过程中遇到的困难和问题，及时向上级主管部门反映。

六、本公告规定的税收政策自2022年1月1日起在个人养老金先行城市实施。个人养老金先行城市名单由人力资源社会保障部会同财政部、税务总局另行发布。上海市、福建省、苏州工业园区等已实施个人税收递延型商业养老保险试点的地区，自2022年1月1日起统一按照本公告规定的税收政策执行。

特此公告。

财政部（印章）　税务总局（印章）

2022年11月3日

（3）专业型公告

该类型的公告属于专业性质的，如经济招标公告；向特定对象发布的，如《中华人民共和国民事诉讼法》规定法院发布公告间接送达诉讼文书。

经验之谈　！！！

公报是党政机关和人民团体公开发布重大事项或重要决定的报道性公文。它与公告是有所区别的。

① 适用范围不同。公报适用于公布党组织的重要会议、外交工作中的重要议定事项，以及社会普遍关注的公共信息；而公告则适用于政府宣布重要事项或依照法定程序公布法定事项，其使用范围比公报广泛。

② 发布内容不同。公报内容多为会议公报、重要信息公报、联合公报，侧重于陈述事项的内容，篇幅较长；而公告则多用于宣布在世界上有影响的国家大事，侧重于直接说明告知事项，篇幅较短。

第四节

通告

通告是一种周知性公文，属于公文中的下行文，适用于在一定范围内公布应当遵守或者周知的事项。

一、通告特点

通告使用范围较为广泛，一般机关、企事业单位等均可以发布通告，但强制性的通告必须依法由特定的发文机关发布。通告具有周知性、制约性和专业性这三大特点。

周知性	制约性	专业性
通告可以在一定范围内公布应该周知的事项，具有鲜明的周知性	部分通告告知的事项为需要遵守的事项，具有行政约束力甚至法律效力，被告知者须严格遵行	通告内容多涉及具体的业务活动或工作，需要较强的专业性

二、通告写作格式及要领

（1）结构及格式

通告由标题、正文、落款三个部分构成，如图2-7所示。

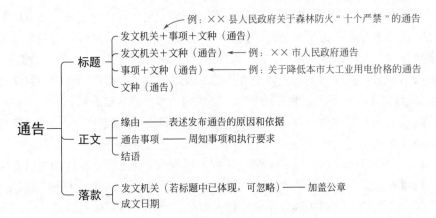

图2-7

通告的格式如图2-8所示。

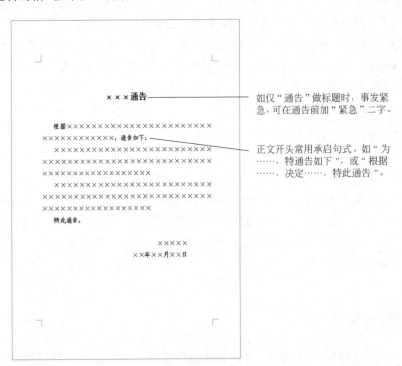

图2-8

（2）写作要领

通告内容要明确，有逻辑性。用词要肯定，不要有歧义，以便受文者理解执行。语言通俗、简洁，使用短句。通告一文一事，不要合并通告。

（3）通告与通知、公告、通报的区别

通告与通知的区别：① 适用范围不同。通告适用于在一定范围内公布应当遵守或者周知的事项；而通知适用于发布、传达要求下级机关执行和有关单位周知或者执行的事项，批转、转发公文。通知适用范围要比通告广。② 受文对象不同。通告没有明确的受文对象，大多是直接行文或直达行文；而通知有明确的受文对象。③ 强制性程度不同。通告是要求下级或相关单位遵守或周知，有一定的约束性，但没有通知的命令性强；而通知是要求下级机关必须履行相关事项，带有很强的命令性。

通告与公告的区别：① 内容属性不同。通告内容是在一定范围内应当遵守或周知的事项；而公告则用于向国内外宣布重大事项或政策法规。② 使用权限不同。通告适用于各级行政机关和企事业单位；而公告使用权限只能是国家高级领导机关、政府机关、司法机关。

通告与通报的区别：① 内容范围不同。通告是在一定范围内公布或周知事项；而通报内容大多是表扬先进、批评错误、传达交流重要事项。② 告知作用不同。通告主要是将知晓的情况、事情、规定和要求发布出去；而通报是告知正反典型及相关的重要精神和情况。③ 目的要求不同。通告的目的是宣布有关规定和事项，公布某单位或个人周知或办理的一般性事宜；而通报的目的是通过典型事例教育人们，宣传先进的思想和事迹。

经验之谈　!!!!

通报一般用于表彰先进、批评错误、传达重要精神和告知重要情况。它具有典型性、时效性、教育性和真实性四大特点。通报的运用范围较广，各级党政机关、社会团体、企事业单位都可以使用。通报可分为三种，分别为表彰性通报，如《关于表彰××年度先进工作者的通报》；批评性通报，如《关于×××集团有限公司不良行为的通报》；情况性通报，如《×××中学校门安保事件情况通报》。

三、通告分类

根据内容和用途的不同，可以将通告分为周知性（事务性）通告和规定性（制约性）通告两种类型。

（1）周知性通告

该类型的通告在一定范围内公布需要周知或需要办理的事项。使用范围较为广泛，社会团体、企事业单位都可以使用，例如建设征地公告、施工公告等。

【范例】 关于××闸坝开闸不蓄水的通告

关于××闸坝开闸不蓄水的通告

根据县委县政府的工作部署要求，因新××大桥项目工程建设需要，××坝需开闸不蓄水，将河床恢复至天然状态。为确保广大市民生命财产安全，杜绝各类安全事故发生，将有关事项通告如下：

一、开闸不蓄水时间：2021年5月13日0时至2021年5月22日24时××闸坝开闸不蓄水，直到恢复天然河床，共10天；关闸恢复水位时间：2021年5月22日24时后，直到恢复至正常水位。

二、××闸坝开闸期间，请广大市民注意安全，严禁私自进入河道进行作业、捕捞、游玩等活动，避免因河道水位变化发生意外。

三、请沿河各单位和广大市民提前做好相关准备工作，妥善安排好生产活动。

××县水务局（印章）

2021年5月13日

（2）规定性通告

该通告用于公布应当遵守的事项，只限行政机关使用。

【范例】 ××市人民政府关于调整高污染燃料禁燃区的通告

××市人民政府关于调整高污染燃料禁燃区的通告

×政〔202×〕××号

为进一步提升我市环境空气质量，建立健全大气污染防治长效机制，根据《中华人民共和国大气污染防治法》《国务院关于印发大气污染防治行动计划的通知》（国发〔201×〕37号）、原环境保护部《高污染燃料目录》（国环规大气〔201×〕2号）等法规和文件规定，结合实际，现决定调整本市高污染燃料禁燃区（以下简称禁燃区）。

一、禁燃区范围

将我市禁燃区范围从原先的建成区调整为：

（一）××市主城区范围：绕城高速公路以北与××市东、西行政界线围合的区域。包括××市区21个街道办事处、外围6个镇（××、××、××、××、××、××）。

（二）××、××、××、××、××、××、××、××、××、××、××等11个乡镇现行规划边界内。

（三）××××湖旅游度假区、××工业园、××产业园、××新城等省级产业园区边界范围内。

二、高污染燃料定义

按照原环境保护部2017年3月印发的《高污染燃料目录》规定，并综合考虑我市大气环境质量改善要求、能源消费结构、经济承受能力，我市禁燃区内禁止燃用的高污染燃料组合为Ⅲ类（严格）：

（一）煤炭及其制品（包括原煤、散煤、煤研石、煤泥、煤粉、水煤浆、型煤、焦炭、兰炭等）。

（二）石油焦、油页岩、原油、重油、渣油、煤焦油。

（三）非专用锅炉或未配置高效除尘设施的专用锅炉燃用的生物质成型燃料。

三、禁燃区管理规定

（一）自本通告实施之日起，禁燃区内禁止使用、销售高污染燃料。

（二）自本通告实施之日起，禁燃区内不得新建、扩建任何燃用高污染燃料的设备。

（三）本通告实施前已建成使用高污染燃料的各类设备应于202×年×月×日前，拆除或改用管道天然气、液化石油气、电、生物质成型燃料等清洁能源。

（四）现有燃用高污染燃料设备改用清洁能源之前，有关单位和个人应当采取措施，确保排放的污染物达到国家规定的排放标准。

（五）燃用生物质成型燃料必须配备生物质成型燃料专用锅炉，并按规定安装除尘设施。生物质成型燃料专用锅炉是指针对生物质成型燃料性质（挥发分、灰分、热值、外形尺寸等）专门进行设计、制造、安装和运行的锅炉，执行《锅炉大气污染物排放标准》（GB13271—2014）确定的大气污染物特别排放限值。

四、对违反规定在高污染燃料禁燃区内燃用高污染燃料或新建、扩建燃用本通告所列高污染燃料项目的，由环保行政主管部门依照有关法律法规规定予以处罚。对违反规定在高污染燃料禁燃区内销售高污染燃料，由质量监督、工商行政管理部门依照有关法律法规规定予以处罚。

五、各区人民政府（管委会）按照属地管理原则，加强对辖区内高污染燃料禁燃区的监督管理。市环保、发改、科工信、质监、工商、城管等部门要按照各自职责，做好禁燃区大气污染防治的监督管理工作，并采取有效措施，支持和引导禁燃区内单位和个人利用清洁能源，改善城市环境质量。

六、本通告自202×年×月×日起施行，有效期五年。××市人民政府20××年×月×日发布的《关于划定禁止使用高污染燃料区域的通告》（海府〔20××〕120号）同时废止。

××市人民政府（印章）

202×年×月××日

第五节

通知

通知是具有知照性的下行公文，主要用于发布法规、规章、转发上级机关、同级机关和不相隶属机关的公文，批转下级机关的公文。

一、通知特点

通知即指将事项告知给受文对象，一般具有多样性、时效性、受文对象明确性这三个特点。

多样性	时效性	受文对象明确性
可用于传达指示、布置工作、发布规章、批转文件、干部任免等	发文内容需及时让受文对象知晓	有明确的受文对象。通知具有下行文特点，在隶属关系的系统内自上而下地发布带有明确指示性的文件

二、通知写作格式及要领

（1）结构及格式

通知由标题、主送机关、正文、落款四个部分构成，如图2-9所示。

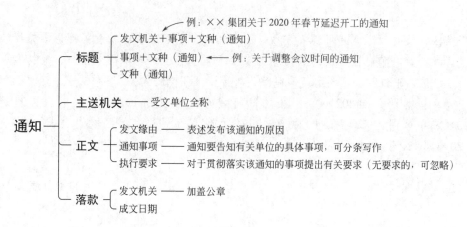

图2-9

通知的格式如图2-10所示。

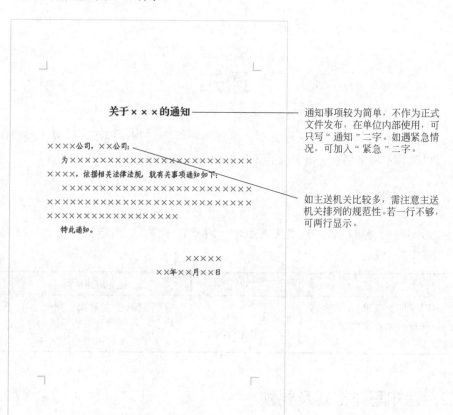

图2-10

注意事项：主送机关顺序排列原则是先外后内。同是下一级的各地方政府在前，本机关的职能部门在后，其次是依党政军群之先后顺序排列。其使用标点符号也有规律，一般同级同类机关之间用顿号，同级不同类机关之间用逗号。

（2）写作要领

通知内容要具体，语言要确切。通知要从实际出发，有的放矢。层次要清楚，段落要分明。通知的篇幅比较简短，所以文字一定要精炼，语言表达不要有歧义。

三、通知分类

根据内容和用途的不同，可以将通知分为发布性、批转性、转发性、指示性、事务性以及任免性这六种类型。

（1）发布性通知

该类型主要用于发布规章制度，包括行政规章、党内规章等。

【范例】　关于公布废止及失效的铁道部规章及规范性文件目录的通知

**关于公布废止及失效的铁道部规章及
规范性文件目录的通知**

铁政法〔202×〕××号

部属各单位、各铁路公司（筹备组）、各铁路公安局、部内各单位：

为加强立法管理，推进依法行政，铁道部组织对201×年底以前发布的铁道部规章、规范性文件进行了全面清理。现将清理结果予以公布，请按照执行。

此次清理后仍保留有效的铁道部规章及规范性文件，另行汇编公布。

本通知自公布之日起生效。

中华人民共和国铁道部（印章）

202×年×月×日

（2）批转性通知

该类型用于上级机关批准并转发下级机关的公文给所属人员，好让他们贯彻执行。

【范例】　××市科技局批转《××市知识产权局关于调整和
优化市级专利资助有关政策的意见》的通知

××市科技局批转《××市知识产权局关于调整和
优化市级专利资助有关政策的意见》的通知

各县（市、区）科技局、知识产权局，各有关单位：

《××市知识产权局关于调整和优化市级专利资助有关政策的意见》已经市科技局班子会研究同意，现批转给你们，请认真贯彻执行。

××市科技局（印章）

20××年12月17日

（3）转发性通知

该类型用于将上级机关和不相隶属的机关的公文给所属人员，让他们周知或执行。

【范例】　转发××省发展改革委转发国家发展改革委关于阶段性
降低企业用电成本支持企业复工复产的通知

转发××省发展改革委转发国家发展改革委关于阶段性
降低企业用电成本支持企业复工复产的通知

各县（市、区）发展和改革局，××电网有限责任公司××供电局，各增量配电网企业：

现将××省发展改革委《转发国家发展改革委关于阶段性降低企业用电成本支持企业复工复产的通知》（×发改价格〔20××〕74号）转发给你们，请认真贯彻执行。

附件：××省发展改革委《转发国家发展改革委关于阶段性降低企业用电成本支持企业复工复产的通知》（×发改价格〔20××〕74号）

××市发展和改革局（印章）

20××年2月28日

（4）指示性通知

该类型用于上级机关指示下级机关如何开展工作，具有指示性和指导性。

【范例】　国务院关于开展第七次全国人口普查的通知

国务院关于开展第七次全国人口普查的通知

国发〔2019〕24号

各省、自治区、直辖市人民政府，国务院各部委、各直属机构：

根据《中华人民共和国统计法》和《全国人口普查条例》规定，国务院决定于2020年开展第七次全国人口普查。现将有关事项通知如下：

一、总体要求

（一）指导思想。以习近平新时代中国特色社会主义思想为指导，全面贯彻党的十九大和十九届二中、三中、四中全会精神，认真落实党中央、国务院关于统计改革发展的决策部署，坚持实事求是、改革创新，科学设计、精心组织，周密部署、依法实施，确保第七次全国人口普查数据真实准确，全面客观反映我国人口发展状况。

（二）普查目的。第七次全国人口普查是在中国特色社会主义进入新时代开展的重大国情国力调查，将全面查清我国人口数量、结构、分布、城乡住房等方面情况，为完善人口发展战略和政策体系，促进人口长期均衡发展，科学制定国民经济和社会发展规划，推动经济高质量发展，开启全面建设社会主义现代化国家新征程，向第二个百年奋斗目标进军，提供科学准确的统计信息支持。

二、普查对象、内容和时间

普查对象是普查标准时点在中华人民共和国境内的自然人以及在中华人民共和国境外但未定居的中国公民，不包括在中华人民共和国境内短期停留的境外人员。

普查主要调查人口和住户的基本情况，内容包括：姓名、公民身份号码、性别、年龄、民族、受教育程度、行业、职业、迁移流动、婚姻生育、死亡、住房情况等。

普查标准时点是2020年11月1日零时。

三、组织实施

第七次全国人口普查涉及范围广、参与部门多、技术要求高、工作难度大，各地区、各部门要按照"全国统一领导、部门分工协作、地方分级负责、各方共同参与"的原则，认真做好普查的宣传动员和组织实施工作。

为加强组织领导，国务院决定成立第七次全国人口普查领导小组，负责普查组织实施中重大问题的研究和决策。普查领导小组办公室设在国家统计局，具体负责普查的组织实施。各成员单位要按照职能分工，各负其责、通力协作、密切配合，共同做好普查工作。对普查工作中遇到的困难和问题，要及时采取措施予以解决。

地方各级人民政府要设立相应的普查领导小组及其办公室，认真做好本地区普查工作。要充分发挥街道办事处和乡镇政府、居民委员会和村民委员会的作用，广泛引导、动员和组织社会力量积极参与并认真配合做好普查工作。

地方普查机构可根据工作需要，招聘或者从有关单位借调符合条件的普查指导员和普查员。为稳定普查工作队伍，确保普查工作顺利进行，应及时支付招聘人员的劳动报酬，保证借调人员在原单位的工资、福利及其他待遇不变，并保留其原有工作岗位。

四、经费保障

第七次全国人口普查所需经费，由中央和地方各级人民政府共同负担，并列入相应年度的财政预算，按时拨付、确保到位。

五、工作要求

（一）坚持依法普查。各地区、各部门要按照《中华人民共和国统计法》、《中华人民共和国统计法实施条例》、《全国人口普查条例》等法律法规要求，认真做好普查各项工作。普查取得的数据，严格限定用于普查目的，不得作为任何部门和单位对各级行政管理工作实施考核、奖惩的依据。普查中获得的能够识别或者推断单个普查对象身份的资料，不得作为对普查对象实施处罚等具体行政行为的依据。

（二）确保数据质量。建立健全普查数据质量追溯和问责机制，各级人民政府统计机构要加大对普查工作中违纪违法行为的查处和通报曝光力度，坚决杜绝人为干扰普查工作的现象，确保普查工作顺利进行和普查数据真实准确。对普查中发现应当给予党纪政务处分或组织处理的统计违纪违法责任人，由统计机构按规定提出处分处理建议并及时移送任免机关、纪检监察机关或组织（人事）部门。

（三）提升信息化水平。采取电子化方式开展普查登记，探索使用智能手机采集数据。广泛应用部门行政记录，推进大数据在普查中的应用，提高普查数据采集处理效能。全流程加强对公民个人信息的保护，各级普查机构及其工作人员必须严格履行保密义务，严禁向任何机构、单位、个人泄露或出售公民个人信息。

（四）加强宣传工作。各级普查机构要会同宣传部门认真做好普查宣传的策划和组织工作。采用多种手段，广泛深入宣传第七次全国人口普查的重要意义和要求，引导广大普查对象依法配合普查，如实申报普查项目，为普查工作顺利实施创造良好舆论环境。

附件： 国务院第七次全国人口普查领导小组组成人员名单

国务院（印章）

2019 年 10 月 31 日

（5）事务性通知

该类型用于处理日常工作中事务性的内容。将有关信息或要求用通知的形式传达给有关机构或群众。

【范例】 搬迁通知

搬迁通知

广大市民朋友们：

我司青年路营业厅（××小学对面）将于202×年×月×日搬迁至××路南园停车场（××市××学校西门对面）。

营业时间：8：30-17：00（除春节放假外，其他节假日正常营业）

公交到达：乘坐公交H1路、1路、15路、26路、113路、118路、206路至××××站点。

请202×年×月×日起需办理业务的市民朋友前去新网点办理，感谢您的支持和理解，您可通过客服电话、××市民卡APP或添加微信公众号（搜索：××市民卡服务）联系我们。咨询热线：8×××××。

××市市民卡有限公司（印章）

202×年×月×日

（6）任免性通知

该类型的通知主要用于人员的任免与聘用。

【范例】 关于陈××等同志工作职务任免的通知

关于陈××等同志工作职务任免的通知

×政人〔2021〕34号

各乡、镇人民政府，县政府各部门、各直属机构：

经研究决定：

陈××同志任县房屋管理事务中心副主任（试用期一年）；

苏××同志任县房屋管理事务中心副主任（试用期一年）；

杨××同志任颍上一中副校长（试用期一年）；

徐××同志任颍上二中副校长（试用期一年）；

高××同志任耿棚中学副校长（试用期一年）；

汪×同志任科技学校副校长（试用期一年）；

免去周××同志县农业机械化管理中心副主任职务。

××县县长：程××（印章）

2021年5月19日

第六节

函

函具有信函、信件的意思，是法定公文的一种，属于公文中唯一的平行文种，适用于不相隶属机关之间商洽工作、询问和答复问题、请求批准和答复审批事项。

一、函特点

在公文写作中函起到了加强沟通、充当凭证的作用。它具有沟通性、灵活性、单一性这三大特点。

沟通性	灵活性	单一性
函属于平行文种，在不相隶属机关之间相互商洽工作、询问和答复问题上起着沟通作用	函可以是平行文种，也可以是上行文或下行文种。函的行文格式灵活，除了国家高级机关的主要函需按照公文格式、行文要求外，对其他函没有要求	制发函时，需做到一事一函，保证其主体内容的单一性

二、函写作格式及要领

（1）结构及格式

函由标题、主送机关、正文、落款四个部分构成，如图2-11所示。

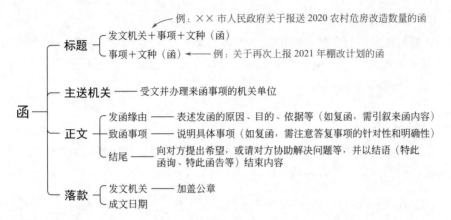

图2-11

函的格式如图2-12所示。

图2-12

（2）写作要领

在撰写函时，行文简洁明确，用语要把握分寸。需注意发函语气应平和有礼，不可强人所难或曲意逢迎。在复函时应及时迅速。一事一函，不合并发文。函内容应真实准确，以陈述为主。

三、函分类

根据主动与被动，函有发函和复函两种；根据形式和规格，函可分公函与便函两类；根据内容分可分为联系函、请批函和告知函三类。

> **注意事项：** 公函和便函都是处理公务的文书。公函内容比较重要，具有较完整的公文格式；而便函则为单位、领导之间处理具体事务时用，其格式如同书信，无标题、无文号、无需存档，但要加盖公章。

（1）联系函

联系函又分商洽性函和询答性函两种，主要用于单位、机关之间相互接洽工作、相互询问或答复针对某问题的文件。

【范例】　　　　关于商请派员为培训班授课的函

关于商请派员为培训班授课的函

省安全厅：

为进一步落实意识形态工作责任制，规范旅游市场秩序，文化和旅游部定于2021年11月6日至11月8日，在我省举办"争做诚信旅游企业自觉维护旅游市场秩序"培训班，主要内容是围绕当前国家安全形势、中国公民境外旅游注意事项等内容，对广东、福建、江西、贵州、云南、重庆等省（市）在线旅游企业和重点旅行社的相关人员进行培训，地点在××市国际会展中心××酒店（××市××区××南路×号×栋）。为配合文化和旅游部办好此次培训班，提高培训成效，受文化和旅游部委托，特邀请贵单位选派1名专家围绕培训内容、结合自身专业作专题授课辅导，人员名单烦请于10月30日前反馈我厅。

专此致函，请予支持。

附件： 授课专家报名回执

××省文化和旅游厅（印章）

2021年10月23日

（联系人：刘×× 联系电话：8×××××× 传真：8××××××）

（2）请批函

请批函是有关部门请求批准事项时所用的文件。这里的发文机关和受文机关是不存在有行政上隶属关系，只限业务事项交流的机关单位。

【范例】　×× 同意举办第 × 届 "×× 公共安全产品暨警用装备展览会" 的回函

×× 同意举办第 × 届
"×× 公共安全产品暨警用装备展览会" 的回函

×××× 展览服务有限公司：

你公司关于申请举办第 × 届 "×× 公共安全产品暨警用装备展览会" 的函已收悉。根据我会 "2021年安防展承办商服务采购项目" 公开招投标结果，同意你公司作为本次展会承办单位，启动展会筹备工作，共同办好此次展览会。请你公司按照国家有关规定办理好展会相关手续，遵守国家法律规定，充分做好各项会务工作，确保展览会圆满成功。

特此回函。

×× 省安全技术防范行业协会（印章）

202×年×月××日

（3）告知函

告知函是将有关问题、意见或情况告知给对方。

【范例】　×× 小区 17 ～ 22# 住宅楼暖气管道施工图审批结果函

×× 小区 17 ～ 22# 住宅楼暖气管道施工图审批结果函

×××× 房地产开发有限责任公司：

贵单位提交 ×× 小区 17 ～ 22# 住宅楼暖通图审批事项，经图纸审查，存在以下设计不合理问题：

1.单体楼管道井内采暖入户装置的安装，不符合分户热计量装置安装的要求（附分户热计量装置安装示意图）。

2.单元热力入口装置的安装，必须符合热力入口装置安装的要求，必须保证易操作、易维修、易更换的空间。

3.单层分支管径为DN25，管径偏细；入户管径为DN20，管径偏细。

4.户外管网材质不符合要求，管径大于DN100时法兰连接不符合安装要求。

5.室外热力管网未设计分段阀，不方便日后运行维护管理。

6.无暖施图纸设计总说明。

以上问题请贵单位接到通知后十日内出具设计变更并予以回复。

××市××区热力公司（印章）

2020年4月29日

第七节

意见

意见的本意为人们对事物所产生的看法或想法。在应用写作中常用于上级领导机关对下级机关部署工作，指导下级机关工作活动的原则、步骤和方法。

一、意见特点

意见是一种指导性较强的公文文种，适用于对重要问题提出见解和处理办法。意见具有灵活性、指导参考性和针对性这三个特点。

灵活性	指导参考性	针对性
意见既可以是上行文，也可以是下行文或平行文。上行文的意见对受文者的约束力不强；下行文的意见对受文者有一定的约束力，但不具有强制性；平行文的意见主要对受文者的文件或行动提出异议或质疑，供受文者参考	不论是主动地提出建议、办法，还是被动地解答和回复咨询，意见内容都具有较强的参照性。意见一旦被批准或采纳，就成为具有权威性和约束力的相关文件	意见是就某一重要问题进行制发的。主要是对有关重要问题提出自己的设想、见解或质疑，答复有关单位征求的意见

二、意见写作格式及要领

（1）结构及格式

意见是由标题、主送机关、正文、落款四个部分构成，如图2-13所示。

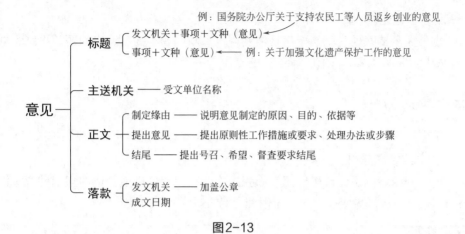

图2-13

意见的格式如图2-14所示。

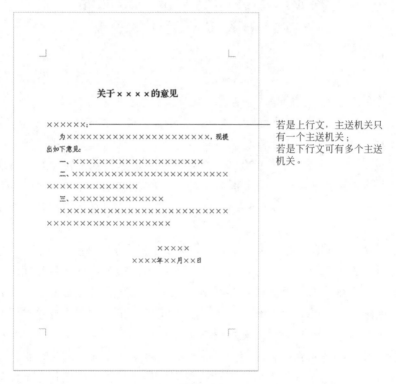

图2-14

（2）写作要领

意见的强制性较低，语气要相对缓和，不应使用命令执行的强制口气。

意见内容多用说理的表达方式，其语言要求简明，不应用论文或宣传材料的方式做全面论述。

意见大多是就现实工作中出现的新情况、新问题，提出解决问题的思路和办法。所以在写作时需深入调查研究，掌握第一手资料。

三、意见分类

根据内容和用途的不同，可将意见分为指导性意见和建设性意见两种类型。

（1）指导性意见

该类型的意见是党政机关用于布置工作时提出的原则或具体的指示性意见的下行文。对下级机关所执行的工作带有一定的规范性和指导性。

【范例】　省政府办公厅关于进一步加强全省老年人体育工作的意见

省政府办公厅关于进一步加强
全省老年人体育工作的意见

（×政办发〔2022〕84号）

各市、县（市、区）人民政府，省各委办厅局，省各直属单位：

老年人体育是老龄事业和体育事业的重要组成部分，事关广大老年人福祉，事关社会和谐稳定。为深入贯彻《中共××省委××省人民政府关于加强新时代老龄工作的实施意见》（×发〔2022〕20号）和《省委办公厅省政府办公厅印发关于构建更高水平的全民健身公共服务体系实施意见的通知》（×办发〔2022〕41号），进一步推动新时代全省老年人体育工作发展，经省人民政府同意，提出如下意见。

一、明确总体要求，扎实推动老年人体育工作高质量发展

以习近平新时代中国特色社会主义思想为指导，深入学习贯彻习近平总书记关于老龄工作和体育工作的重要指示精神，深入实施全民健身国家战略和积极应对人口老龄化国家战略，坚持积极老龄观、健康老龄化理念，坚持党委领导、政府主导、社会参与、全民行动，坚持提升城市、促进农村、惠及全体，坚持系统谋划、综合施策、注重实效，坚持公益导向、创新驱动、融合发展，坚持把老年人体育工作与实施民生幸福工程、与转变体育发展方式、与推进社会治理创新相结合，充分发挥体育健身在应对人口老龄化中的积极作用，持续推动老年人体育工作高质量发展，推动构建城乡均衡、服务便利、运行顺畅、保障有力的老年人体育公共服务体系，老年人体育工作整体水平继续保持全国前列，为扛起"争当表率、争做示范、走在前列"光荣使命、谱写"强富美高"新××现代化建设新

篇章作出新的更大贡献。

二、加强场地设施建设，持续改善老年人健身条件和环境

完善老年人健身场地设施布局，结合实施新型城镇化、乡村振兴等战略，科学规划建设适合老年人健身的场地设施，做到与老年人口数量、结构、流动趋势相匹配。制定《××省全民健身基本公共服务标准》，修订《××省公共体育设施基本标准》，推动城乡老年人全民健身公共服务内容和标准统一。在开展城市更新、老旧小区改造、全民健身设施"补短板"工程中，重视盘活城市"金角银边"等土地资源，建设更多小型多样、举步可就的适合老年人的健身设施。规划建设体育公园（广场）、健身步道、多功能运动场、社区健身房等项目时要增设适合老年人的健身设施和器材。推广《老年人室内健身场所要求》（T/CSGF 009-2020），提高老年人健身场所建设的规范性。鼓励有条件的体育场地设施进行适老化改造，支持建设"长者运动之家"等专项场地设施。已有的老年人体育健身场地设施不得擅自改变用途。鼓励具备开放条件的机关、学校及其他企事业单位的体育场地（馆）优先向老年人开放。不需要增加投入或者专门服务的公共体育设施应当免费向老年人开放。按照《公共体育场馆基本公共服务规范》享受免费或低收费开放补贴的公共体育设施在"全民健身日""老年节"对全体老年人免费有序开放；其他时间需收费的，老年人应享受不低于50%的优惠。其他有偿向社会开放的公共体育设施应当按照价格主管部门规定的收费优惠政策，对老年人健身活动给予优惠。举办大型老年人体育活动需使用收费性质的综合性公共体育场地（馆）的，实行优惠价或免收场租费。鼓励公共体育场馆配备自动体外除颤器（AED）、轮椅、急救包等设备设施。综合性公园对全体老年人晨练免费开放，并优先对老年人晚练逐步实行免费开放。探索加强长三角全民健身服务合作，推动老年人异地享受公共体育场馆、健身指导等服务。

三、健全老年人体育组织，不断扩大有组织健身老年人群规模

充分发挥老年人体育组织"桥梁纽带、得力助手"的协调服务职能，积极构建"党政主导、部门尽责、协会组织、社会支持、重在基层、面向全体"的老年人体育工作格局。推动老年人体育组织向基层延伸，鼓励乡镇（街道）、有条件的行政村（社区）建立老年人体育协会、健身站点或健身团队等老年人体育组织。引导各级老年人体育组织加强自身建设，提高管理水平和服务能力。支持省老年人体育协会开展老年人体育场地设施统计、老年人健身服务需求统计、老年人健身满意度调查。扩大政府购买服务范围，推动有条件的老年人体育组织承接政府职能转移。

四、开展体育赛事活动，不断提高老年人体质水平

开展全省老年人体育节、全民健身日、"行走大运河"全民健身健步走、"长江经济带"全民健身大联动、"长三角"体育节、重阳节健身联动等品牌活动；在

省全民健身运动会、省网络全民健身运动会、省社区运动会等全民健身综合性赛事活动中设置老年人喜闻乐见、便于参与的健身项目。广泛普及广场舞、健步走、太极拳、武术、健身气功、柔力球、门球、气排球、乒乓球、棋牌、无极球、桌上冰壶、柔乐球等老年特色项目。创新赛事活动举办方式，积极打造具有地方（区域）特色的老年人健身赛事和活动。组队参加全国老年人体育健身大会、全国老年人体育交流展示等全国性赛事活动。

五、推广科学健身指导，有效促进老年人体育与医疗养老相融合

把老年人群纳入省运动促进健康行动计划，实施老年健康促进行动，深化体育与医疗、养老等的融合。把运动能力评估纳入老年人能力综合评估范围。推动健身知识宣传、健身技能传授、科学健身指导等服务进入家庭医生签约服务包，把科学健身常识纳入养老护理员培训内容。鼓励有条件的基层医疗卫生机构设立运动健康干预门诊，结合家庭医生签约服务，为老年人提供体质测定、运动风险评估、运动营养咨询等服务，推广健康生活方式、科学锻炼指导、慢性病防治等知识，推动通过运动干预高血压、糖尿病等老年群体高发疾病的预防和治疗。组织专家开展科学健身知识"进农村、进社区"巡讲活动。加强老年人体育健身理论和方法研究、器材研发设计，为不同年龄段、身体状况的老年人提供简便易行、科学有效的健身方法。加大老年健身项目教练员、裁判员人才培养力度；推广"××志愿服务"管理系统，鼓励更多低龄老年人加入社会体育指导员行列，开展全民健身志愿服务。

六、推进数字化建设，努力提升老年人健身智慧水平

把科学健身内容纳入全省老年健康教育学习资源库，推动实现全省共享。探索在线健身、在线培训、在线展示、在线比赛等新模式，为老年人提供线上线下相结合的健身服务。省和设区市在建设全民健身公共服务数字化平台过程中，应充分考虑老年人的需求，整合老年人相关体育政策法规、科学健身知识、场馆开放、体育赛事活动等信息，并开通服务热线。通过多种形式对老年人使用手机、电脑进行培训，提高他们的应用水平。提高"乐天夕阳红科学健身网"、省老年人体育协会微信公众号等平台运营水平。

七、动员社会力量参与，逐步构建多元化老年人体育服务供给模式

各级人民政府要将健身服务纳入"15分钟养老服务圈"，纳入居家社区养老体系，纳入基本养老服务清单，综合运用规划、土地、财政、投资、人才等政策，不断扩大面向老年人健身的普惠性供给。通过政府购买服务等方式支持公益性社会机构或市场主体向老年人提供质量有保障、价格可负担的体育健身服务。完善支持社会力量参与老年人体育场地设施建设与运营、赛事活动举办、科学健身指导的政策举措。落实支持老年人体育产业发展的政策，促进老年人体育消费。鼓励各大电商和零售企业在敬老月期间开展老年人体育用品与服务优惠活动，畅通

反馈渠道，改进售后服务，营造安全放心的消费环境。探索"体育+"模式，推动体育与养老、健康、旅游、文化等业态融合发展，满足老年人多层次需求。推动健身知识宣传、健身技能传授、科学健身指导等服务纳入养老机构服务范围，拓展党群服务中心、新时代文明实践中心（所、站）、基层综合文化服务中心等阵地服务老年人体育健身的功能。

八、强化保障措施，确保老年人体育工作落实到位

各级人民政府要加强对老龄工作和老年人体育工作的统筹，将其纳入当地经济和社会发展总体规划、基本公共服务规划、全民健身实施计划和年度民生实事清单。充分发挥老龄工作和全民健身联席会议平台作用，确保工作落实。健全老年人体育工作评估激励机制，按照省有关规定对作出突出贡献的单位和个人予以表彰奖励。将老年人体育工作经费列入同级财政预算予以保障，不断完善多渠道筹资机制。体育彩票公益金用于群众体育的经费中要安排资金用于老年人体育。把老年人体育服务纳入省市级政府购买养老服务目录，并建立动态调整机制。各级体育产业发展专项资金要向"养老+体育"市场主体倾斜。鼓励支持机关、企事业单位、社会团体、个人向老年人体育组织提供赞助和捐赠。加大全民健身公益广告创作和投放力度，把体育健身纳入老年大学、社区文化课堂，广泛倡导"运动是良医""生命在于运动，运动要讲科学"理念。把健身服务纳入养老服务"时间银行"积分兑换范围，鼓励更多志愿者服务老年人健身。积极宣传老年体育工作者的感人事迹，发挥好老年体育爱好者、健身达人的示范带动作用。

本意见自2023年1月18日起施行，有效期至2028年1月18日。《省政府办公厅印发关于加强全省老年人体育工作意见的通知》（×政办发〔2012〕214号）自本意见施行之日起同时废止。

××省人民政府办公厅（印章）

2022年12月17日

（2）建设性意见

该类型的意见可以是上行文，也可以是平行文。根据行文目的和要求的不同，建议性意见又可分为呈送类意见和呈转类意见。呈送类意见是向上级机关或有关部门提出某方面工作的建议或意见，供上级机关或有关部门决策时参考；而呈转类意见是下级机关就开展和推动某方面工作提出初步设想和打算，呈送上级机关审定后，由上级机关批转有关部门执行的上行文。

【范例】 ××市农业委员会关于发展我市观光旅游农业的意见

××市农业委员会关于发展我市观光旅游农业的意见

××市人民政府：

随着我市农业产业结构调整步伐的加快和人民生活水平的不断提高，发展观光旅游农业已成为农村经济新的增长点。为科学有效地开发利用农业资源，促进农村经济发展，现就发展我市观光旅游农业的有关问题，提出如下意见。

一、指导思想、任务目标与原则

（一）指导思想：以党的××大和××届××中全会精神为指导，以农业资源综合开发利用和保护为基础，以提高经济和社会效益为中心，逐步把观光旅游农业培养成具有一定生机和活力的新兴产业，促进农村经济全面发展。

（二）任务目标：力争经过××年的努力，在旅游景区周围、交通干线两侧和主要农副产品生产基地，构建起点、线、面相结合的全市观光旅游农业新格局；建立起一批不同特色、不同层次和规模，具有观光、休闲、体验和科普等多功能的观光旅游农业基地；通过发展观光旅游农业，进一步优化农村经济结构，增加农民收入，加快农村城镇化发展步伐。

（三）遵循原则：

1.注重实效、循序渐进的原则。观光旅游农业是经济和社会发展到一定阶段的产物。各县（市）区要抓住机遇，因势利导，坚持速度、规模和效益的统一。近期，优先开发生产基地有规模、资源环境好和交通便利的观光旅游项目，积累经验，逐步展开。

2.全面规划、突出特色的原则。各地要从实际出发，制定科学的发展观光旅游农业规划。要适应回归自然和观光休闲的心理，注重文化品位，突出地方特色，体现乡土风情，展示农业高科技成果。

3.用市场机制开发建设的原则。发展观光旅游农业，项目建设、资金投入和经营管理要按照市场经济的要求，鼓励多种经济成分参与开发建设。

4.开发与保护相结合的原则。发展观光旅游农业要正确处理资源开发和环境保护的关系，防止滥占耕地。加强环境保护，实现观光旅游农业与农村经济的协调发展。

二、区域布局与重点项目

全市发展观光旅游农业，按照由近及远，功能配套，点线面连接，依托农业资源，结合旅游景区建设的构思布局。

近期抓好以下重点项目：（略）

三、几项政策措施

（一）观光旅游农业享受农业税收的有关政策。利用"四荒"资源兴建的项目，执行"四荒"开发的相关政策。

（二）加大对观光旅游农业项目建设的投入。观光旅游农业是农业发展和农民增收的新增长点。

（三）搞好观光旅游农业的服务设施建设。景区建设是观光旅游农业的基础，必须高起点、高品位规划，高标准、高质量建设，并与农田水利、农村小城镇、旅游景区、农业科技园区以及农业结构调整结合起来。根据项目进展情况，适时开辟观光旅游专线，为市民出游提供方便。加强导游人员的业务培训，搞好餐饮、娱乐和住宿等服务业的配套项目建设，并尽快开发观光农业产品、生态旅游商品，不断丰富观光旅游农业的内涵。

以上意见如无不当，请批转各县（市）、区及市各部门执行。

××市农业委员会（印章）

202×年×月×日

第八节

会议纪要

会议纪要是在会议记录的基础上加工整理出来的书面文件，可以综合反映会议的主要议定事项，便于向上级汇报或向有关人员传达分发。

一、会议纪要特点

会议纪要是法定的公文文种之一，多用于记载和传达会议情况或议定事项。它具有纪实性、概括性和条理性这三大特点。

纪实性	概括性	条理性
会议纪要需如实地反映会议内容，不得随意增减或更改内容。任何不真实的材料不能写入纪要中	会议纪要是对会议内容的整理、提炼和概括。有的纪要还要有一定的分析说理	会议纪要一般会分类别、分层次地归纳概括会议精神及议定事项，条理清晰、层次分明

二、会议纪要写作格式及要领

（1）结构及格式

会议纪要通常由标题、正文、结尾三个部分构成，如图2-15所示。

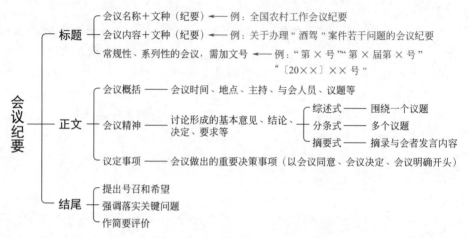

图2-15

会议纪要的格式如图2-16所示。

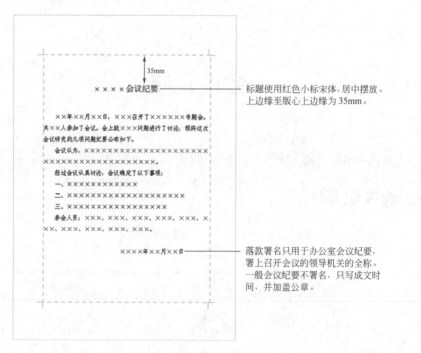

图2-16

（2）会议纪要与会议记录的区别

① 两者的性质不同。会议纪要只记要点，是法定行政公文；而会议记录属于事务文书，只要求原原本本地记录会议内容，越详细越好。

② 两者的功能不同。会议纪要在一定范围内传达或传阅，它是需要贯彻执行的一种指导性文件；而会议记录一般不公开，只作为资料存档。

（3）写作要领

会议纪要源于会议记录，但又高于会议记录，是对会议记录的再加工。要抓住会议的主旨和主要成果进行提炼、概括和归纳。做到主题突出、观点鲜明、结构严谨、条理清晰、表述准确、语言精练。

会议纪要表述要全面、客观、真实地反映会议情况，不得随意增减内容，不得篡改意愿，不得掺杂个人看法。在整理时，如有不清楚的地方，需和相关单位或人员核实确认。涉及重大事项可送分管领导和有关部门会签，确保准确无误。

三、会议纪要分类

会议纪要根据所起作用的不同，一般可以分为办公型、工作型、协调型和研讨型这四类。

（1）办公型会议纪要

该类型的纪要主要用于记载和传达领导办公会议做出的重要决策、决定事项。会议如果涉及有关部门的工作，可将会议纪要发送给他们，并要求贯彻执行。

【范例】　　　　　　××省水利厅厅长办公会议纪要

××省水利厅厅长办公会议纪要

〔202×〕××号

×月×日，厅党组书记、厅长××主持召开"十四五"规划专题会议（三），专题研究灌区发展规划思路问题，形成了以下意见：

一、充分认识灌区在经济社会发展中的重大作用。灌区是农业和农村经济发展的重要基础设施，是保障粮食安全、建设现代农业的重要支撑，对于推进乡村振兴和农业农村现代化具有不可替代的作用。全省各级水利部门要深入学习贯彻党的十九届五中全会精神和习近平总书记考察××重要讲话精神，坚决落实××省第十一届十一次全会提出的"推进农业农村现代化，促进全面脱贫与乡村振兴有效衔接"的部署要求，加快推进灌区建设进程，全面提升灌区现代化水平，促进区域经济社会发展。

二、扎实开展灌区基本情况调查。以第一次水利普查成果为基础，摸清全省灌区灌排工程设施现状、灌溉面积、灌溉水源工程类型、取水方式等，根据灌区改造技术规范，按照灌溉面积将全省灌区分为大型、中型、小型，并根据灌溉水源工程类型（水库、塘坝，河流、湖泊，地下水等）和取水方式（自流、提灌、电灌等）对大中小型灌区进行工程属性分类，重新修订××省灌区名录，并形成××省灌区基本情况图表集，为科学确定灌区发展规划奠定基础。

三、科学确定灌区发展思路。遵循"水利工程补短板、水利行业强监管"总基调，依托我省已建、在建灌区工程框架，围绕"一圈四纵三横"为骨干的用水格局，以推进在建灌区续建配套与现代化改造为重点，优化灌区水资源配置，布局新建一批大中型灌区，加快完善灌排基础设施网络；以互联网＋科技创新驱动为切入点，加强灌区信息化技术开发应用，推进智慧高效的信息体系建设；以水生态保护修复和水文化建设为着力点，把山水田林湖草作为一个生命共同体，大力推进灌区水生态体系建设；以创新灌区管理体制机制为突破口，突出灌区自身能力建设、社会化服务、新技术运用，推进科学高效的管理保障体系，打造"节水高效、设施完善、管理科学、生态良好"的"四型"现代化灌区。

四、切实明确灌区建设目标任务。"十四五"期间，以大型灌区为样板，中型灌区为主体，重点抓好灌区现代化建设任务，即：到2025年，试点推进的10处大型灌区、100处重点中型灌区基本建成"四型"现代化灌区。到2035年，全省已建的23处大型灌区、660处中型灌区，在建及规划新建的13处大型灌区、12处中型灌区，全面建成"四型"现代化灌区。

五、全面开展"十四五"灌区现代化建设。按照现代化灌区要求，充分发挥灌区工程整体效益，增强粮食产能和农业综合生产能力。优化灌区水资源配置。积极推进引资济涟等一批重大引提调水工程建设，促进全省水资源合理配置。在干旱易发区、基本农田集中区、粮食主产区和贫困地区，建设一批骨干水源工程，完善水源网点工程布局，保障灌区农业灌溉用水需求。推进新建灌区工程。依托已建、在建、规划的骨干水源工程，新建一批大中型灌区，加快形成全方位、多层次、高标准的灌区新格局。实施已建灌区现代化改造。围绕乡村振兴战略，按照现代农业建设要求，加快推进全省大中型灌区续建配套与现代化改造。

六、梳理灌区各项工作。"十四五"××省大中型灌区发展规划编制由工管局牵头，厅机关、厅直各相关部门单位参与配合，加强对市、县规划编制督促指导。各市州、县市区水利部门要坚决扛牢"推进现代化灌区建设，促进农业农村现代化"的政治责任，抓实抓细责任分工、组织协调、政策支撑等各项工作，认真总结灌区续建配套与节水改造工作开展成效，及时对接省级"十四五"××省大中型灌区发展规划，因地制宜制订适合本地区灌区发展的"十四五"规划。

主持：××

出席：×××、×××、××、××、×××、××、×××、×××

记录：×××

送：厅领导，省纪委省监委驻厅纪检监察组。

发：厅机关、厅直各部门单位，各市州、县市区水利局。

×× 省水利厅办公室（印章）

2020年12月14日印发

（2）工作会议纪要

该类型的纪要主要用于传达重要的工作会议的主要精神和议定的事项，带有较强的政策性和指示性。

【范例】　　　　　　　××学院关于教学督导工作的会议纪要

××学院关于教学督导工作的会议纪要

×院纪要专〔202×〕×号

为保障我校教学督导工作有序开展，稳步推进在线教学诊改工作，提升教学督导工作水平，5月28日下午，学校在办公楼第五会议室召开202×-202×学年第二学期教学督导工作例会。学校副校长×××、校长助理××，校院两级教学督导工作负责人，素质教育中心、思政教学部、创新创业学院负责人参加了本次会议，会议由教学质量管理办公室×××主任主持。会议纪要如下：

一、教学督导组组长×××教授作线上教学督导总结报告

（一）在线授课课程门数及在线授课平台使用情况

学校202×—202×学年第二学期前12周应开课程365门，涉及授课教师543人，实际实施在线教学课程313门，其中引用成熟课程资源103门、自建课程资源210门，参与授课教师数量460人。

（二）校、院两级督导听课情况

院、校两级督导共47人，校督导2人，院督导45人。校、院两级督导第2周至第12周线上听课共计933课次，其中：校督导共计听课317课次，院督导共计听课616课次。

（三）校、院两级督导听课评价情况

1.大数据与人工智能学院

校、院两级督导共计听课54课次。其中：分值≥90，14课次；80≤分值＜90，

38课次；60≤分值＜80，2课次，分值＜60，0课次。

2.计算机与物联网学院

校、院两级督导共计听课72课次。其中：分值≥90，45课次；80≤分值＜90，27课次；60≤分值＜80，0课次，分值＜60，0课次。

3.软件学院

校、院两级督导共听课138课次。其中：分值≥90，41课次；80≤分值＜90，96课次；60≤分值＜80，1课次，分值＜60，0课次。

……

（四）对线上教学的改进意见

1.加强学生自主学习能力培养，养成良好学习习惯。

2.加强教学内容整合，加大课程配套资源建设。

3.加强软硬件建设，改善师生的学习空间及设备支持。

4.加强对重点平台和工具使用引导，提升学校信息化水平。

二、质管办主任×××通报近期教学督导工作

（一）启动处级以上领导干部进课堂听课

（二）发布《教师教学质量评价实施办法（试行）》

（三）制定发布《教学督导工作实施办法（试行）》

（四）制定发布《教学信息员工作管理办法（试行）》

（五）制定发布《二级学院（教学单位）教学督导工作考核办法（试行）》

三、校长助理×××对督导工作的具体指示

校长助理×××指出，今年是学校制度建设年，学校要进一步完善教学督导制度，形成学校领导干部，校、院两级督导，学生教学信息员等多层次的课堂教学监控机制，进一步保障课堂教学规范性，促进课堂教学质量的提升。

学校将进一步提高督导评价，特别是校级督导评价占教师教学质量评价的比例，引导教师重视课程，精心设计课堂，提升课堂教学质量。

学校各职能部门、教学单位要从制度上、培养培训上予以倾斜，在提高教学督导水平的基础上，提升学校、学院教学督导工作地位，增强教学督导、教学信息员的荣誉感，使教学督导工作是一种责任和使命。

四、副校长×××对督导工作的要求

副校长×××对本学期在线教学督导工作取得效果予以了肯定。他强调，教师教学质量的高低、教学情况的好坏，直接影响人才培养的质量。科学评价教师教学质量，建立有效的激励督促机制，有利于引导教师热爱教学、倾心教学、研究教学，有利于推动学校教风、学风建设，有利于教学质量、人才培养质量的提高。

出席：×××；×××；××；×××；×××；×××；×××；××；×××；
×××；×××；××；××；×××；×××。

学院党政办公室（印章）

2020年6月5日

（3）协调会议纪要

该类型的纪要主要用于记载协调性会议、双边或多边会议有关内容及其所取得的共识、议定的事项等情况，对与会各方有一定的约束力。常用于工作协调会议或者部门联席会议等。

【范例】 关于×县乡公路农民养路工信访问题协调会议纪要

关于×县乡公路农民养路工信访问题协调会议纪要

〔202×〕×号

202×年××月×日，市委常委、常务副市长××在新行政中心912会议室主持召开了原县乡公路农民养路工信访问题协调会议，副市长××出席会议，市政府办、市委政法委、市维稳办、市法制办、市财政局、市信访局、市民政局、市人社局、市交通运输局、××镇、××镇、××镇、××乡、××乡、××乡等单位相关负责人参加了会议。现纪要如下：

一、会议指出。原县乡公路农民养路工是县社（乡）公路"民办公助、民工建勤"特殊养护体制下的产物，是特殊时代具有特殊性质的历史群体，为我市交通运输业发展及安全畅通做出过积极贡献，各相关部门单位要秉着尊重历史和以人为本的原则，妥善回应其合理诉求，依法依规维护其合法权益。

二、关于农民养路工信访诉求的解决思路和办法

（一）参照《××省人民政府办公厅关于解决未参保人员参加企业职工基本养老保险有关问题的通知》（×政办发〔20××〕4号）文件精神，如农民养路工申请，可办理企业职工基本养老保险，基本养老保险费由个人承担，滞纳金和利息全部减免，在20××年××月××日前办理好参保缴费手续。

（二）同意按照周边县市的操作模式，根据农民养路工务工年限（截止时间为20××年×月×日）给予一次性补助，具体标准为：5年以下（含5年）补助1000元；5-10年（含10年）补助2000元；10-15年（含15年）补助3000元；15年至20年（含20年）补助4000元；20年以上补助5000元。此前已经按乡镇企业集体用工予以补助的人员，不再享受此项补助。

如农民养路工对上述两种情况都有异议，可依法依规向市人民法院提请诉讼解决。

　　三、会议要求。各相关乡镇要按照"属地管理"原则，切实履行社会稳定主体责任，做好农民养路工群体稳定工作。市委政法委、市信访局、市交通运输局、市农村公路管理局要加强指导，全力支持。对农民养路工中符合农村低保条件的，按照应保尽保的原则及时纳入低保范围，尽力给予人文关怀。市农村公路管理局和相关乡镇要按照公开、公正原则尽快核实农民养路工人员名单，名单经乡镇办、市农村公路管理局、市交通运输局审核后，统一报市政府审定，再由市财政统筹安排。

　　参加人员：××、××，市政府办××，市委政法委××，市维稳办××，市法制办××，市信访局××，市人社局××、××、××，市财政局××

××市人民政府办公室（印章）

202×年×月×日

　　（4）研讨会议纪要

　　该类型的纪要主要用于记载各种专业会议、学术性会议、讨论性会议、总结交流性会议、经验分享性会议的研讨和研究情况。多用于职能部门或学术研究机构召开的专业会议、学术研讨会议。

第九节

请示

　　请示即指请求指示，适用于向上级机关请求指示和批准，属于上行文。

一、请示特点

　　请示是应用写作中的一种常用文体，通常具有时效性、呈请性、求复性、单一性这四个特点。

时效性	呈请性	求复性	单一性
请示的是急需解决的事，其时间性比较强	向上级机关请求指示和批准的公文，具有请求性	请示目的是请求上级批准，是需要作出答复的	一事一请，不合并行文

二、请示写作格式及要领

（1）结构及格式

请示通常由标题、主送机关、正文、落款四个部分构成，如图2-17所示。

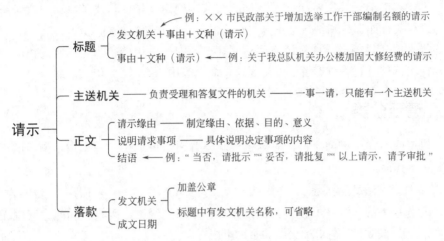

图2-17

请示的格式如图2-18所示。

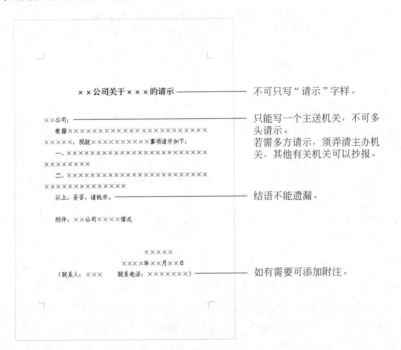

图2-18

（2）写作要领

请示事项的理由必须符合国家方针、政策和法律法规。此外，请示理由要具有说服力，让上级机关认识到问题的重要性。针对请示中涉及的问题要积极提出力所能及的解决办法，为上级机关批准请示减少阻力。

不能越级请示。根据隶属关系和职权范围确定请示的行文关系。只主报所属的一级机关。如遇特殊情况必须越级行文的，应抄送越报的机关。

行文语气要得当。请示语言要简明扼要，词语选用要得当。说明理由时要真诚，提出请求时要尊重理解，勿用要挟、命令等词语。

三、请示分类

根据内容和用途的不同，可以将请示分为请求帮助型、请求指示型、请求批准型这三种类型。

（1）请求帮助型请示

该类型请示一般是下级机关在具体工作中遇到困难，因权利和能力有限无法解决，提出解决方案请求上级机关帮助解决。

【范例】　　　　　　　关于房屋装修专项经费的请示

关于房屋装修专项经费的请示

×妇保所〔202×〕××号

市财政局：

我所承担着全市四县四区××万妇女儿童的保健业务指导、技术培训及行业管理工作。近年来，我所在贵局及政府各部门的关心支持下，得到了快速、健康的发展，特别是我市于20××年全面实施了母婴安康工程以来，作为主要牵头实施单位，我所承担了全市母婴急救绿色通道现场急救组织及妇幼信息网络建设、人员培训等大量工作任务。经过几年的不懈努力，母婴安康工程取得了显著成效，我市孕产妇死亡率、新生儿死亡率由全省倒数提高至中游水平，我所也因此得到了市政府的嘉奖。

随着工作任务及内涵要求的不断扩展与深入，人员需求也在快速增长（市编委已于20××年6月批准我所扩编××名）。业务范围的拓展与人员的增加使得我所于19××年兴建房屋（七层混合结构建筑面积×××平方米）的格局与功能已经远远不能满足目前工作需要，再加上现有房屋已使用近××年，中间从未修整，无论外观还是内观，均已相当陈旧，严重影响市容市貌。为此，现特申请房屋装修专项经费××万元，用于我所现有房屋改造，恳请贵局能给予大力支持！我所将加倍努力，使我市的妇幼保健事业取得更大成绩。

　　以上请示，请予审批。

　　　　　　　　　　　　　　　　　　××妇幼保健所办公室（印章）
　　　　　　　　　　　　　　　　　　　　202×年×月×日
　　　　　　　　（联系人：××　　联系电话：189×××××××）

　　（2）请求指示型请示

　　该类型的请示是下级机关针对工作中遇到无权解决但必须面对的情况时，向上级机关说明有关情况，并请求上级机关给予答复或给出明确的处理意见的文种。

　　（3）请求批准型请示

　　该类型的请示是下级机关遇到以下事项时须向上级机关提出请示批准的文种：依据管理权限或有关规定，下级机关制定的规划、规定、方案等，需要上级机关的批准才能发布实行；下级机关希望或打算做某件事情，如重大项目立项、参加大型外事活动、机构设置与变革、重要人事任免等，需要请示上级并得到上级的批准后才能实施。

【范例】　关于修改《×县土地利用总体规划（200×—202×年）》的请示

关于修改
《×县土地利用总体规划（200×—202×年）》的请示

×政〔202×〕××号

××市人民政府：

　　我县地处长江中游城市群，是长江经济支撑带的重要依托，同时也是洞庭湖生态经济区的重要阵地。随着我县对外交通条件的显著改善，城镇工矿建设布局调整和工业企业的迅速发展，土地供求矛盾日益突出，《×县土地利用总体规划（200×—202×年）》已不适应社会经济各项事业发展的需要，制约了我县特色乡镇的提质扩容。

　　为了从根本上突破发展瓶颈，我县积极调整新形势下社会经济发展战略。经研究论证，原批准实施的《×县土地利用总体规划（200×—202×年）》中土地利用结构和布局，特别是以工业园区和物流配送中心为导向的国家重点镇和湖南省省际边界特色镇——东山镇的建设用地布局受到极大制约。随着神华火电厂项目的急需建设，东洪公路的改扩建，利华高速和沿江公路的新建，沿江物流园和现代农业产业园等大型工业园的建设，我县将面临新一轮土地资源优化配置。

为适宜县域经济发展战略和产城融合新的建设要求，保障可持续发展，根据×省自然资源厅《关于规范土地利用总体规划调整与修改工作的通知》（×国土资发〔201×〕10号）和《关于印发×省土地利用总体规划调整完善工作方案的通知》（×国土资发〔201×〕47号）等文件精神，特请求市人民政府批准，并具文省人民政府同意修改《×县土地利用总体规划（200×—202×年）》。

专此请示，请予批复。

×县人民政府（印章）

202×年×月×日

第十节

批复

批复指审批回复，是指答复下级机关的请示事项时使用的文种。属于被动的下行公文，适用于答复下级机关请示事项。

一、批复特点

批复一般具有被动性、针对性、权威性和明确性四大特点。

被动性	针对性	权威性	明确性
批复的前提是下级机关的请示，批复是用于答复下级机关请示的文件，具有被动行文的特点	批复要针对请示事项来答复，不能写入与请示无关的话题	批复是上级机关结论性意见，下级机关对答复文件须认真贯彻执行，不得违背	批复的内容要明确、具体，不能模棱两可

二、批复写作格式及要领

（1）结构及格式

批复通常由标题、主送机关、正文、落款四个部分构成，如图2-19所示。

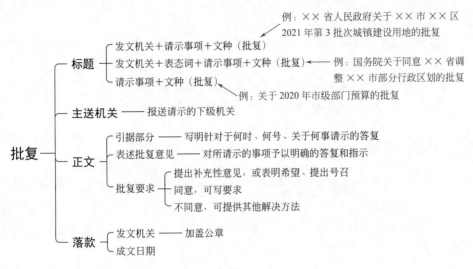

图2-19

批复的格式如图2-20所示。

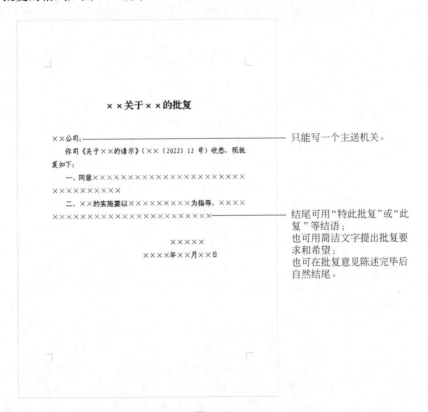

图2-20

（2）写作要领

批复内容应针对请示的事项进行答复，不能答非所问。如有其他意见告知请示单位，需另外拟文。

批复表述要干脆利落，表态要坚决明确，不能含糊其辞。

批复讲究时效性，需及时审核恢复，以免影响工作的进行。

三、批复分类

根据内容和用途的不同，可将批复分为指示性和表态性以下两种类型。

（1）指示性批复

该类型的批复篇幅较长，在审批时，先明确答复请示事项，再提出指示性意见要求下级机关贯彻执行。

【范例】 关于×省高标准农田建设规划（2021—2030年）的批复

关于×省高标准农田建设规划（2021—2030年）的批复

×政复〔202×〕××号

各市、县（市、区）人民政府，省发展改革委、省司法厅、省财政厅、省自然资源厅、省生态环境厅、省水利厅、省农业农村厅、省市场监管局、省统计局、省地方金融监管局、省林业和草原局，人民银行××分行，省农垦集团：

省农业农村厅关于报请批复《××省高标准农田建设规划（2021—2030年）》的请示（×农建〔2021〕25号）收悉。经研究，现批复如下：

一、原则同意《××省高标准农田建设规划（2021—2030年）》（以下简称《规划》），由省农业农村厅印发各地各有关部门并认真组织实施。

二、《规划》实施要坚持以习近平新时代中国特色社会主义思想为指导，认真贯彻习近平总书记关于"三农"工作重要论述和对江苏工作重要指示精神，把提升粮食综合生产能力作为首要目标，深入实施藏粮于地、藏粮于技战略，坚持新增建设和改造提升并重、建设数量和建成质量并重、工程建设和建后管护并重，做到产能提升和绿色发展相协调、统一组织实施与分区分类施策相结合，健全完善投入机制，着力推进数量、质量、生态一体化建设，为保障粮食等重要农产品有效供给、促进乡村全面振兴奠定坚实基础。

三、《规划》实施要把"吨粮田"作为核心标准。"十四五"期间，全省建设高标准农田××万亩，其中新增建设××万亩、改造提升××万亩，到2025年全省累计建成××万亩旱涝保收、高产稳产高标准农田；"十五五"期间，全省改造提升高标准农田××万亩。建成的高标准农田年亩产粮食产能达××公斤。高效节水灌溉与高标准农田建设统筹规划、同步实施，2021—2030年完成××万亩新增建设任务。其中，2022年全省新建高标准农田××万亩、高效节水灌溉面积××万亩。

四、各市、县（市、区）人民政府及省有关部门和单位要把高标准农田建设摆在更加突出的位置，加强组织领导和统筹协调，按照新建亩均财政投资标准不低于××元、改造提升亩均财政投资标准不低于××元的要求，足额落实分担资金，强化建设进度和质量管理，提升建设成效。要根据《规划》确定的目标任务，衔接好本地区目标任务，市级建设规划要细化落实省级建设规划，明确区域布局，确定重点项目和资金安排，将建设目标任务分解落实到县级。县级建设规划要重点将建设任务落实到地块，明确时序安排，形成规划项目布局图和项目库，为项目和投资及时落地提前做好准备、打好基础。各级建设规划经本级人民政府批准后发布实施。

五、要加强高标准农田建后管护和保护利用，强化高标准农田产能目标监测与评价，及时将建成的高标准农田划为永久基本农田储备区和永久基本农田。强化耕地用途管制，严格耕地占用审批，坚决遏制"非农化"、防止"非粮化"。经依法批准占用高标准农田的，要及时补充，确保高标准农田数量不减少、质量不降低。

六、省农业农村厅要全面履行好农田建设集中统一管理职责，实行统一规划布局、统一建设标准、统一组织实施、统一验收考核、统一上图入库，会同有关部门和单位做好相关规划的衔接，督促各地落实《规划》目标任务，开展跟踪分析和考核评估。省各有关部门和单位要根据职责分工，加强支持配合，形成建设合力。《规划》实施过程中的重大问题及时向省政府报告。

××省人民政府（印章）

2022年1月15日

（2）表态性批复

该类型的批复内容较为单一，仅表明态度或在表态后提出贯彻执行的要求。

【范例】 关于×县集体经营性建设用地入市试点实施方案的批复

关于×县集体经营性建设用地入市
试点实施方案的批复

×政复〔202×〕××号

××县人民政府：

你县上报的《关于批准实施〈××县集体经营性建设用地入市试点实施方案〉

的请示》（×政发〔202×〕×号）收悉。经研究，同意《××县集体经营性建设用地入市试点实施方案》

    请你县严格按照相关法定程序，认真组织实施，确保集体经营性建设用地入市试点工作稳妥顺利进行。

    此复。

××市人民政府（印章）

202×年×月×日

第三章

章程制度类文书
写作方法

不以规矩，不能成方圆。

——《孟子》

章程

章程是政府或社会团体用以说明该组织的宗旨、性质、组织原则、机构设置、职责范围等的纲领性文件。一般由政党或社会团体制发，对所属人员具有准则性和约束性的作用。

一、章程特点

章程具有稳定性和约束性两个特点。

稳定性	约束性
章程是组织或团体的基本纲领和行动准则，应保持相对稳定，不轻易变动。如需变动或修订，须经组织全体成员或代表审议通过	章程作用于组织内部，对组织成员及下属组织具有一定的规范作用和约束力

二、章程写作格式及要领

（1）结构及格式

章程由标题和正文两个部分构成，具体结构如图3-1所示。

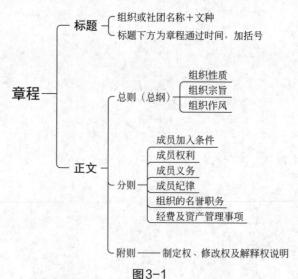

图3-1

章程的格式如图3-2所示。

图3-2

（2）写作要领

章程正文由总到分，内容安排要有逻辑，其顺序要合理。分则部分一般先讲成员，再讲组织；先讲全国组织、地方组织，再讲基础组织；先对内，再对外。

每一条款的内容要完整，不要将一条拆分成几条来描述，也不要将多条合并成一条。一条内容只能表达一个意思。

语言要精练，内容表述要明确。不要用比拟、夸张、委婉等修辞手法。句与句、段与段之间要有一定的跳跃性，不要用一些关联词语。例如，因为什么，所以什么等。

三、章程分类

根据内容和性质的不同，可以将章程分为组织章程和业务章程两种类型。

（1）组织章程

该类章程主要用于阐明一个组织的性质、宗旨、任务、成员、机构、活动方式、经费来源等。任何一个按法定手续成立的团体，诸如政治团体、学术团体、经济团体、群众团体等，都可以有自己的组织章程。如《中国共产党章程》《中国工会章程》。一些企事业单位，由于其组成或活动涉及的面较为广泛，为监督和管理的方便，也需要制定组织章程。

中国保险行业协会章程

第一章　总则

第一条　本协会的名称为中国保险行业协会，英文名称为Insurance Association of China，缩写为IAC。

第二条　本协会是由保险业相关机构自愿结成的全国性、行业性、非营利性社会组织。本协会接受业务主管单位中国银行保险监督管理委员会和社团登记管理机关中华人民共和国民政部的业务指导和监督管理。

第三条　本协会的宗旨：深入贯彻毛泽东思想、邓小平理论、"三个代表"重要思想、科学发展观、习近平新时代中国特色社会主义思想，依据《中华人民共和国保险法》（以下简称《保险法》），督促会员自律，维护行业利益，促进行业发展，为会员提供服务，促进市场公开、公平、公正，全面提高保险业服务社会主义经济社会的能力。

本协会遵守宪法、法律、法规和国家政策，践行社会主义核心价值观，弘扬爱国主义精神，遵守社会道德风尚，自觉加强诚信自律建设。

第四条　本协会坚持中国共产党的全面领导，根据中国共产党章程的规定，设立中国共产党的组织，开展党的活动，为党组织的活动提供必要条件。

第五条　本协会的住所在××市。

第二章　职责范围

第六条　本协会履行下列行业自律职责：

（一）督促依法合规经营。组织会员签订自律公约，制定自律规则，约束不正当竞争行为，维护公平有序的市场环境；

（二）经政府有关部门授权，组织制定行业标准。依据有关法律法规和保险业发展情况，组织制定行业标准、技术和服务规范、行规行约；

（三）推进信用体系建设。建立健全保险业诚信制度、保险机构及从业人员信用信息体系，探索建立行业信用评价体系；

（四）开展会员自律管理。对于违反本协会章程、自律公约、自律规则和管理制度，损害投保人和被保险人合法权益，参与不正当竞争等致使行业利益和行业形象受损的会员，可按章程、自律公约和自律规则的有关规定进行处理，涉嫌违法的可提请监管部门或其他执法部门予以处理；

（五）其他与行业自律有关的事项。

第七条　本协会履行下列行业维权职责：

（一）参与相关决策论证。代表行业参与同行业改革发展、行业利益相关的决策论证，提出相关建议；

（二）维护行业合法权益。加强与监管部门、政府有关部门及其他行业的联络沟通，争取有利于行业发展的外部环境；

（三）维护会员合法权益。当会员合法权益受损时，受会员委托与有关方面协调沟通；

（四）指导建立行业纠纷调解机制，加强保险消费者权益协调沟通机制的构建与维护；

（五）接受和办理监管部门、政府有关部门委托办理的符合本协会宗旨的事项；

（六）其他与行业维权有关的事项。

第八条　本协会履行下列行业服务职责：

（一）主动开展调查研究，及时向监管部门和政府有关部门反映保险市场存在的风险与问题，并提出意见和建议；

（二）协调会员之间、会员与从业人员之间的关系，调处矛盾，营造健康和谐的行业氛围；

（三）协调会员与保险消费者、社会公众之间的关系，维护保险活动当事人的合法权益；

（四）健全行业培训体系，依法依规开展从业人员培训工作；

（五）组织会员间的业务、数据、技术和经验交流，促进资源共享、共同发展；

（六）其他与行业服务有关的事项。

第九条　本协会履行下列行业交流职责：

（一）建立会员间信息通联工作机制，促进业内交流。经批准，依照相关规定创办信息刊物、开办网站。经政府有关部门授权，汇总保险市场信息，提供行业数据服务，实现信息共享；

（二）加强与其他相关社会组织的沟通与协调，促进行业对外交流；

（三）搭建国际交流平台，积极参加国际保险组织，引导行业拓宽国际视野，拓展对外合作领域和空间；

（四）组织参加国际会议和业务活动，服务行业走出去，学习、借鉴国外先进技术和经验；

（五）其他与行业交流有关的事项。

第十条　本协会履行下列行业宣传职责：

（一）经政府有关部门批准，整合宣传资源，制定宣传规划，组织开展行业性的宣传和咨询活动；

（二）组织落实"守信用、担风险、重服务、合规范"的保险行业核心价值理念，推动行业文化建设；

（三）关注保险业热点、焦点问题，正面引导舆论宣传；

（四）普及保险知识，利用多种载体开展保险公众宣传；

（五）其他与行业宣传有关的事项。

上述业务范围中属于法律法规规章规定须经批准的事项，依法经批准后开展。

<h2 style="text-align:center">第三章　会员</h2>

第十一条　本协会由单位会员构成。

（一）凡经监管部门批准成立的保险公司（不含保险资产管理公司）按照《保险法》有关规定，应当在成立后申请加入协会，成为会员；

（二）凡经监管部门批准成立的保险资产管理公司可自愿申请加入协会，成为会员；

（三）凡经监管部门批准成立的各类保险中介机构可自愿申请加入协会，成为会员；

（四）在各省、自治区、直辖市、计划单列市民政部门登记注册的保险行业协会，可自愿申请加入协会，成为会员；

（五）依法成立，为保险行业提供公共产品、公共服务、风险管理的机构以及与保险行业相关的服务机构，可自愿申请加入协会，成为会员。

第十二条　申请加入本协会应当具备下列条件：

（一）拥护本章程；

（二）具有加入本协会的意愿；

（三）在保险行业相应业务领域内具有一定的影响。

……

<h2 style="text-align:center">第四章　组织机构和负责人产生、罢免</h2>

……

<h2 style="text-align:center">第五章　资产管理和使用原则</h2>

……

<h2 style="text-align:center">第六章　章程的修改程序</h2>

……

<h2 style="text-align:center">第七章　终止程序及终止后的财产处理</h2>

……

<h2 style="text-align:center">第八章　附则</h2>

第五十八条　本章程经20××年×月×日第五次会员大会表决通过。

第五十九条　本章程的解释权属本协会理事会。

第六十条　本章程自登记管理机关核准之日起生效。

（2）业务章程

该类章程主要是为办理某项涉及面广、容易引发纠纷而又经常要办理的工作或事情而制定的规章制度，以便有章可循。

> **注意事项：**业务章程只针对有关业务的性质和单项业务的办理制度等做出相应规定，而没有组织章程的全局性、根本性和纲领性内容。

【范例】 ××大学202×年接收优秀应届本科毕业生免试攻读研究生章程

××大学202×年接收优秀
应届本科毕业生免试攻读研究生章程

根据教育部202×年研究生招生工作的有关规定，我校通过推荐免试方式招收优秀应届本科毕业生攻读研究生，包括全日制学术学位硕士研究生、专业学位硕士研究生及具有推荐免试资格的优秀应届本科毕业生直接攻读博士学位研究生（以下简称"直博生"）。为切实做好我校202×年接收优秀应届本科毕业生免试攻读研究生（以下简称推免生）工作，保证招生工作的科学、规范、公平、公正，结合我校实际，特制定本章程。

一、组织领导

学校研究生招生工作领导小组全面负责接收推免生工作。研究生院负责接收推免生具体工作的布置、指导、审查及监督等。

各学院（中心）研究生招生工作领导小组负责本单位接收推免生录取工作的具体实施，制定本学院（中心）接收推免生简章，遴选参加接收推免复试工作的专家和工作人员，并进行政策、业务、纪律等方面的培训，组织考生进行复试考核，确定拟录取考生名单。各学院（中心）成立由院党委书记任组长的接收推免工作监督小组，负责对本单位接收推免工作进行全过程的监督及检查，公开有关信息，受理考生申诉并及时妥善处理。

校纪委办负责监督、检查各单位在接收推免录取工作中对国家招生政策、法规、制度和纪律的贯彻执行情况，对各单位及其工作人员履行职责情况进行监督，保证招生任务顺利完成。

二、接收推免生计划

202×年我校预计接收免试攻读硕士学位研究生×××余名，仅全日制专业接收推免生。具体接收专业详见附件《××大学202×年接收硕士推免生专业目录》。

我校部分具有一级学科博士学位授予权且进入202×年博士研究生招生专业目录的学科拟接收直博生。直博生具体招收专业详见附件《××大学202×年招收直博生专业目录》。

三、申请条件

（一）申请推荐免试硕士生

1.拥护中国共产党的领导，遵纪守法，品德优良，在校期间没有受过任何纪律处分。

2.获得本科就读学校的推免生资格。

3.刻苦学习，勤于思考，有创新意识和科研潜力，学习成绩优秀，专业成绩和综合成绩均名列本专业前列。

4.有较强的独立调查研究、综合分析问题、解决问题能力。

5.有下列情形之一者，同等条件下优先：

（1）公开发表高水平学术论文或公开出版学术专著；

（2）参加社会实践并写出具有重要价值的调查报告；

（3）参加专业领域全国学术活动并获奖；

（4）作为学校优秀学生派出国外、境外知名大学学习1年以上。

（二）申请直接攻博生

申请直博生的考生，除满足上述（一）中1~4项的条件外，还应对学术研究具有浓厚兴趣，并具有较强的科研创新能力和学术潜力。

四、申请材料

申请考生须向所报学院（中心）提交以下申请材料：

（一）有效居民身份证（正反面）、学生证；

（二）历年学习成绩单（须加盖本科就读学校教务部门公章）；

（三）国家英语四、六级考试成绩，或TOEFL、GRE成绩等体现自身英语水平的证明；

（四）二级甲等以上医院体检证明；

（五）各类获奖证书；

（六）能体现自身学术水平的代表性学术论文、出版物或原创性科研成果等；

（七）如申请直博生，除上述（一）至（四）材料外，还须在复试前向院系提交个人简历、在学期间所获奖励、学术成果证明、参与科研情况和研究计划书等（研究计划书内容以院系要求为准）、与申请学科相关的两位副教授及以上（或相当职称）专家推荐信（需专家签名）。

以上材料（一）至（四）为必须提供项，（五）（六）不作为必须提供材料，供复试专家组参考。上述所有材料一经提交恕不退还，考生须以原件扫描件或照片形式，将上述材料发送至报考学院公布的电子邮箱。材料文件格式、文件命名方式、各学院邮箱地址详见各学院接收推免生简章（链接）。申请考生须确保提交的材料真实可靠，材料原件于入学复查时再进行核对，一经发现材料有弄虚作假等情况，取消录取资格，已入学的，取消学籍。

五、接收流程

教育部"全国推荐优秀应届本科毕业生免试攻读研究生信息公开暨管理服务系统"（简称"推免服务系统"）是推免工作统一的信息备案公开平台和网上报考录取系统。推免生资格审核确认、报考、录取以及备案公开等相关工作均须通过"推免服务系统"进行。已经参加我校夏令营或研招校园开放日的考生也要通过此系统进行报名。

（一）考生注册及缴费

……

（二）考生报名、学院发送复试通知

……

（三）复试

……

（四）拟录取

……

六、工作要求

（一）各接收学院要严格过程监管，强化复试平台技术支持和安全保障，提前组织模拟演练，确保复试过程安全、顺畅、稳定。

（二）参加接收推免生工作人员如有直系亲属或利益相关人员参加复试的，应当主动申请回避，不能参加此次推免生复试与录取工作。

（三）复试结束后，全部原始材料由学院进行保存，以备查阅。

七、学制与培养

（一）学制

……

（二）培养

……

八、学费及奖助体系

（一）学费

……

（二）奖助体系

……

九、信息公示公开

我校将通过网站主动公开接收推免生章程、推免生招生目录、复试办法、拟录取名单等全部信息，同时按教育部要求在"推免服务系统"公示公开。拟录取名单除在接收学院公示外，还将全校统一公示10个工作日。

十、监督与申诉

各学院（中心）招生工作监督小组要加强对接收推免工作的监督和检查，派专人并设立专线（电话与邮箱）负责受理考生投诉、申诉等事宜，并按要求妥善处理。

十一、其他事项

（一）考生必须保证所提交申请材料的真实性和准确性，一旦发现考生提交的信息不真实或不准确，我校将不予录取或取消录取资格。

（二）已被接收的推荐免试生无需再报名参加全国硕士研究生入学考试。否则将取消推免生资格。

……

十二、联系方式

学校"研究生招生信息网"。

研招办通信地址：××省××市××开发区××182号××××大学研究生招生办公室，邮政编码：×××××

电话：×××××××

邮箱：×××××××

附件1：××大学202×年接收硕士推免生专业目录（略）
附件2：××大学202×年招收直博生专业目录（略）

第二节

条例

条例是国家权力机关或行政机关按照政策和法令制定并发布的法规性公文，是对特定社会关系作出的规定，适用于中央组织制定规范党组织的工作、活动和党员行为的规章制度，也可以由国务院和省级权力机关颁发，发布行政法规或地方性法规。

一、条例特点

条例具有法规性、稳定性和独特性这三大特点。

法规性	稳定性	独特性
条例是法律的表现形式之一，一经颁布实施，其所涉及的对象就必须依条款办事，否则将要承担相应的法律后果	条例一经颁布实施，在一个相当长时限内，对其所涉及的对象行为起约束作用	条例的制发者必须是国家权力机关或行政机关以及受这些机关委派的组织，在制发上具有独特性及权威性

二、条例写作格式及要领

（1）结构及格式

条例是由首部和正文两部分构成，具体结构如图3-3所示。

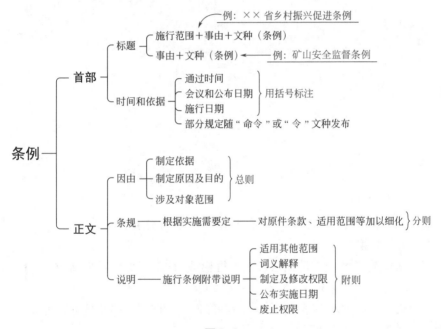

图3-3

> **注意事项**：条例标题中不要出现"关于……的"介词结构。此外，由于条例的有效期比较长，条规内容比较全面，涉及面也比较广，所以条例公布必须慎重，非特殊情况，标题一般不会加"暂行"或"试行"字样。

条例的格式如图3-4所示。

×××× 条例

（×年×月×日×××会议审议批准 ×年×月×日××发布）

第一章 总则

第一条 为了××××，根据××××××，制定本条例。

第二条 本条例×××××××××××××

第三条 ×××××××××××××

第二章 ××××

第四条 ×××××××××××××××××

第五条 ×××××××××××××

第六条 ××××××××××××××××

第三章 ×××

第七条 ××××××××××××

第八条 ×××××××××××××

第四章 ××

第九条 ×××××××××××××××

第十条 ×××××××××××××

第五章 附则

第十一条 本条例由×××××负责解释。

第十二条 本条例自发布之日起施行。

图3-4

（2）写作要领

要明确条例的适用范围，不可越权制定。在制定条例时必须遵守有关法规，符合有关方针政策。

条规的结构要严谨，用词准确，不得模棱两可、含混不清，更不能有遗漏。未经决定或有分歧的意见，一概不可写入条规中。

条规内容不仅要写明准许什么、不准许什么，还要写明违反的处理规定。其概念一定要明确，不允许有不同的解释。

【范例】　　　　　　　　医疗器械监督管理条例

医疗器械监督管理条例

（2000年1月4日中华人民共和国国务院令第276号公布　2014年2月12日国务院

第39次常务会议修订通过 根据2017年5月4日《国务院关于修改〈医疗器械监督管理条例〉的决定》修订 2020年12月21日国务院第119次常务会议修订通过）

第一章 总则

第一条 为了保证医疗器械的安全、有效，保障人体健康和生命安全，促进医疗器械产业发展，制定本条例。

第二条 在中华人民共和国境内从事医疗器械的研制、生产、经营、使用活动及其监督管理，适用本条例。

第三条 国务院药品监督管理部门负责全国医疗器械监督管理工作。

国务院有关部门在各自的职责范围内负责与医疗器械有关的监督管理工作。

第四条 县级以上地方人民政府应当加强对本行政区域的医疗器械监督管理工作的领导，组织协调本行政区域内的医疗器械监督管理工作以及突发事件应对工作，加强医疗器械监督管理能力建设，为医疗器械安全工作提供保障。

县级以上地方人民政府负责药品监督管理的部门负责本行政区域的医疗器械监督管理工作。县级以上地方人民政府有关部门在各自的职责范围内负责与医疗器械有关的监督管理工作。

第五条 医疗器械监督管理遵循风险管理、全程管控、科学监管、社会共治的原则。

第六条 国家对医疗器械按照风险程度实行分类管理。

第一类是风险程度低，实行常规管理可以保证其安全、有效的医疗器械。

第二类是具有中度风险，需要严格控制管理以保证其安全、有效的医疗器械。

第三类是具有较高风险，需要采取特别措施严格控制管理以保证其安全、有效的医疗器械。

评价医疗器械风险程度，应当考虑医疗器械的预期目的、结构特征、使用方法等因素。

国务院药品监督管理部门负责制定医疗器械的分类规则和分类目录，并根据医疗器械生产、经营、使用情况，及时对医疗器械的风险变化进行分析、评价，对分类规则和分类目录进行调整。制定、调整分类规则和分类目录，应当充分听取医疗器械注册人、备案人、生产经营企业以及使用单位、行业组织的意见，并参考国际医疗器械分类实践。医疗器械分类规则和分类目录应当向社会公布。

第七条 医疗器械产品应当符合医疗器械强制性国家标准；尚无强制性国家标准的，应当符合医疗器械强制性行业标准。

第八条 国家制定医疗器械产业规划和政策，将医疗器械创新纳入发展重点，对创新医疗器械予以优先审评审批，支持创新医疗器械临床推广和使用，推动医疗器械产业高质量发展。国务院药品监督管理部门应当配合国务院有关部门，贯彻实施国家医疗器械产业规划和引导政策。

第九条　国家完善医疗器械创新体系，支持医疗器械的基础研究和应用研究，促进医疗器械新技术的推广和应用，在科技立项、融资、信贷、招标采购、医疗保险等方面予以支持。支持企业设立或者联合组建研制机构，鼓励企业与高等学校、科研院所、医疗机构等合作开展医疗器械的研究与创新，加强医疗器械知识产权保护，提高医疗器械自主创新能力。

第十条　国家加强医疗器械监督管理信息化建设，提高在线政务服务水平，为医疗器械行政许可、备案等提供便利。

第十一条　医疗器械行业组织应当加强行业自律，推进诚信体系建设，督促企业依法开展生产经营活动，引导企业诚实守信。

第十二条　对在医疗器械的研究与创新方面做出突出贡献的单位和个人，按照国家有关规定给予表彰奖励。

第二章　医疗器械产品注册与备案

第十三条　第一类医疗器械实行产品备案管理，第二类、第三类医疗器械实行产品注册管理。

医疗器械注册人、备案人应当加强医疗器械全生命周期质量管理，对研制、生产、经营、使用全过程中医疗器械的安全性、有效性依法承担责任。

第十四条　第一类医疗器械产品备案和申请第二类、第三类医疗器械产品注册，应当提交下列资料：

（一）产品风险分析资料；

（二）产品技术要求；

（三）产品检验报告；

（四）临床评价资料；

（五）产品说明书以及标签样稿；

（六）与产品研制、生产有关的质量管理体系文件；

（七）证明产品安全、有效所需的其他资料。

产品检验报告应当符合国务院药品监督管理部门的要求，可以是医疗器械注册申请人、备案人的自检报告，也可以是委托有资质的医疗器械检验机构出具的检验报告。

符合本条例第二十四条规定的免于进行临床评价情形的，可以免于提交临床评价资料。

医疗器械注册申请人、备案人应当确保提交的资料合法、真实、准确、完整和可追溯。

第十五条　第一类医疗器械产品备案，由备案人向所在地设区的市级人民政府负责药品监督管理的部门提交备案资料。

……

第三章　医疗器械生产

第三十条　从事医疗器械生产活动，应当具备下列条件：

（一）有与生产的医疗器械相适应的生产场地、环境条件、生产设备以及专业技术人员；

（二）有能对生产的医疗器械进行质量检验的机构或者专职检验人员以及检验设备；

（三）有保证医疗器械质量的管理制度；

（四）有与生产的医疗器械相适应的售后服务能力；

（五）符合产品研制、生产工艺文件规定的要求。

第三十一条　从事第一类医疗器械生产的，应当向所在地设区的市级人民政府负责药品监督管理的部门备案，在提交符合本条例第三十条规定条件的有关资料后即完成备案。

……

第四章　医疗器械经营与使用

第四十条　从事医疗器械经营活动，应当有与经营规模和经营范围相适应的经营场所和贮存条件，以及与经营的医疗器械相适应的质量管理制度和质量管理机构或者人员。

第四十一条　从事第二类医疗器械经营的，由经营企业向所在地设区的市级人民政府负责药品监督管理的部门备案并提交符合本条例第四十条规定条件的有关资料。

按照国务院药品监督管理部门的规定，对产品安全性、有效性不受流通过程影响的第二类医疗器械，可以免于经营备案。

第四十二条　从事第三类医疗器械经营的，经营企业应当向所在地设区的市级人民政府负责药品监督管理的部门申请经营许可并提交符合本条例第四十条规定条件的有关资料。

……

第五章　不良事件的处理与医疗器械的召回

……

第六章　监督检查

……

第七章　法律责任

......

第八章　附则

第一百零三条　本条例下列用语的含义：

医疗器械，是指直接或者间接用于人体的仪器、设备、器具、体外诊断试剂及校准物、材料以及其他类似或者相关的物品，包括所需要的计算机软件；其效用主要通过物理等方式获得，不是通过药理学、免疫学或者代谢的方式获得，或者虽然有这些方式参与但是只起辅助作用；其目的是：

（一）疾病的诊断、预防、监护、治疗或者缓解；

（二）损伤的诊断、监护、治疗、缓解或者功能补偿；

（三）生理结构或者生理过程的检验、替代、调节或者支持；

（四）生命的支持或者维持；

（五）妊娠控制；

（六）通过对来自人体的样本进行检查，为医疗或者诊断目的提供信息。

医疗器械注册人、备案人，是指取得医疗器械注册证或者办理医疗器械备案的企业或者研制机构。

医疗器械使用单位，是指使用医疗器械为他人提供医疗等技术服务的机构，包括医疗机构、计划生育技术服务机构、血站、单采血浆站、康复辅助器具适配机构等。

大型医用设备，是指使用技术复杂、资金投入量大、运行成本高、对医疗费用影响大且纳入目录管理的大型医疗器械。

第一百零四条　医疗器械产品注册可以收取费用。具体收费项目、标准分别由国务院财政、价格主管部门按照国家有关规定制定。

第一百零五条　医疗卫生机构为应对突发公共卫生事件而研制的医疗器械的管理办法，由国务院药品监督管理部门会同国务院卫生主管部门制定。

从事非营利的避孕医疗器械的存储、调拨和供应，应当遵守国务院卫生主管部门会同国务院药品监督管理部门制定的管理办法。

中医医疗器械的技术指导原则，由国务院药品监督管理部门会同国务院中医药管理部门制定。

第一百零六条　军队医疗器械使用的监督管理，依照本条例和军队有关规定执行。

第一百零七条　本条例自2021年6月1日起施行。

规定

规定是指领导机关或职能部门为贯彻某政策或进行某项管理工作、活动，而提出原则要求、执行标准与实施措施的规范性公文。规定的使用范围较广、使用频率较高，具有较强的约束力，且可操作性强。

一、规定特点

规定具有广泛性、针对性、规范性以及约束性四大特点。

广泛性	针对性	规范性	约束性
大到最高国家机关、党中央，小到社会团体。内容涉及面广，包含国家社会的政治、经济、文化、教育、卫生等各方面	通常是对国家和社会生活中出现的带有倾向性问题而制定的。规定的内容与现实生活是紧密相关的，具有较强的针对性	规定的产生需遵循严格的审批手续和正式的公布程序。在制定过程中，其语言要规范、准确、通俗、简洁	具有极强的约束力，它的效力是由法定作者的法定权限和规定的公文内容决定，其中包括效力所涉及的时间、空间、机关、人员等

二、规定写作格式及要领

（1）结构及格式

规定是由首部和正文两部分构成，具体结构如图3-5所示。

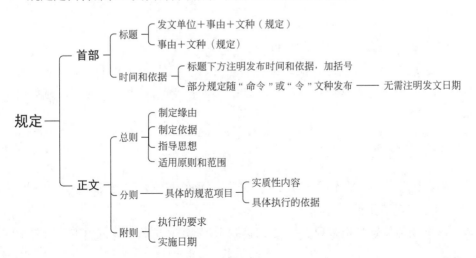

图3-5

规定的格式如图3-6所示。

图3-6

（2）写作要领

制定规定时，应当尽可能地细化各条文、条款的具体内容，好让读者明确"应该如何"或"不应该如何"。语言使用要精练、准确、严密、肯定，避免产生歧义。

三、规定分类

根据内容和性质的不同，可将规定分为方针政策性和具体事宜性两种类型。

（1）方针政策性

该类型的规定是指领导机关或职能部门为贯彻某项政策或某项工作所制定的规定。

【范例】	公务员录用规定

公务员录用规定

（20××年×月×日中共中央组织部、人事部制定
20××年××月××日中共中央组织部修订20××年××月××日发布）

第一章　总则

第一条　为规范公务员录用工作，保证新录用公务员的基本素质，建设信念坚定、为民服务、勤政务实、敢于担当、清正廉洁的高素质专业化公务员队伍，根据《中华人民共和国公务员法》（以下简称公务员法）和有关法律法规，制定本规定。

第二条　本规定适用于各级机关录用担任一级主任科员以下及其他相当职级层次的公务员。

第三条　公务员录用坚持以马克思列宁主义、毛泽东思想、邓小平理论、"三个代表"重要思想、科学发展观、习近平新时代中国特色社会主义思想为指导，贯彻新时代中国共产党的组织路线和干部工作方针政策，突出政治标准，坚持下列原则：

（一）党管干部；

（二）公开、平等、竞争、择优；

（三）德才兼备、以德为先，五湖四海、任人唯贤；

（四）事业为上、公道正派，人岗相适、人事相宜；

（五）依法依规办事。

第四条　录用公务员，采取公开考试、严格考察、平等竞争、择优录取的办法。录用政策和考试内容应当体现分类分级管理要求。

第五条　录用公务员，应当在规定的编制限额内，并有相应的职位空缺。

第六条　录用公务员，应当按照下列程序进行：

（一）发布招考公告；

（二）报名与资格审查；

（三）考试；

（四）体检；

（五）考察；

（六）公示；

（七）审批或者备案。

省级以上公务员主管部门可以对上述程序进行调整。

第七条　民族自治地方录用公务员，依照法律和有关规定执行。具体办法由省级以上公务员主管部门确定。

第八条　公务员主管部门和招录机关应当采取措施，便利报考者报名和参加考试。有残疾人参加考试时，根据需要予以协助。

第二章　管理机构

第九条　中央公务员主管部门负责全国公务员录用的综合管理工作。具体包括：

（一）拟定公务员录用法规；

（二）制定公务员录用的规章、政策；

（三）指导和监督地方各级机关公务员的录用工作；

（四）负责组织中央机关及其直属机构公务员的录用。

第十条　省级公务员主管部门负责本辖区公务员录用的综合管理工作。具体包括：

（一）贯彻有关公务员录用的法律、法规、规章和政策；

（二）根据公务员法和本规定，制定本辖区内公务员录用实施办法；

（三）负责组织本辖区内各级机关公务员的录用；

（四）指导和监督设区的市级以下各级机关公务员录用工作；

（五）承办中央公务员主管部门委托的公务员录用有关工作。

必要时，省级公务员主管部门可以授权设区的市级公务员主管部门组织本辖区内公务员的录用。

第十一条　设区的市级以下公务员主管部门按照省级公务员主管部门的规定，负责本辖区内公务员录用的有关工作。

第十二条　招录机关按照公务员主管部门的要求，负责本机关及直属机构公务员录用的有关工作。

第十三条　公务员录用有关专业性、技术性、事务性工作可以授权或者委托考试机构以及其他专业机构承担。

第三章　录用计划与招考公告

第十四条　招录机关根据队伍建设需要和职位要求，提出招考的职位、名额和报考资格条件，拟定录用计划。

第十五条　中央机关及其直属机构的录用计划，由中央公务员主管部门审定。

省级机关及其直属机构的录用计划，由省级公务员主管部门审定。设区的市级以下机关录用计划的申报程序和审批权限，由省级公务员主管部门规定。

第十六条　省级以上公务员主管部门依据有关法律、法规、规章和政策，制定招考工作方案。

设区的市级公务员主管部门经授权组织本辖区公务员录用，其招考工作方案应当报经省级公务员主管部门审核同意。

第十七条 公务员主管部门依据招考工作方案，制定招考公告，面向社会发布。招考公告应当载明以下内容：

（一）招录机关、招考职位、名额和报考资格条件；

（二）报名方式方法、时间和地点；

（三）报考需要提交的申请材料；

（四）考试科目、时间和地点；

（五）其他须知事项。

第四章 报名与资格审查

……

第五章 考试

……

第六章 体检

……

第七章 考察

……

第八章 公示、审批或者备案

……

第九章 试用

……

第十章 纪律与监督

……

第十一章 附则

第四十九条 参照公务员法管理的机关（单位）录用工勤人员以外的工作人员，参照本规定执行。

第五十条 本规定由中共中央组织部负责解释。

第五十一条 本规定自20××年××月××日起施行。

（2）具体事宜性

该类型的规定不具备法规性质，是机关团体对某项工作作出具体规定。

【范例】　　　　　　××省社会公共安全服务组织管理规定

××省社会公共安全服务组织管理规定

第一条　为了加强对社会公共安全服务组织的管理，保障社会公共安全服务组织的健康发展，制定本规定。

第二条　社会公共安全服务组织是为机关、团体、企业事业单位、公共活动场所和各类大众性文体、商贸等活动提供约定的安全保卫服务的专门组织，协助公安机关维护社会公共安全秩序。

第三条　县（市、区）以上社会公共安全管理机构是本地区社会公共安全服务组织的管理机构，其主要职责是：

（一）负责社会公共安全服务组织的管理和监督工作；

（二）负责社会公共安全员的聘用和培训工作；

（三）负责各类安全器材和安全设施的管理工作。

第四条　社会公共安全服务组织实行有偿服务。

收费项目和标准由省人民政府财政部门、物价部门制定。

第五条　社会公共安全服务组织应当与服务对象通过订立书面服务合同的形式，约定服务责任区域、服务项目、服务质量与要求、服务时间、服务收费以及各自的权利与义务和违约责任等条款。

第六条　社会公共安全服务组织提供安全保卫服务实行责任追究制度。

社会公共安全服务组织或社会公共安全人员因违反合同造成服务对象遭受侵害或损失的，依法承担相应的责任。

第七条　社会公共安全员由省或地区行政公署和设区市的社会公共安全管理机构按照有关规定面向社会公开招考，择优聘用。具体办法由省人民政府公安部门会同劳动部门制定。

第八条　社会公共安全员的职责是负责服务合同约定的服务责任区域内的公共安全；协助公安机关开展安全防范和控制工作；保护犯罪现场，扭送犯罪嫌疑人等工作。

第九条　社会公共安全人员必须经过与岗位要求相适应的专业知识和业务素质培训。经培训合格并取得《××省社会公共安全员资格证》的方可上岗。

《××省社会公共安全员资格证》由省社会公共安全管理机构统一制发。

第十条　社会公共安全服务组织按照《中华人民共和国劳动法》的有关规定，

与聘用的社会公共安全员签订劳动合同。

对连续5年被考核确定为合格或连续3年被考核确定为优秀的社会公共安全人员，具备人民警察条件的，在公安机关录用人民警察时，经考试、考核合格的，可优先录用。

第十一条　机关、团体、企业事业单位、公共活动场所需要聘用公共安全人员的，必须向所在地社会公共安全管理机构提出申请，经审核同意后，由社会公共安全服务组织选派。

社会公共安全员不得擅自为任何单位或个人提供有偿的安全保卫服务。

第十二条　社会公共安全服务组织和社会公共安全员，因工作需要，按照有关法规的规定，经公安机关批准，可配备必要的警械。

公安机关对社会公共安全员配备和使用警械，必须从严控制。

第十三条　社会公共安全员着统一制式服装，佩戴统一标志，持统一工作证件上岗。

第十四条　本规定发布后，原有的保安公司、治安联防队和各类群众性有偿服务的治安防范组织一律终止。

第十五条　本规定具体运用中的问题由省公安厅负责解释。

第十六条　本规定自20××年×月×日起施行。

【范例】　　　　　　　　**企业名称登记管理规定**

企业名称登记管理规定

（20××年×月×日国务院第×次常务会议修订通过，现予公布，
自20××年×月×日起施行）

第一条　为了规范企业名称登记管理，保护企业的合法权益，维护社会经济秩序，优化营商环境，制定本规定。

第二条　县级以上人民政府市场监督管理部门（以下统称企业登记机关）负责中国境内设立企业的企业名称登记管理。

国务院市场监督管理部门主管全国企业名称登记管理工作，负责制定企业名称登记管理的具体规范。

省、自治区、直辖市人民政府市场监督管理部门负责建立本行政区域统一的企业名称申报系统和企业名称数据库，并向社会开放。

第三条　企业登记机关应当不断提升企业名称登记管理规范化、便利化水平，为企业和群众提供高效、便捷的服务。

第四条　企业只能登记一个企业名称，企业名称受法律保护。

第五条　企业名称应当使用规范汉字。民族自治地方的企业名称可以同时使用本民族自治地方通用的民族文字。

第六条　企业名称由行政区划名称、字号、行业或者经营特点、组织形式组成。跨省、自治区、直辖市经营的企业，其名称可以不含行政区划名称；跨行业综合经营的企业，其名称可以不含行业或者经营特点。

第七条　企业名称中的行政区划名称应当是企业所在地的县级以上地方行政区划名称。市辖区名称在企业名称中使用时应当同时冠以其所属的设区的市的行政区划名称。开发区、垦区等区域名称在企业名称中使用时应当与行政区划名称连用，不得单独使用。

第八条　企业名称中的字号应当由两个以上汉字组成。

县级以上地方行政区划名称、行业或者经营特点不得作为字号，另有含义的除外。

第九条　企业名称中的行业或者经营特点应当根据企业的主营业务和国民经济行业分类标准标明。国民经济行业分类标准中没有规定的，可以参照行业习惯或者专业文献等表述。

第十条　企业应当根据其组织结构或者责任形式，依法在企业名称中标明组织形式。

第十一条　企业名称不得有下列情形：

（一）损害国家尊严或者利益；

（二）损害社会公共利益或者妨碍社会公共秩序；

（三）使用或者变相使用政党、党政军机关、群团组织名称及其简称、特定称谓和部队番号；

（四）使用外国国家（地区）、国际组织名称及其通用简称、特定称谓；

（五）含有淫秽、色情、赌博、迷信、恐怖、暴力的内容；

（六）含有民族、种族、宗教、性别歧视的内容；

（七）违背公序良俗或者可能有其他不良影响；

（八）可能使公众受骗或者产生误解；

（九）法律、行政法规以及国家规定禁止的其他情形。

第十二条　企业名称冠以"中国"、"中华"、"中央"、"全国"、"国家"等字词，应当按照有关规定从严审核，并报国务院批准。国务院市场监督管理部门负责制定具体管理办法。

企业名称中间含有"中国"、"中华"、"全国"、"国家"等字词的，该字词应当是行业限定语。

使用外国投资者字号的外商独资或者控股的外商投资企业，企业名称中可以含有"（中国）"字样。

第十三条　企业分支机构名称应当冠以其所从属企业的名称，并缀以"分公司"、"分厂"、"分店"等字词。境外企业分支机构还应当在名称中标明该企业的国籍及责任形式。

第十四条　企业集团名称应当与控股企业名称的行政区划名称、字号、行业或者经营特点一致。控股企业可以在其名称的组织形式之前使用"集团"或者"（集团）"字样。

第十五条　有投资关系或者经过授权的企业，其名称中可以含有另一个企业的名称或者其他法人、非法人组织的名称。

……

第二十六条　本规定自20××年×月×日起施行。

第四节

办法

办法具有处理事情或解决问题的方法的含义，它是有关机关或部门根据党和国家的方针、政策及有关法规、规定，就某一方面的工作或问题提出具体做法和要求的文件。

一、办法特点

办法具有操作性、单一性和管理性三大特点。

操作性	单一性	管理性
办法对某项工作或问题提出具体做法。例如采取什么方法，或按照什么样的程序去做。办法为有关单位或个人明确指出办事途径，具有很强的操作性	办法只针对某一项具体工作的运作进行规定，不会涉及其他工作的做法，内容涉及比较单一	办法是对某项工作提出管理法则，对实施某个文件精神的办法、措施作出具体的规定，侧重于对有关事项或问题的落实和执行制定标准和做法

二、办法写作格式及要领

（1）结构及格式

办法是由首部和正文两部分构成，具体结构如图3-7所示。

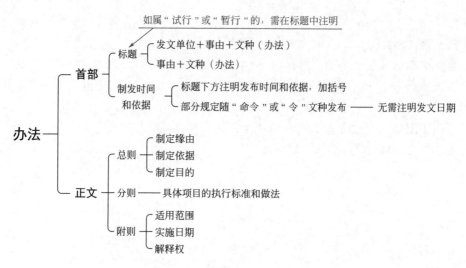

图3-7

办法的格式如图3-8所示。

图3-8

（2）写作要领

办法制定的依据通常是上级机关发布的法令、条例等。办法的内容应当具体、明确，确保切实可行。在具体制定时，还可视情况进行补充或修改。所以办法通常予以"试行"或"暂行"的限制。

办法的内容要严谨，条理要清晰。每一条款内容要尽可能详细、具体。用语要恰当、严密。

内容结构较为复杂的，可用分章式（总则、分则、附则）结构来组织。结构简单的，可使用条款式（只分条目，不分章节）结构来组织。

注意事项：办法制定时应遵照原意，不能有含糊不清、似是而非的说法。未经决定或有分歧的意见，不要写入其中。

三、办法分类

根据内容、性质的不同，办法可分为实施文件办法和工作管理办法两种。

（1）实施文件办法

该类型的办法附属于对原件的一种具象化。一般是对原件的实施提出具体的措施办法，或对条文提出施行意见。

【范例】　　　　　　　　　　　个人养老金实施办法

个人养老金实施办法

第一章　总则

第一条　为贯彻落实《国务院办公厅关于推动个人养老金发展的意见》（国办发〔2022〕7号），加强个人养老金业务管理，规范个人养老金运作流程，制定本实施办法。

第二条　个人养老金是指政府政策支持、个人自愿参加、市场化运营、实现养老保险补充功能的制度。个人养老金实行个人账户制，缴费完全由参加人个人承担，自主选择购买符合规定的储蓄存款、理财产品、商业养老保险、公募基金等金融产品（以下统称个人养老金产品），实行完全积累，按照国家有关规定享受税收优惠政策。

第三条　本实施办法适用于个人养老金的参加人、人力资源社会保障部组织建设的个人养老金信息管理服务平台（以下简称信息平台）、金融行业平台、参与金融机构和相关政府部门等。

个人养老金的参加人应当是在中国境内参加城镇职工基本养老保险或者城乡居民基本养老保险的劳动者。金融行业平台为金融监管部门组织建设的业务信息平台。参与金融机构包括经中国银行保险监督管理委员会确定开办个人养老金资金账户业务的商业银行（以下简称商业银行），以及经金融监管部门确定的个人养老金产品发行机构和销售机构。

第四条　信息平台对接商业银行和金融行业平台，以及相关政府部门，为个人养老金实施、参与部门职责内监管和政府宏观指导提供支持。

信息平台通过国家社会保险公共服务平台、全国人力资源和社会保障政务服务平台、电子社保卡、掌上12333 APP等全国统一线上服务入口或者商业银行等渠道，为参加人提供个人养老金服务，支持参加人开立个人养老金账户，查询个人养老金资金账户缴费额度、个人资产信息和个人养老金产品等信息，根据参加人需要提供涉税凭证。

第五条　各参与部门根据职责，对个人养老金的实施情况、参与金融机构和个人养老金产品等进行监管。各地区要加强领导、周密部署、广泛宣传，稳妥有序推动个人养老金发展。

第二章　参加流程

第六条　参加人参加个人养老金，应当通过全国统一线上服务入口或者商业银行渠道，在信息平台开立个人养老金账户；其他个人养老金产品销售机构可以通过商业银行渠道，协助参加人在信息平台在线开立个人养老金账户。

个人养老金账户用于登记和管理个人身份信息，并与基本养老保险关系关联，记录个人养老金缴费、投资、领取、抵扣和缴纳个人所得税等信息，是参加人参加个人养老金、享受税收优惠政策的基础。

第七条　参加人可以选择一家商业银行开立或者指定本人唯一的个人养老金资金账户，也可以通过其他符合规定的个人养老金产品销售机构指定。

个人养老金资金账户作为特殊专用资金账户，参照个人人民币银行结算账户项下Ⅱ类户进行管理。个人养老金资金账户与个人养老金账户绑定，为参加人提供资金缴存、缴费额度登记、个人养老金产品投资、个人养老金支付、个人所得税税款支付、资金与相关权益信息查询等服务。

第八条　参加人每年缴纳个人养老金额度上限为12000元，参加人每年缴费不得超过该缴费额度上限。人力资源社会保障部、财政部根据经济社会发展水平、多层次养老保险体系发展情况等因素适时调整缴费额度上限。

第九条　参加人可以按月、分次或者按年度缴费，缴费额度按自然年度累计，次年重新计算。

第十条　参加人自主决定个人养老金资金账户的投资计划，包括个人养老金产品的投资品种、投资金额等。

......

第三章　信息报送和管理

第十七条　信息平台对个人养老金账户及业务数据实施统一集中管理，与基本养老保险信息、社会保障卡信息关联，支持制度实施监控、决策支持等。

第十八条　商业银行应及时将个人养老金资金账户相关信息报送至信息平台。具体包括：

（一）个人基本信息。包括个人身份信息、个人养老金资金账户信息等；

（二）相关产品投资信息。包括产品交易信息、资产信息；

（三）资金信息。包括缴费信息、资金划转信息、相关资产转移信息、领取信息、缴纳个人所得税信息、资金余额信息等。

第十九条　商业银行根据业务流程和信息的时效性需要，按照实时核验、定时批量两类时效与信息平台进行交互，其中：

（一）商业银行在办理个人养老金资金账户开立、变更、注销和资金领取等业务时，实时核验参加人基本养老保险参保状态、个人养老金账户和资金账户唯一性，并报送有关信息；

（二）商业银行在办理完个人养老金资金账户开立、缴费、资金领取，以及提供与个人养老金产品交易相关的资金划转等服务后，定时批量报送相关信息。

第二十条　金融行业平台应及时将以下数据报送至信息平台。

......

第四章　个人养老金资金账户管理

......

第五章　个人养老金机构与产品管理

......

第六章　信息披露

......

第七章　监督管理

......

第八章　附则

第五十条　中国银行保险监督管理委员会、人力资源社会保障部会同相关部门做好个人税收递延型商业养老保险试点与个人养老金的衔接。

第五十一条 本实施办法自印发之日起施行。

第五十二条 人力资源社会保障部、财政部、国家税务总局、中国银行保险监督管理委员会、中国证券监督管理委员会根据职责负责本实施办法的解释。

（2）工作管理办法

该类型办法是机关单位在各自的管理权限范围内，针对尚无条文可依的实际管理工作进行制定的。

【范例】 ××省技工院校办学水平评估办法（试行）

××省技工院校办学水平评估办法（试行）

第一条 为规范技工院校管理，增强办学治校能力，提高技工教育质量，根据《中华人民共和国职业教育法》《中华人民共和国民办教育促进法》《中华人民共和国民办教育促进法实施条例》等法律法规和政策规定，结合我省实际，制定本办法。

第二条 技工院校办学水平评估工作围绕立德树人根本任务，按照"统一标准、分类实施、客观公正、注重实效"的原则，坚持评估标准符合实际，评估程序简便透明，评估结果务实管用。

第三条 评估对象为经批准设立满3年或升格满3年的技工院校。

评估周期为三年。每年由省人力资源社会保障厅按照"双随机、一公开"的方式，从符合条件的技工学校、高级技工学校、技师学院、省重点技师学院中抽取确定当年评估对象，并向社会公开。

第四条 评估内容包括党的建设、学校管理、教育教学、办学保障和办学效果五个方面。

（一）党的建设：主要评估党的领导、制度建设以及意识形态等方面情况；

（二）学校管理：主要评估办学方向、领导素质、机构设置、招生管理、学籍管理、资助管理和校园安全等方面情况；

（三）教育教学：主要评估德育工作、专业建设、课程教学、校企合作、顶岗实习等方面情况；

（四）办学保障：主要评估办学投入、校园建设、实训条件、教师队伍和智慧校园等方面情况；

（五）办学效果：主要评估培养规模、人才评价、毕业就业等方面情况。

第五条 评估实行量化评分，具体指标、分值、评估内容等详见《××省技工院校办学水平评估细则》（以下简称《评估细则》）。评估结果分为优秀、合格和不合格三个等次，85分以上为优秀，60～84分为合格，60分以下为不合格。

第六条　评估由省人力资源和社会保障厅统一组织，按照学校自评、市级审核、省级评估的程序开展。

（一）学校自评。评估对象对照《评估细则》开展总结自评，准备能够反映办学水平的过程性和成果性材料、台账等，撰写自评报告，填写自评得分表，并报设区市人力资源和社会保障局。

（二）市级审核。设区市人力资源和社会保障局按照《评估细则》要求，对评估对象自评情况逐一进行审核，形成自评审核报告和审核评估得分表，统一报送省人力资源和社会保障厅。

（三）省级评估。省人力资源和社会保障厅组成省级评估专家组，对评估对象进行现场评估。

第七条　现场评估采取以下方式进行：

（一）听取评估对象有关办学情况和办学水平介绍；

（二）按清单、标准检查核对相关资料、台账和软硬件设施设备；

（三）召开教师、学生、家长座谈会，开展师生随机访谈、问卷调查或者通过其他方式了解办学情况；

（四）走访用人单位了解办学水平；

（五）总结汇总现场评估情况并向评估对象现场反馈，听取评估对象的意见建议；

（六）评估对象对评估发现问题存在异议的，由评估专家组和评估对象现场核实。核实情况仍存在异议的，应如实在评估报告中记录。

第八条　现场评估结束后，评估专家组应逐一提交评估报告和评估得分表，并作出优秀、合格、不合格的初步评估结论。对评估报告存在异议的内容，由省人力资源和社会保障厅会同设区市人力资源和社会保障局进行现场核实，并作出最终评估结论。

第九条　评估对象有下列情况之一的，直接评估为不合格。

（一）违背党和国家教育方针，偏离社会主义办学方向，落实立德树人根本任务存在重大问题的；

（二）党建工作不力，意识形态工作薄弱，党组织在重大事项决策、监督、执行等环节失职失责的；

（三）近三年技工教育全日制在校生平均人数未达国家规定标准的50%的；

（四）学校不如实反映招生、学籍、收费、联合办学、实习、师德师风、安全生产等情况，存在编制虚假信息和瞒报等行为的；

（五）校舍、消防、教学、实习、食品安全和学校治安、卫生防疫等措施不力，存在严重安全隐患或发生重大安全事故、治安事件，社会影响恶劣的；

（六）其他违反法律法规、办学规定，情节严重的。

第十条　省人力资源和社会保障厅根据评估结果确定评估等次，并向社会公开发布，接受社会监督。其中评估等次为不合格的，应当公布其存在的主要问题。

第十一条　评估等次为优秀的技工院校，在评优评先、升级升格、项目建设、竞赛集训、人才评价等方面给予优先支持。

第十二条　评估等次为合格但存在问题和不足的，由学校制定整改计划，设区市人力资源和社会保障局组织验收，验收结果报省人力资源社会保障厅备案。

第十三条　评估等次为不合格的技工院校，由省人力资源和社会保障厅约谈其主要负责人并责令限期整改，设区市人力资源和社会保障局负责指导督促整改，整改期限原则上不超过一年。

不合格技工院校整改完成后，须再次申请评估。确因不可抗力因素或其他客观原因，未在规定的期限内完成整改，经省人力资源和社会保障厅批准，可以适当延长整改时间，延长时间最多不超过一年。

第十四条　对不认真整改或整改后评估仍不合格的技工院校，由省人力资源和社会保障厅视情给予削减招生计划或者取消招生资质等处理；不符合《技工院校设置标准（试行）》的，调整至相应的办学层次；存在违法行为的，依据《中华人民共和国职业教育法》《中华人民共和国民办教育促进法》《中华人民共和国民办教育促进法实施条例》等法律法规处理。

第十五条　对不合格技工院校数量占比超过50%的地区，由省人力资源和社会保障厅予以通报并约谈设区市人力资源和社会保障局负责人，指导督促该设区市开展为期两年的集中专项整治，规范办学秩序，提升办学水平。专项整治期间，视情增加督导评估次数，从严控制新办、升格技工院校，减少省级资金支持。

第十六条　省人力资源和社会保障厅根据国家有关政策规定和全省技工院校发展实际，适时对《评估细则》进行调整。

第十七条　评估工作相关人员应严格遵守评估工作规定和廉洁纪律，不得弄虚作假、徇私舞弊。如有违法违规行为，参照《教育督导条例》有关规定给予处罚。

第十八条　本办法由省人力资源和社会保障厅负责解释。

第十九条　本办法自20××年××月×日起实施。

附件：××省技工院校办学水平评估细则（略）

细则

　　细则又称实施细则，它是结合实际情况对某一法令、条例或规定作出详细具体的解释和补充，以便下级机关或人员可以更好地贯彻执行。

一、细则特点

　　细则是法规、规章的从属性文件。它具有规范性、补充性和可操作性这三大特点。

规范性	补充性	可操作性
细则是对法令、条例、规定的补充说明或辅助性的规定，其行文具有法规、规章的规范特点	细则是法规、规章的从属性文件，对法令、条例、规定的部分条文起到补充的作用	细则规定了具体适用的标准以及执行方法，使原文件更具有可操作性

二、细则写作格式及要领

（1）结构及格式

　　细则是由首部和正文两部分构成，具体结构如图3-9所示。

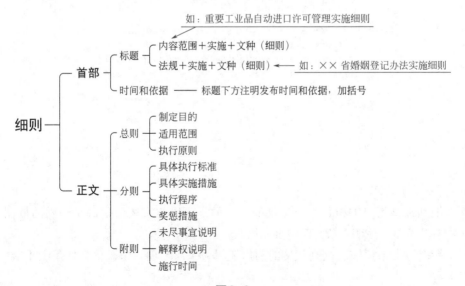

图3-9

经验之谈 !!!

细则与办法是有区别的。细则是对某一项法令、条例和规定进行详细的解释说明；而办法是根据有关法规、规定的某一项工作或问题，提出具体的做法和要求。

细则的格式如图3-10所示。

×××条例实施细则

（××××年×月×日×××公布　自公布之日起施行）

第一章　总则

第一条　根据《××××条例》等有关法律，制定本实施细则。

第二条　××××负责本细则的实施。

第二章·××××

第三条　×××××××××××××××××××××××××

第四条　×××××××××××××××××××××××××

第五条　×××××××××××××××××××××××××

第三章·×××××

第六条　×××××××××××××××××××××××××

第七条　×××××××××××××××××××××××××

第八条　×××××××××××××××××××××××××

第四章·××××

第九条　×××××××××××××××××××××××××

第十条　×××××××××××××××××××××××××

第五章·附则

第十一条　×××、××××依照×××规定，履行×××职责，适用本细则的有关规定。

第十二条　本细则自公布之日起施行。××××年×月×日×××发布的《×××××实施细则》同时废止。

图3-10

（2）写作要领

细则都是为贯彻执行某一法规而制发的，所以要表述清楚制定细则的依据，依据有几条就要注明几条，不得随意增减。

在内容上需要注意细则条文的前后逻辑关系，一项一事。语言使用上不能含糊其辞。

细则是对原条文的解释说明，在制定时应立足于原条文，并将有关条规具体化、细密化。

三、细则分类

根据内容和性质的不同，可将细则分为说明性和管理性两种类型。

（1）说明性细则

该类型细则是对有关规定作出全面的实施性说明或提出实施性意见。

【范例】　中华人民共和国文物保护法实施细则

中华人民共和国文物保护法实施细则

第一章　总则

第一条　根据《中华人民共和国文物保护法》（以下简称文物保护法），制定本实施细则。

第二条　革命遗址、纪念建筑物、古文化遗址、古墓葬、古建筑、石窟寺、石刻等文物，分为全国重点文物保护单位，省、自治区、直辖市级文物保护单位和县、自治县、市级文物保护单位。

纪念物、艺术品、工艺美术品、革命文献资料、手稿、古旧图书资料以及代表性实物等文物，分为珍贵文物和一般文物，珍贵文物分为一、二、三级。

第三条　文物保护法第三条规定的主管全国文物工作的国家文化行政管理部门，是指国家文物局。国家文物局对全国的文物保护工作依法实施管理、监督和指导。

地方各级人民政府保护本行政区域内的文物。

县级以上地方各级人民政府设立的文物保护管理机构为文物行政管理部门；不设立文物保护管理机构的，文化行政管理部门为文物行政管理部门。各级文物行政管理部门管理本行政区域内的文物工作。

第四条　各级公安部门、工商行政管理部门、城乡规划部门和海关，应当依照文物保护法的规定，在各自的职责范围内做好文物保护工作。

第五条　县级以上各级人民政府财政部门应当将文物事业费和文物基建支出分别列入本级财政预算，由同级文物行政管理部门统一管理，其中文物基建支出以及文物修缮、维护费和考古发掘费等，应当专款专用，严格管理。各级文物行政管理部门所属文物事业、企业单位的收入，应当全部用于文物事业，作为文物保护管理经费的补充，不得挪作他用。

第二章　文物保护单位

第六条　不同级别的文物保护单位，依照文物保护法第七条规定的程序核定公布。

文物保护法第七条第一款所列的文物中尚未公布为文物保护单位的，由县、自治县、市人民政府予以登记，并加以保护。

第七条　各级文物保护单位的保护范围，应当依照文物保护法第九条的规定，自核定公布之日起一年内划定，并作出标志说明。

全国重点文物保护单位和省、自治区、直辖市级文物保护单位的保护范围，由省、自治区、直辖市人民政府划定并公布。

县、自治县、市级文物保护单位的保护范围，由县、自治县、市人民政府划定并公布。

……

第三章　考古发掘

……

第四章　馆藏文物

……

第五章　私人收藏文物

……

第六章　文物出境

……

第七章　奖励与惩罚

……

第八章　附则

第四十八条　古脊椎动物化石和古人类化石的保护办法以及历史文化名城的保护管理办法，另行制定。

第四十九条　本实施细则由国家文物局解释。

第五十条　本实施细则自发布之日起施行。

（2）管理性细则

该类型的细则将进一步细化和明确管理方面的条文规定，以便贯彻执行。

【范例】　　××省工程建设领域农民工工资专用账户管理细则

××省工程建设领域农民工工资专用账户管理细则

第一条　根据《保障农民工工资支付条例》《工程建设领域农民工工资专用账户管理暂行办法》等有关规定，结合我省工作实际，制定本细则。

第二条　本细则适用于房屋建筑、市政、交通运输、水利及基础设施建设的建筑工程、线路管道、设备安装、工程装饰装修、城市园林绿化等各种新建、扩建、改建工程建设项目。

第三条　专用账户按工程建设项目开立。总包单位应自工程施工合同签订之日起30日内开立专用账户，并与建设单位、开户银行签订资金管理三方协议。专用账户名称为总包单位名称加工程建设项目名称后加"农民工工资专用账户"。总包单位名称和工程建设项目名称可使用规范化简称。

总包单位应自专用账户开立之日起30日内报项目所在地相关行业工程建设主管部门备案（备案表样本见附件1），并提供农民工工资专用账户开户资料等材料。

总包单位应在专用账户开设后将开户银行、银行账号、备案表、开户资料等凭证扫描至江苏省建筑工人管理服务信息平台。

总包单位在同一设区市有2个及以上工程建设项目的，可开立新的专用账户，也可在符合项目所在地监管要求的情况下，在已有专用账户下按项目分别管理。

第四条　人民银行及其分支机构、银保监部门应当采取必要措施支持银行为专用账户管理提供便利化服务。

开户银行应当规范优化农民工工资专用账户开立服务流程，升级改造行内业务系统，配合总包单位及时做好专用账户开立和管理工作，在业务系统中对账户进行特殊标识，并在相关网络查控平台、电子化专线信息传输系统等作出整体限制查封、冻结或者划拨设置。开户银行不得将专用账户资金转入除本项目农民工本人银行账户以外的账户，不得为专用账户提供现金支取和其他转账结算服务。

第五条　工程建设项目符合以下情形之一的，总包单位可以不开设农民工工资专用账户：

（一）工程建设项目工程造价在300万元以下（含本数）的；

（二）工程建设项目作业工期6个月以下（含本数）的。

不开设农民工工资专用账户的，应依法落实实名制管理等规定，按月考核农民工工作量并编制工资支付表，由农民工本人签字确认后，通过银行转账等方式足额发放至农民工本人工资卡，并留存相关材料备查。

第六条　建设单位应当按工程施工合同约定的数额或者比例等，按时将人工费用拨付到总包单位专用账户。约定人工费用的数额（包括总额和每期数额）或者占工程款（含总造价、预付款和进度款）的比例等，应不低于各行业工程建设主管部门规定比例；且应当满足农民工工资按时足额支付的要求。

第七条 因用工量增加等原因导致专用账户余额不足以按时足额支付农民工工资时，总包单位提出需增加人工费用数额的，建设单位应自总包单位提出之日起10个工作日内进行核准，核准后3个工作日内追加拨付到位。

工程建设项目开工后，工程施工合同约定的人工费用的数额、占工程款的比例等需要修改的，总包单位可与建设单位签订补充协议，并将相关修改情况自补充协议签订之日起3个工作日内通知开户银行。

第八条 开户银行应当做好专用账户日常管理工作。建设单位出现未按约定拨付人工费用等情况的，开户银行应当在代发农民工工资时通知总包单位，由总包单位报告项目所在地人力资源社会保障行政部门和相关行业工程建设主管部门，相关部门应当纳入欠薪预警并及时进行处置。

第九条 建设单位应当加强对施工总承包单位按时足额支付农民工工资的监督，对已经按约定足额向专用账户拨付资金，总包单位依然拖欠农民工工资的，应及时报告项目所在地人力资源社会保障行政部门和相关行业工程建设主管部门。

第十条 总包单位或者分包单位应当按照相关行业工程建设主管部门的要求实施农民工实名制管理，依法与所招用的农民工订立劳动合同并进行用工实名登记。

分包单位以实名制管理信息为基础，按月考核农民工工作量并编制工资支付表，经农民工本人签字确认后，与农民工考勤表、当月工程进度等情况一并交总包单位，并协助总包单位做好农民工工资支付工作。

总包单位应当在工程建设项目部配备劳资专管员，对分包单位劳动用工实施监督管理，审核分包单位编制的农民工考勤表、工资支付表等工资发放资料。

第十一条 农民工工资卡实行一人一卡、本人持卡，用人单位或者其他人员不得以任何理由扣押或者变相扣押。

开户银行应采取有效措施，积极防范本机构农民工工资卡被用于出租、出售、洗钱、赌博、诈骗和其他非法活动。

开户银行支持农民工使用本人的具有金融功能的社会保障卡或者现有银行卡领取工资，不得拒绝其使用他行社会保障卡银行账户或他行银行卡。任何单位和个人不得强制要求农民工重新办理工资卡。农民工使用他行社会保障卡银行账户或他行银行卡的，鼓励执行优惠的跨行代发工资手续费率。

农民工本人确需办理新工资卡的，优先办理具有金融功能的社会保障卡，鼓励开户银行提供便利化服务，上门办理。

第十二条 工程完工、总包单位或者开户银行发生变更需要撤销专用账户的，总包单位将本工程建设项目无拖欠农民工工资情况在施工现场醒目位置、总包单位官网或负有行业监管责任的工程建设主管部门门户网站公示30日，并自公示期满无异议之日起10个工作日内，向项目所在地人力资源社会保障行政部门、相关行业工程建设主管部门出具无拖欠农民工工资承诺书（承诺书样本见附件2）。

相关行业工程建设主管部门应自接到总包单位出具的无拖欠农民工工资承诺书之日起5个工作日内，经征求人力资源社会保障部门关于总包单位有无本细则第十三条情形意见后，书面通知专用账户开户银行取消账户特殊标识（通知书样本见附件3）。开户银行应自接到通知之日起5个工作日内完成取消账户特殊标识手续。开户银行根据总包单位申请按程序办理专用账户撤销手续，专用账户余额归总包单位所有。总包单位或者开户银行发生变更，撤销账户后可按照本细则第三条规定开立新的专用账户。

第十三条　工程建设项目存在以下情形之一的，总包单位不得向开户银行申请撤销专用账户：

（一）尚有拖欠农民工工资案件正在处理的；

（二）农民工因工资支付问题正在申请劳动争议仲裁或者向人民法院提起诉讼的；

（三）其他拖欠农民工工资的情形。

第十四条　省人力资源社会保障厅会同有关部门，依托全省人力资源社会保障一体化信息平台、全省建筑工人管理服务信息平台等，统筹做好全省农民工工资支付监控预警平台规划和建设，覆盖用人单位劳动用工和生产经营变化情况，工程建设项目审批、资金落实、施工许可、工资支付等信息，支持国家、省、市、县各级开展农民工工资支付监控预警。同时，按照网络安全和信息化有关要求，做好平台安全保障工作。

各设区市、县（市）应用农民工工资支付监控预警平台，开展辖区内农民工工资支付监控预警相关工作，按照数据共享交换工作要求，逐步实现省、市、县级监控预警数据信息互联互通。

第十五条　各地人力资源社会保障、发展改革、财政、住房城乡建设、交通运输、水利等部门应当加强工程建设项目审批、资金落实、施工许可、劳动用工、工资支付等信息及时共享，依托农民工工资支付监控预警平台开展多部门协同监管。

第十六条　各地依托农民工工资支付监控预警平台依法归集水电燃气供应、物业管理、信贷、税收等反映企业生产经营变化情况的指标数据，依托政务办、信用办等部门大数据汇集管理优势，集中获取企业欠费、欠税、举报投诉、行政处罚等信息。

第十七条　加强劳动保障监察相关系统与农民工工资支付监控预警平台的协同共享和有效衔接，开通工资支付通知、查询和举报投诉等功能，方便农民工及时掌握本人工资支付情况，依法维护劳动报酬权益。

第十八条 本细则自2022年4月1日起施行。

细则施行前已开立的专用账户，可继续保留使用。细则施行前仍然在建但尚未备案的工程项目，应自细则施行之日起30日内到相关行业工程建设主管部门进行补备案，30日内已竣工的项目不再进行补备案。

附件： 1.农民工工资专用账户开设情况备案表（略）
2.无拖欠农民工工资承诺书（略）
3.取消农民工工资专用账户特殊标识通知书（略）

第四章

报告总结类文书写作方法

心安静，则神策生；
虑深远，则计谋成。

————《邓析子·转辞》

报告

报告有汇报、陈述的意思，它是法定的一种公文格式。报告可以反映工作中的基本情况，使用范围较为广泛。

一、报告特点

报告适用于向上级机关汇报工作、反映情况，回复上级机关的询问。报告一般具有内容汇报性、语言陈述性、行文单向性、成文事后性以及双向沟通性这五个特点。

内容汇报性	语言陈述性	行文单向性	成文事后性	双向沟通性
报告是由下级机关向上级机关汇报工作，是发出的公文，具有汇报性	报告是向上级机关反映工作中的基本情况，在撰写时，用叙述的方法陈述其事	报告是单向上行文，其作用是为上级机关进行宏观领导提供依据	报告一般是在工作完成后，或某事件发生后，向上级进行汇报	报告是下级机关取得上级机关支持和指导的桥梁，也是上级机关决策指导工作的依据

二、报告写作格式及要领

（1）结构及格式

报告有别于其他类行政公文，它具有特定的格式，其结构主要由标题、主送机关、正文、落款四个部分构成，如图4-1所示。

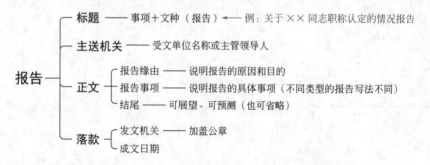

图4-1

报告的格式如图4-2所示。

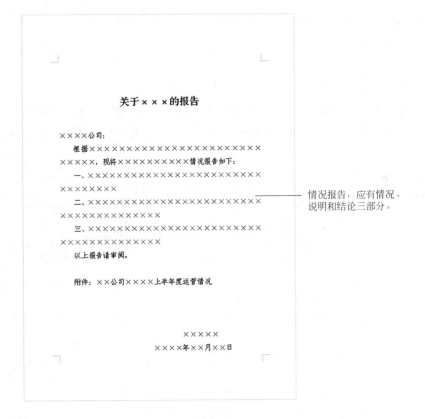

关于×××的报告

×××公司:
　　根据×××××××××××××××××××××××
×××××,现将××××××××××情况报告如下:
　　一、××××××××××××××××××××××
×××××××
　　二、×××××××××××××××××××××××
×××××××
　　三、×××××××××××××××××××××××
××××××
以上报告请审阅。

附件:××公司××××上半年度运营情况

×××××
××××年××月××日

情况报告,应有情况、说明和结论三部分。

图4-2

（2）写作要领

报告一定要实事求是、观点鲜明。在写作时,不能将报告写成请示,不能夹带请示事项,不要将报告提出的建议或意见当作请示,要求上级指示或批准。

报告的内容要有重点、条理清晰,不要面面俱到,写成流水账。

经验之谈　!!!

报告和请示是有区别的。虽说都是上行文,但其性质、目的是不同的。从性质上说,报告属于陈述性公文,而请示属于呈批性公文。从目的上说,报告的目的在于汇报工作,向上级反映情况,提出合理的意见或建议,而请示的目的是为解决某些问题,请求上级作出指示或予以批准,上级需及时给予答复。报告则无需上级答复。

三、报告分类

根据内容和用途的不同，可将报告分为工作报告、情况报告、答复报告以及报送报告这四种类型。

（1）工作报告

工作报告用于向上级汇报工作进展情况、总结工作经验。工作报告又可分为综合性工作报告和专题性工作报告。综合性工作报告主要是反映本单位全面的情况，以便上级单位了解全局；而专题工作报告只是针对某一项具体工作进行汇报，一事一报。

【范例】　　　　××省2023年政府工作报告

××省2023年政府工作报告

各位代表：

现在，我代表省政府向大会报告工作，请予审议，并请省政协委员提出意见。

一、过去五年和2022年工作回顾

过去的五年，是陕西发展进程中牢记嘱托、实干奋进的五年。以习近平同志为核心的党中央对陕西高度重视，总书记三次亲临考察，给予我们方向指引、实践指导，关心之切、厚爱之深、期望之重前所未有，全省干部群众倍受激励和鼓舞，倍感振奋和温暖，倍增信心和力量。

五年来，我们全面贯彻习近平新时代中国特色社会主义思想和总书记来陕考察重要讲话重要指示，深刻领悟"两个确立"的决定性意义，增强"四个意识"、坚定"四个自信"、做到"两个维护"，围绕"谱写陕西高质量发展新篇章"，一体落实"五个扎实""五项要求"，推动各项事业发生本质性变化、取得标志性成果、实现历史性跨越。我们深刻汲取秦岭违建事件教训，强力推进赵正永严重违纪违法案以案促改，严守政治纪律、政治规矩，陕西政治生态得到根本性重塑。我们完整、准确、全面贯彻新发展理念，凝心聚力推动高质量发展，树立大抓高质量项目的鲜明导向，推动秦创原建设成势见效，千方百计做强县域经济，加快打造现代能源、先进制造、文化旅游、战略性新兴产业等万亿级产业集群，通过做优增量不断做大总量、提升质量，产业步入了聚合裂变的前沿赛道，经济正迈向更高形态的良性循环。我们坚持人民至上、生命至上，全心全意干好为三秦百姓谋利益、谋幸福、谋共富的好事实事，完成脱贫攻坚、全面建成小康社会的历史任务，56个贫困县全部摘帽，465万建档立卡贫困人口全部脱贫，精彩圆满举办十四运会和残特奥会，统筹疫情防控和经济社会发展、统筹发展和安全取得重大成果，人民群众获得感幸福感安全感更加充实、更有保障、更可持续。

五年来，我们深入学习贯彻党的十九大和十九届历次全会精神，认真学习贯彻党的二十大精神，在省委坚强领导下，解放思想、改革创新、再接再厉，经济社会发展取得了令人瞩目的成绩。全省生产总值跃上新台阶，预计将超过3.2万亿元，较2017年净增1万亿元以上，人均GDP超过8万元；全省一般公共预算收入和工业增加值达到3311亿元和1.3万亿元，分别较五年前增加65%和57.9%；累计新增城镇就业219万人；物价水平始终保持在合理区间。

主要做了六个方面工作。

（一）着力推动经济高质量发展，综合实力显著提高。（略）

（二）着力打造内陆改革开放高地，发展活力明显增强。（略）

（三）着力推进特色现代农业建设，乡村振兴迈出新的步伐。（略）

（四）着力加强文化建设，文化软实力和影响力不断提升。（略）

（五）着力推动生态环境质量持续好转，绿色本底不断厚植。（略）

（六）着力加强民生保障和社会建设，人民生活更加美好。（略）

……

二、今后五年工作的总体要求和目标任务

未来五年，是全面建设社会主义现代化国家开局起步的关键时期，全省经济社会发展总体要求是：以习近平新时代中国特色社会主义思想为指导，全面贯彻落实党的二十大精神，认真贯彻落实习近平总书记来陕考察重要讲话重要指示，按照省第十四次党代会部署，坚持稳中求进工作总基调，完整、准确、全面贯彻新发展理念，着力推动高质量发展，更好服务和融入新发展格局，更好统筹疫情防控和经济社会发展，更好统筹发展和安全，踔厉奋发、勇毅前行，奋进中国式现代化新征程，谱写陕西高质量发展新篇章。

主要目标是：

——全域综合实力跨上新台阶。（略）

——经济发展质量实现新跃升。（略）

——改革开放创新迈出新步伐。（略）

——人民群众生活展现新气象。（略）

——美丽陕西建设取得新突破。（略）

——社会治理效能得到新提高。（略）

三、2023年预期目标和重点工作

今年是贯彻党的二十大精神开局之年，也是新一届政府起步之年。我们要按照省委十四届三次全会要求，聚焦高质量发展，全面深化改革开放，大力提振市场信心，把实施扩大内需战略同深化供给侧结构性改革有机结合起来，坚定不移做强能源工业，坚持不懈深化科技创新，全力稳住经济大盘、守好安全底线，突出做好稳增长、稳就业、稳物价工作，有效防范化解重大风险，大力发展县域经济、民营经济、开放型经济、数字经济，推动经济运行整体好转，实现质的有效提升和量的合理增长。

全年发展主要预期目标是：生产总值增长5.5%左右，一般公共预算收入增长3%，城乡居民收入分别增长6.5%和7.5%左右，城镇新增就业40万人以上，城镇调查失业率控制在5.5%以内，居民消费价格涨幅控制在3%左右。

（一）坚定实施扩大内需战略，稳住经济发展大盘

……

（二）巩固实体经济发展基础，推动产业转型升级

……

（三）强化教育科技人才支撑，提升创新整体效能

……

（四）扭住改革开放关键环节，补齐短板破解制约

……

（五）统筹粮食增产农民增收，全面推进乡村振兴

（六）加强优势互补政策联动，促进区域协调发展

（七）聚焦绿色低碳循环发展，坚决当好生态卫士

……

（八）坚持自信自强守正创新，扎实推进文化建设

（九）持续改善民生增进福祉，提高人民生活品质

……

（十）着力防范化解重大风险，筑牢安全发展屏障

四、全面加强政府自身建设

坚持以政治建设为统领，围绕开展高质量项目推进年、营商环境突破年、干部作风能力提升年活动，深入推进政府治理体系和治理能力现代化，不断提高政府执行力和公信力，切实做到让党放心、让人民满意。

……

各位代表！新时代赋予新使命，新征程呼唤新担当。让我们更加紧密地团结在以习近平同志为核心的党中央周围，在省委坚强领导下，牢记嘱托、感恩奋进、踔厉奋发、勇毅前行，奋力谱写陕西高质量发展新篇章！

×× 省省长　×× （印章）

2023 年 × 月 ×× 日

（2）情况报告

情况报告主要是向上级机关反映有关情况，这些情况是下级机关在工作中遇到的重大问题或特殊事件，通过报告让上级机关及时了解这些情况和问题。

【范例】 区农业农村局201×年度权责清单（含行政许可）的
实施和监督管理情况报告

区农业农村局201×年度权责清单（含行政许可）的实施和监督管理情况报告

区审改办：

根据《××省行政许可监督管理条例》第四十条规定和《××市权责清单监督管理办法》第三十二条规定，现将我单位201×年权责清单（含行政许可）的实

施和监督管理情况报告如下：

一、基本情况

（一）现有事项及办理情况

1.行政许可：本单位现有行政许可类事项××项，均与《××省行政许可事项通用目录》一一对应，均已进驻省网上办事大厅；全年行政许可类事项的申请数量为××件，受理数量为××件、办结数量为××件，未受理×件、未按时办结事项数量×件。

2.依申请类事项（除行政许可外）：本单位现有依申请类事项数量×项，名称为农业龙头企业申报、菜篮子基地申请、无公害农产品产地认定与产品认证申报已纳入标准化管理系统进行配置，并作为社会服务事项开展业务接受市民申请。

3.依职权类事项：本单位现有依职权类事项数量为行政处罚××项，行政许可××项，行政检查××项，行政给付××项，行政确认××项，行政强制××项，行政确认××项，行政指导××项，其他行政职权××项。其中201×年发生业务的依职权类事项具体情况如下：我局共立案××宗，其中移送公安机关××宗，均为农（水）产品质量安全案件，作出行政处罚××宗，罚没款共计××元，上述案件均已结案。

（二）依法实施情况

1.行政许可：我局在处理行政许可案件时，均严格遵守审批权限、程序、环节和条件；不断优化审批流程和规范审批程序、创新审批方式；不间断对行政许可配套规范性文件进行清理、修改、完善，均已明确审批标准、自由裁量权。

2.依申请类事项（除行政许可外）：我局在处理依申请类事项（除行政许可外）的申请时，均严格遵守审批权限、程序、环节和条件；不断优化审批流程和规范审批程序、创新审批方式；不间断对行政许可配套规范性文件进行清理、修改、完善，均已明确审批标准、自由裁量权。

3.依职权类事项：我局在处理依职权类事项时，均严格遵守法定执行权限、程序，对行政执法自由裁量权行使的条件、适用范围、裁决幅度、事实要件的确定标准作出明确规定。

（三）公开公示情况

1.行政许可：依法在××政务服务网公开公示行政审批事项的实施主体、依据、程序、条件、期限、裁量标准、申请材料及办法、申请书格式文本、咨询投诉方式等信息；有关公开公示信息明确、细致；及时通过该网站向社会公开行政许可实施过程和结果，供群众查询查看。

2.依申请类事项（除行政许可外）：依法在××政务服务网公开公示行政审批事项的实施主体、依据、程序、条件、期限、裁量标准、申请材料及办法、申请书格式文本、咨询投诉方式等信息；有关公开公示信息明确、细致；及时通过该网站向社会公开行政许可实施过程和结果，供群众查询查看。

3.依职权类事项：依法在××政务服务网公开公示行政审批事项的实施主体、依据、程序、条件、期限、裁量标准、申请材料及办法、申请书格式文本、咨询投诉方式等信息；有关公开公示信息明确、细致；及时通过该网站向社会公开行政许可实施过程和结果，供群众查询查看。

（四）监督管理情况（略）

（五）实施效果情况（略）

二、存在问题和困难

（一）系统多且尚未对接导致工作重复。行政审批事项标准化的编制和修改涉及省、市、区等多个系统，在工作过程，相关数据基本一致，但各系统间不能共享数据信息，大多数需要人工核对和填写，导致工作人员多次重复录入，极大地降低了工作效率和工作质量。

（二）市区两级关联互动需加强。区级公开办事指南文本与市级统一的标准化文本仍存在不同程度的差异。在全市行政审批事项通用性标准实施中，区级部门多为基层实操单位，审批工作实操性较强，市级部门对事项进行标准化编制或修改时，应征求区级部门意见，以免与工作实际脱钩。

三、下一步工作措施及有关建议

（一）利用技术手段实现多个系统数据共享，避免多次重复录入，提高工作效率。

（二）市级在设置标准化时，不能一刀切，需要加强与区级部门的沟通，广泛征求区级部门意见后再定标准，区级也应力争与市统筹的标准靠拢，达到标准统一的效果，提高办事效率，实现便民办事的目标。

××市南海区农业农村局（印章）

202×年×月×日

（3）答复报告

答复报告是答复上级机关询问的报告，具有很强的针对性，即询问什么，就答复什么。

（4）报送报告

报送报告是向上级报送文件、物件时所使用的报告。该报告篇幅短小，只需说明报送的名称、数量、质量、目的即可。

【范例】　关于报送《××水电开发有限责任公司党委先进性教育活动整改方案》的报告

关于报送《××水电开发有限责任公司党委先进性教育活动整改方案》的报告

省委先进性教育活动领导小组办公室：

根据省委和省国资委党委的统一部署，在省委第九督导组的督促、指导下，

××公司党委在整改提高阶段，严格落实省委和省国资委党委的有关文件要求，根据分析评议阶段所征集到的各类意见和建议，研究制定了《××水电开发有限责任公司党委先进性教育活动整改方案》，按照区别情况、分类整改的原则，针对八个方面的问题，采取了三十六条主要措施，认真加以整改。整改方案经公司党委会议审议通过，现予报送，请审查。

附件：《××水电开发有限责任公司党委先进性教育活动整改方案》（略）

××公司党委先进性教育活动领导小组（印章）

202×年×月×日

第二节

总结

总结具有总体归结的意思，是对过去某一阶段的工作、学习或思想情况进行分析和回顾，从而为今后的工作提供帮助和借鉴的一种写作文体。

一、总结特点

总结一般具有回顾性和理论性两大特点。

回顾性	理论性
总结是对已经做过的工作进行回顾，对所做的工作总结经验	总结是从具体工作中引出经验和教训，以便做好今后的工作。它把感性的认知上升为理性的高度

二、总结写作格式及要领

（1）结构及格式

总结主要由标题、正文、落款三个部分构成，如图4-3所示。

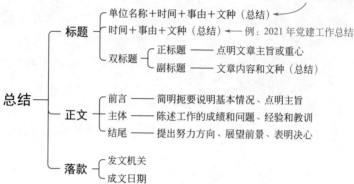

例：××省教育厅 2021 年工作总结

单位名称＋时间＋事由＋文种（总结）

时间＋事由＋文种（总结）　← 例：2021 年党建工作总结

标题

双标题 —— 正标题 —— 点明文章主旨或重心

副标题 —— 文章内容和文种（总结）

总结

正文

前言 —— 简明扼要说明基本情况、点明主旨

主体 —— 陈述工作的成绩和问题、经验和教训

结尾 —— 提出努力方向、展望前景、表明决心

落款

发文机关

成文日期

图4-3

总结的格式如图4-4所示。

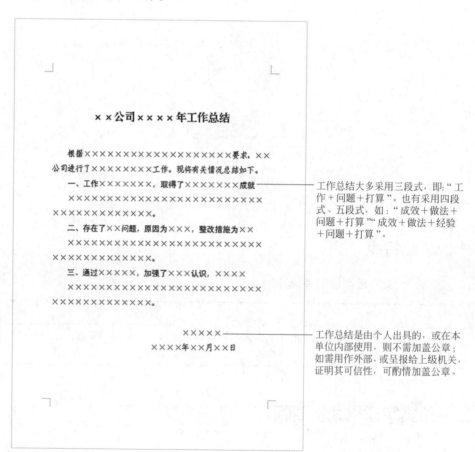

××公司××××年工作总结

根据××××××××××××××××要求，××公司进行了×××××××工作。现将有关情况总结如下。

一、工作×××××××，取得了×××××××成就××。

二、存在了××问题，原因为×××，整改措施为××。

三、通过×××××，加强了×××认识，××。

×××××

××××年××月××日

工作总结大多采用三段式，即："工作＋问题＋打算"。也有采用四段式、五段式，如："成效＋做法＋问题＋打算""成效＋做法＋经验＋问题＋打算"。

工作总结是由个人出具的，或在本单位内部使用，则不需加盖公章；如需用作外部，或呈报给上级机关，证明其可信性，可酌情加盖公章。

图4-4

（2）写作要领

总结的内容要全面，并突出重要工作。写作时做到逻辑清楚，层次分明。内容要实事求是，不能照搬工作计划或上级部署文件，没有自己的思想。

（3）总结与报告区别

① 文种范围不同。总结属于一般性的应用文种，而报告属于公文的一种。在使用范围上，总结要比报告宽泛，它是单位、部门或个人对前段时间的工作进行回顾、分析和研究，从中找出经验和教训；而报告是汇报单位、部门的工作情况、做法、经验和问题。在行文规范上，总结没有严格的标准格式；而报告为上行公文一种，需按照公文要求来写作。

② 内容侧重点不同。总结一般由成绩＋不足＋努力方向三部分构成；而报告则一般由工作进展＋存在问题＋下一步工作安排三部分构成。此外，报告中可向上级提出工作建议，而总结则不具有向上级提出建议这一版块。

【范例】　　　　××县水利局2021年工作总结

××县水利局2021年工作总结

今年，我局认真贯彻落实县委县政府的决策部署，进一步融入主题主线，立足主责主业，坚持系统思维，坚持问题导向、效果导向。进一步加强队伍建设，奋力拼搏、克难攻坚，截至12月底，全年完成投资××亿元，超额完成年度投资任务的××%，总量居全市第一。全年××县获全国第四批县域节水型社会建设达标县、全省第22届大禹杯"银杯奖"、全省农村饮用水达标提标行动工作成绩突出集体、幸福河湖试点县等荣誉。现将2021年工作总结如下：

一、扎实开展水旱灾害防御工作

（一）在流域调度上下功夫。编制水头片区水利工程调度方案，建立了顺溪水库、水头防洪工程和在建××分洪工程联动机制，实现了××北港流域联防联调。

（二）在隐患整改上建机制。建立隐患销号机制，边排查边整改，隐患问题由县防指通报督促整改，并形成专报报县领导，全年组织安全检查××人次，发现隐患××处，均已实现定期整改销号。

（三）在山洪示范村上做文章。声光电预警设备同"村村响"相连接，并建立了山洪信息定期更新制度，预警工作实现了由点到面，山洪示范村（水头镇溪尾村）成功通过了市级验收，实现山洪灾害防御能力整体提升。2021年，我县成功抵御了××个台风影响，通过科学调度，水库拦洪削峰，确保了下游防洪安全。

二、全力推进防洪工程建设

（一）提早谋划，水利投资有的放矢。2020年提早谋划2021年投资计划，使水利投资"拼盘"丰富扎实。我县全速推进防洪工程，提前超额完成年度任务，年投资完成总量位列全市第一。

（二）争分夺秒，重点工程发挥效应。为超常规加速推进工程，建立县领导联系挂钩制度，县主要领导"一月一督查"、分管领导"半月一协调"，县水利局主要领导"一周一督查"，确保问题整改到位。以党建引领助推工程，××分洪隧洞全线贯通，已具备应急分洪条件，年底前完成主体工程建设。带溪右岸闭合堤工程堤防全线达到设计高程，已全面形成水头城区防洪"闭合圈"，提前一年发挥作用。××县还连同苍南、××齐心协力推进××平原排涝工程，创团结治水典范。

（三）紧锣密鼓，××项目提早开工。组建工作专班，攻坚项目前期，创新采用全过程工程咨询服务模式，使原计划2022年开工的××标准堤下厂段加固工程提早一年开工建设。

三、全面聚焦民生实事

（一）聚焦共同富裕，建设幸福河湖。今年，××县省级美丽河湖创建项目为××镇××，项目总投资××亿元。目前××项目已基本完成，成为××人民喜爱的网红打卡地；市级美丽河湖、水美乡镇创建及农村池塘整治均已通过市级验收。

（二）聚焦河湖监管，全力打好"河边三化"攻坚战。紧盯工作重点，将制度规范与考核考绩相结合，多条线共同发力推进河湖乱点问题整治，民生环境得到极大改善。全年完成河边三化乱点整治××处，占全市整治总量的三分之一，占全县"四边三化"问题整治量的××%，"四边三化"工作获市委市政府主要领导批示肯定。

（三）聚焦××水库系统治理，补齐运行管理短板。我县对××座小型水库进行核查评估，全部制定了"一库一策"整治方案并监督落实；紧盯年度考核任务（病险××除险加固任务××座），每周针对白岩山塘至少开展1次督促活动目前工程已完成验收工作。

（四）聚焦水土流失治理，筑牢生态屏障。2021年水土流失综合治理面积任务为××，主要分布在××镇、××镇、××镇、××镇、××镇等，共完成水土流失治理面积××，总投资××万元，超额完成本年度的总体目标。

四、积极探索改革创新

（一）建成全省首个"智慧工地"和率先推行"党建进工地"。××分洪工程通过打造智慧工地系统提高管理水平，该系统入选省水利厅数字化揭榜挂帅项目。××分洪工程获全省第三季度"红旗"项目，"党建进工地"模式在省厅参阅件刊发推广。

（二）答好水利工程三化"改革卷"。我县作为全省"三化"改革试点县，率先开展三化改革，对××个水利工程实行物业化管理；完成××座水库水位自动遥测设施建设，规模化水利工程视频监控实现全覆盖；××个水利工程全部完成管保范围划定，保障水利工程安全运行。

（三）在全省率先推出水电站"取水权"质押信贷融资。通过破解小水电发展瓶颈和资金不足问题，助力企业绿色转型发展。全县"取水权"绿色贷款获整体授信1亿元，获市委主要领导批示肯定。

五、着力加强水政执法和水资源管理

（一）水政执法和节水型社会建设。全年发现并处置各类水事违法线索90余起，案件移送××件，自行立案行政处罚案件××件，实现2017年以来自办案件零的突破。全年共拆除各类涉河违建约××万平方米、垃圾清理××吨、投入资金××万、出动人数××人次；创成省级节水标杆酒店××家、校园××家、企业××家，开展塑编行业取用水专项整治，强化水资源监管，该案例入选省水利争先创优优秀案例，创成全国第四批节水型社会建设达标县。

（二）加强水法律法规宣传。以"世界水日""中国水周""全国城市节约用水宣传周"等为契机，通过网络、报纸等多种传播途径宣传水法律法规，共发放宣传手册10000余份。我局向社会征集有关生活、生产中节约用水的相关微视频、照片和感动瞬间，并通过手机短信、微信公众号等方式向民众发送"世界水日、中国水周"的宣传主题、节水知识等。我局积极组织各乡镇开展水法律法规宣传活动和节水宣传进校园、进广场、进文化礼堂等系列宣传活动，进一步提高群众水法律法规意识和节水意识。

六、进一步深化水利"最多跑一次"改革

2021年，我局配合上级有关"多评合一"作为××市"最多评一次"改革重要内容，入选国家发改委《地方支持民营企业改革发展典型做法》推广名单，并获权威媒体（人民日报、中国水利报）肯定推广报道。我局和生态环境部门于7月31日率先实施全省跨部门"多评合一"的第一例，即"××县萧江镇长宁南路道路建设工程"，完成了项目的水土保持方案、防洪评价、水资源论证、环境影响评价等四个事项的联合审批。10月22日完成"××县××镇古鳌头产城融合项目水深路建设项目多评合一"联合审批。实施"多评合一"后，业主向报告涉及的任一部门提出审批申请，由收到申请的部门牵头开展联合技术审查，然后各相关部门在规定时限内进行联合审批。此举可以缩减约××%的申报材料及方案审查、审批时间，也节省约××%的评价费用，切实减轻企业成本负担。

七、全面加强政务公开和水利信息宣传工作

县水利局全年在县信息公开平台发布信息××余篇，公开水利建设项目、水政执法、水利专项资金、水政审批等内容，自觉接受社会公众和媒体的监督，全年未收到有关政府信息公开的行政复议和行政诉讼。加强"一微一网"（微信）信息公开工作，××水利网站全年发布信息××余篇，第一时间掌握市民、网友的评论和建议，架起了与市民的沟通桥梁。通过动态报道、专题报道、对外报道三种渠道，结合水利工作重点，力争在各级媒体上推出有质量、有影响的稿件。今年我局在人民网、新华网等多家国家级媒体刊登××篇报道，在××日报头版刊登文章××篇，其他省市主流媒体刊登××余篇报道，多张××水利工程照片在中国水博馆展览。上报水利信息市局××多篇，省厅××篇。

八、切实抓好提案议案办理

我局高度重视人大代表建议办理工作，专门成立领导小组，加强组织领导，落实责任，规范办理程序，优化办理方案，做到"办前有沟通、办中有联系、办后有反馈"。在办理建议过程中，局领导作为每件议案提案的领办人，及时组织相关科室，深入乡镇走访有关代表，认真听取代表意见，力求提高问题的解决率。今年收到县人大代表建议共××件（我局主办××件、会办××件），政协委员提案共××件（我局主办××件）。办结率××%，办理满意（基本满意）率达××%。

九、全面加强党的建设

（一）严格履行"一岗双责"。局党组年初对年度全面从严治党工作进行专题部署，制定了《2021年党风廉政建设和反腐败工作要点》，并做到每个季度专题研究党风廉政建设一次；利用局党组会、周一夜学等，及时传达学习上级党委、纪委有关全面从严治党、加强党风廉政建设的重要决策部署，并结合水利工作实际提出并贯彻落实意见和措施。

（二）明确职责分工，定期分析检查。印发了《2021年党风廉政建设和反腐败工作组织领导与责任分工》，层层签订廉政责任书。每季度召开党风廉政专题会议听取班子成员"一岗双责"落实情况汇报，分析各分管口党风廉政工作开展情况。每月由党总支牵头督促班子领导及时完成落实主体责任月度工单内容，并上传全面从严治党全程纪实平台，督促每位班子成员认真履行职责，切实抓好分管领域和科所的全面从严治党工作。

过去的一年，虽然我们做了不少工作，取得了不少成绩，也总结出了不少经验，但是，我们更应该看到，由于种种原因，我们的工作还不是尽善尽美，还存在不少不足和薄弱环节。只有正视不足，扬长避短，才能为明年的工作打下坚实基础。

×× 县水利局

202× 年 × 月 × 日

计划

　　计划是组织或个人对今后一段时间内的工作、活动作出预想和安排，并提出任务指标的一种事务性文书。计划类文书包含规划、设想、要点、方案、安排等。

一、计划特点

　　计划一般具有针对性、目标性、可行性和预见性这四个特点

针对性	目标性	可行性	预见性
计划是根据党和国家的方针、政策和有关的法律法规，针对本系统、本部门的实际情况来制订的	计划明确表达出组织的目标和任务，以及实现目标所需的资源和实施的方法	在制订计划时，往往要经过充分的论证和讨论，确保计划的可行性	计划是在采取行动之前制订好的，具有一定的预见性

二、计划写作格式及要领

　　（1）结构及格式

　　计划是由标题、正文、落款三个部分构成，如图4-5所示。

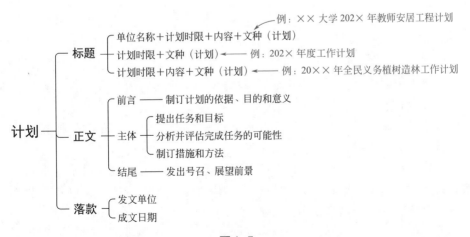

图4-5

计划的格式如图4-6所示。

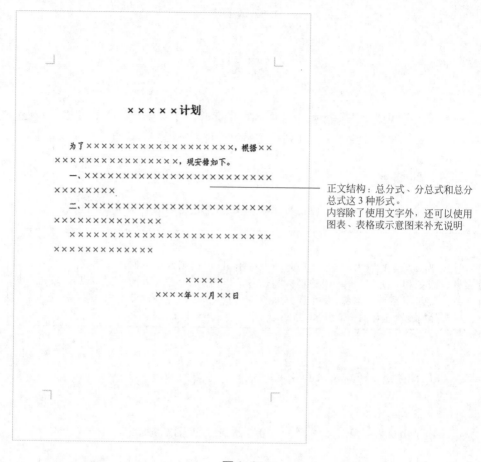

正文结构：总分式、分总式和总分总式这3种形式。
内容除了使用文字外，还可以使用图表、表格或示意图来补充说明

图4-6

（2）写作要领

计划的内容要实事求是，不要好高骛远，脱离现实。在制定目标任务和措施要求时要留有余地，留出一些可上升的空间。

收集的基础材料要准确、真实，不可弄虚作假，否则制定的目标任务不可实现，甚至会造成重大失误。

语言文字需朴实无华。此外，用词要准确，将事情说清楚、讲明白即可。一般情况下写清楚"计划的依据是什么""具体的任务要求是什么"，以及"如何来完成这个任务"这三个问题即可。

三、计划分类

计划有多种类型，按计划时间分可分为长期计划、中期计划和短期计划；按计划范围分可分为战略计划和行动计划；按计划对象分可分为综合计划、部门计划和项目计划；按照计划效用分可分为指令性计划和指导性计划。

经验之谈 !!!

指令性计划是由上级下达的具体行政约束性的计划，规定了计划执行单位必须执行的各项任务，带有强制性；而指导性计划是由上级给出一般性的指导原则，具体如何执行具有较大灵活性的计划。

【范例】 市政府2022年立法工作计划

市政府2022年立法工作计划

市政府2022年立法工作，坚持以习近平法治思想为指导，深入贯彻落实省第十四次党代会、市第十三次党代会精神，对标"十四五"时期××经济社会发展目标，按照《法治××建设规划（2021—2025年）》要求，充分发挥法治固根本、稳预期、利长远的保障作用，着力加强推动高质量发展、创造高品质生活、实现高效能治理等重点领域立法，在法治轨道上推进市域治理体系和治理能力现代化，为坚决扛起"争当表率、争做示范、走在前列"光荣使命，奋力谱写"强富美高"新××现代化建设新篇章提供有力法治保障。

一、力争年内完成的正式项目（5件）

1.为合理开发利用和保护水运资源，加强水路交通运输管理，维护水路交通运输秩序，保障水路交通运输安全，提请市人大常委会审议××市水路交通运输条例草案。（起草单位：市交通运输局）

2.为加强××湖水环境保护与修复，防治××湖水环境污染，提请市人大常委会审议××市××湖水环境保护条例草案。（起草单位：市生态环境局）

3.为加强城市建筑垃圾管理，推动城市建筑垃圾资源化利用，维护城市市容环境，提请市人大常委会审议××市建筑垃圾管理条例草案。（起草单位：市城市管理局）

4.为加强政府对土地市场的宏观调控，盘活土地资产，促进土地资源优化配置，制定××市市区土地储备办法。（起草单位：市自然资源和规划局）

5.为维护法制统一，按照规章清理工作要求，对市政府规章进行清理，废止

××市殡葬管理办法（责任单位：市民政局）、废止××市市级财政专项资金管理办法（责任单位：市财政局）、废止××市城市排水管理办法（责任单位：市水务局）、废止××市出租汽车治安管理规定（责任单位：市公安局）。

二、条件成熟适时提出的预备项目（3件）

1.为促进养老服务健康发展，规范养老服务行为，增进老年人福祉，实现老有所养，提请市人大常委会审议××市养老服务促进条例草案。（起草单位：市民政局）

2.为规范寄递业市场，促进寄递业健康发展，保障公民人身、财产安全和公共安全，提请市人大常委会审议××市寄递业管理条例草案。（起草单位：市邮政管理局）

3.为加强对城市管理行政执法辅助人员的管理，规范执法行为，促进依法行政，制定××市城市管理行政执法辅助人员管理办法。（起草单位：市城市管理局）

三、需要积极研究论证的调研项目（8件）

××市消防条例（修改）、××市计算机信息网络安全管理条例、××市地下空间规划管理条例、××市水利工程管理条例、××市职业教育产教融合促进条例、××市城市绿化条例（修改）、××市住宅专项维修资金管理办法（修改）、××市国省公路环境管理办法（修改）。

此外，根据相关专题清理结果和专项整治工作需要，有关部门可以适时提出立法项目建议，经市政府同意后，由市司法局按照规定程序办理。事关经济社会发展全局和涉及公民、法人或者其他组织切身利益的市政府规章实施满3年，其他市政府规章实施满5年的，规章实施单位应当按照规定组织开展立法后评估。

附件： 市政府2022年立法计划项目

××市人民政府办公室（印章）

2022年6月24日

注意事项： 计划类文书属于事务文书范畴，主要用于沟通信息、总结交流经验、反映情况或汇报工作。它与法定文书是有区别的。事务文书没有统一规定的文本格式，并且不能单独作为文件来发布，只能作为法定文书的附件行文。

规划

　　规划是个人或组织对未来整体性、长期性、基本性问题制定的比较长远的发展计划。它是计划类文种之一，属于事务性文书。按时间跨度来划分，规划可分为近期规划、中期规划和远期规划三种：近期规划为3～5年；中期规划为5～10年；远期规划为10～20年或更长。

一、规划特点

　　规划具有全局型、方向性、长期性这三个特点。

全局性	方向性	长期性
规划是从总体上、全局上进行思考和考量。对所思考的问题进行全面的调查、了解、分析和论证才能作出安排	制定的规划必须确定以后努力方向和目标。今后的工作都需围绕该方向和目标去开展	一般来说，规划大多是以年为计，是一条粗线条的长远计划

二、规划写作格式及要领

（1）结构及格式

规划通常由标题、正文、结尾三个部分构成，如图4-7所示。

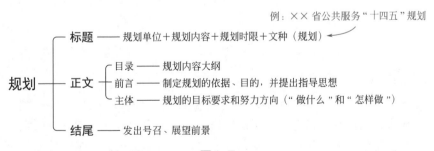

图4-7

规划的格式如图4-8所示。

图4-8

（2）写作要领

规划写作需立足现实、实事求是。对现实情况要有充分的了解和科学分析，要对完成规划的主客观条件有正确的估价。在对现实情况和条件分析研究的基础上，从事物变化、发展的观点出发、预测出合乎科学远景的蓝图。蓝图勾画要大胆，敢运用超常思维，但不要脱离实际，违背事物发展规律。

（3）规划与计划的区别

① 两者范围不同。规划相对于计划而言，更具有宏观性、全局性、规范性和

指引性；而计划则具有微观性、区域性、灵活性和可操作性。

② 两者时限长短不同。规划是比较全面长远的发展计划，时限可以是3年、5年、10年、20年，规划的试用期很长，但时间要求不严格；而计划时限比较短，通常为近几个月、近半年、近一年的时限。它的时间性很强，一般会要求在限期内完成某一项任务。

③ 两者内容说明程度不同。规划内容一般是以概括性的方式对某一任务、某项工程制定原则性的蓝图，不作具体的安排和部署；而计划在内容上要具体详细一些，例如制定的任务、指标、完成的期限、具体实施措施或方法等。具有较强的可操作性。

【范例】　　×××市"十四五"时期老龄事业发展规划

×××市"十四五"时期老龄事业发展规划

序　言

老龄事业是民生保障的重要内容，是社会治理体系建设的重要组成部分。认真编制和实施《×××市"十四五"时期老龄事业发展规划》，对于实施积极应对人口老龄化国家战略、促进国际一流和谐宜居之都建设具有重要意义。

本规划紧紧围绕"四个全面"战略布局，着眼于首都城市战略定位和京津冀协同发展，以满足老年人日益增长的美好生活需要为目标，提出"十四五"时期的战略目标、主要任务和保障措施，是首都老龄事业改革发展的行动纲领。

本规划依据《中华人民共和国老年人权益保障法》《×××市国民经济和社会发展第十四个五年规划和二〇三五年远景目标纲要》以及与×××市老龄工作相关的法律法规和政策等编制。

本规划期限为2021年—2025年。

第一部分　规划背景

一、发展现状

"十三五"时期全市老龄工作取得长足发展，确定的目标任务基本完成。五年来，立足首都城市战略定位和人口老龄化发展趋势，着眼首都城市发展全局，坚持从优化顶层设计、创新体制机制、强化政策创制和完善服务体系建设等多方面着力，初步构建起老龄事业发展的总体架构，服务保障水平显著提升。

（一）老龄工作体系日趋完善。市委、市政府高度重视老龄工作，"十三五"时期老龄事业发展规划被列为市级重点专项规划。市人大通过多种监督形式持续推动《×××市居家养老服务条例》落实，市区老龄工作机构编制和人员力量配备得到加强，老龄工作形成了上下联动、左右协同的良好工作格局。老龄委的议事协调作用充分发挥，工作机制不断健全和完善，央地、军地一体化积极推进，市老龄委成员单位调整充实至52家。

（二）社会保障水平稳步提升。2020年，调整后企业退休人员月人均基本养老金、城乡居民月平均基础养老金、城乡居民月平均福利养老金分别比"十二五"末增长30.73%、77%和94%。覆盖城乡全体居民的老年人生活保障制度日趋完善，经济困难老年人城乡低保制度实现了制度和人群全覆盖。统筹建立困难老年人养老服务补贴、失能老年人护理补贴和高龄老年人津贴制度。

（三）养老服务体系基本建立。以居家服务为重点，统筹推进居家社区机构"三位一体"发展，初步形成了具有××特色的养老服务格局和服务模式。通过实施养老照料中心建设三年行动计划，累计建设并运营养老照料中心262家，社区养老服务驿站1005家。通过加大居家服务政策扶持力度，极大提升了养老服务的便利性。建成运营养老机构544家，养老床位10.7万张。

（四）健康服务成效初步显现。初步形成1家市级和16家区级老年健康服务指导中心的组织架构。公共卫生服务不断丰富，65周岁以上户籍老年人可以享受免费体检、痴呆风险筛查以及流感疫苗、肺炎球菌疫苗免费接种等服务。65周岁及以上老年人健康管理率从2015年的66.8%上升到2020年的70.6%。完善基本药物制度和基层用药制度，符合条件的高血压、糖尿病、冠心病、脑卒中患者，在社区可享受2个月的长处方便利。在全国率先开展老年友善医疗机构建设，累计建设老年友善医疗机构253家。

（五）敬老爱老氛围更加浓厚。扩大老年人社会优待范围，将享受优待服务的人群扩大至本市60周岁及以上老年人。持续推进"孝顺之星"命名和"孝顺榜样"社会化评选，"十三五"期间，累计评选1.9万名"孝星"和90名"孝顺榜样"。组织开展人口老龄化国情市情教育，养老、孝老、敬老的社会氛围日益浓厚，全社会积极应对人口老龄化意识明显增强。建成老年大学30余所，80%的街乡建立社区教育中心，老年人精神文化生活质量不断提升。

二、面临形势

"十四五"时期，××市老龄事业发展面临着疫情防控常态化和人口老龄化加速发展带来的双重变局。人口老龄化叠加城市发展转型也是贯穿21世纪首都××的基本市情。

（一）"十四五"时期××市人口老龄化加速发展

老年人口的基数大，"十三五"末本市60岁以上常住老年人口429.9万，较"十二五"末增加了63.7万，预计"十四五"末老年人口将达517万，较"十三五"末增加87万。人口老龄化快速发展成为新常态，预计到"十四五"末，人口老龄化水平将达到24%，从轻度老龄化迈入中度老龄化。到2035年，老年人口接近700万，人口老龄化水平将超过30%，进入重度老龄化。高龄老年人比例略有降低，80周岁及以上的老年人口所占比例呈现小幅下降趋势，但"十四五"之后，随着第一次生育高峰出生人口开始步入高龄，到2035年，高龄老年人口将突破100万，社会抚养比持续增长，高龄化趋势加速。

（二）"十四五"时期××市老年群体需求显著变化

健康养老成为最迫切、最突出的需求。××户籍人口平均预期寿命已超过82岁，健康长寿成为老年群体的最大愿望。随着人口老龄化进程进一步加快，失能、半失能的高龄老年人大幅增加，老年人的健康和照护问题将成为人口老龄化过程中最为突出的问题，医疗卫生服务需求和生活照料需求叠加的趋势将越来越显著。精神文化和自我实现需求日益强劲。伴随代际更替和收入水平提升，老年群体需求总体上由生存型向发展型、享受型转型，关注重点由生活保障向生活品质、精神愉悦转型。老年人渴望更加丰富多彩、有尊严的晚年生活，老年群体日益增长的美好生活需要与老龄事业发展不平衡不充分之间的矛盾将更为明显，对发展多层次、精准化的养老保障体系和服务供给提出了更高要求。老年宜居环境需求急剧增长。随着××人口老龄化程度日益加深，基础设施不适应人口老龄化速度及老龄社会发展进程的矛盾越来越突出。推进老年宜居环境建设可以减少老年人居住环境和日常生活中的风险和不便，满足老年人维持生活独立、参与和融入社会的需求，是××国际一流和谐宜居之都建设的重要组成部分。

（三）"十四五"时期××市老龄事业发展面临机遇

党中央高度重视，为首都积极应对人口老龄化提供了根本遵循和行动指南。以习近平同志为核心的党中央高度重视人口老龄化问题，总书记就老龄工作作出一系列指示批示。党的十九大和十九届二中、三中、四中全会对积极应对人口老龄化作出部署，五中全会将积极应对人口老龄化上升为国家战略。社会各界广泛关注，为推进老龄事业持续发展提供了有利契机。随着老年人对美好生活的需要不断聚焦，社会各界通过各种形式对首都老龄工作进行督促、指导，从2015年起，市人大常委会连续5年通过执法检查、议案办理、专项工作报告、专题询问等多种形式，专题督办老龄工作，对促进首都深入推进老龄事业发展发挥了重要作用。首都加快建设现代化经济体系，为老龄事业发展奠定了坚实的物质基础。××地区经济社会发展水平整体上已达到中上等收入国家水平，特别是在人均GDP、全员劳动生产率等体现高质量发展的重点指标上领跑全国，具备了应对老龄社会较为充足的经济基础。以首善标准提升治理效能，为老龄事业发展提供了有利条件。疫情防控常态化形势下，××不断提高超大城市治理体系和治理能力现代化水平，防范化解重大风险挑战体制机制不断健全，突发公共事件应急能力不断增强，社会治理特别是基层治理水平持续提高，为××加快构建居家社区机构相协调、医养康养相结合的养老服务体系，积极应对人口老龄化挑战提供了有利条件。银发经济催生新的消费潜能，为老龄产业发展提供了广阔空间。"十四五"时期，"60后"群体将成为老年人消费主体，他们具有更高的自主意识、消费意识、参与意识。老龄产业将成为拉动内需、扩大就业、推动经济转型升级、促进首都经济高质量发展的新动能。

第二部分　指导思想、基本原则和发展目标

一、指导思想

高举中国特色社会主义伟大旗帜，以习近平新时代中国特色社会主义思想为指导，全面贯彻党的十九大和十九届二中、三中、四中、五中全会精神，以贯彻落实积极应对人口老龄化国家战略为统领，按照"党委领导、政府主导、社会参与、全民行动"的总体方针，准确把握人口老龄化发展趋势和老龄化社会运行态势，紧紧围绕构建全生命周期健康服务体系，坚持养老服务与健康服务有机融合，老龄事业和产业发展相互促进，体系化、智能化、精准化、便利化同步推动的思路，强化风险防控意识，整合政府、社会、企业、家庭、个人全方位资源，凝聚改革发展的强大动能，提升质量、完善机制、夯实基础，构建与首都经济社会发展相适应的老龄社会治理体系。

二、基本原则（略）

……

第四部分　保障措施

一、加强组织领导

建立完善党委统一领导、政府依法行政、部门密切配合、群团组织积极参与、上下左右协同联动的老龄工作机制。坚持党委在老龄事业发展中总揽全局、协调各方的领导核心作用。强化市老龄委统筹协调职能，发挥市老龄办督促检查作用，统筹推进老龄事业协调发展。健全区级老龄工作体系，引导基层社区老龄工作健康发展。

二、明确责任分工

坚持各级政府在积极应对人口老龄化中的主体责任，结合实际情况，研究、制定出台扶持老龄事业发展的政策措施，为老龄事业发展提供良好外部环境。明确界定市老龄委各成员单位职责，积极发挥各自系统的资源优势，将老龄事业发展目标和工作任务落实到各成员单位，有效推动跨部门、跨领域的重点、难点工作的推进和落实。

三、开展监测考核

建立老年啄木鸟队伍，与媒体联合行动，发现查找问题。市老龄办会同有关部门对规划实施情况进行检查和评估，定期通报发展情况。对重点领域和资金投入等重要环节，通过自我检查、专业机构评估、群众评议等形式进行监督。

四、加强宣传引导

加大对老龄事业发展规划宣传报道力度，做好政策解读工作，及时回应公众关切。积极推广各部门、各区行之有效的经验做法，营造全社会关注老龄问题、关心老龄事业、支持老龄工作的良好氛围，确保首都××老龄工作有人抓、老年人事情有人管、老年人困难有人帮，老年人事业老年人共同参与。

第五节

方案

方案是计划类文书中较为复杂的一种，它是从指导方针、任务目的、任务重点、实施步骤等方面进行全面部署，并具有很强的可操作性的计划文书。

一、方案特点

方案具有计划性、针对性和指导性以及可执行性这四个特点。

计划性	针对性	指导性	可执行性
方案是根据事物的发展趋势，来确定实施的目标、任务，并有计划性地制定实施方法	方案通常是为解决某个实际问题而制定的，具有鲜明的针对性	方案中不仅反映了工作目标及指导思想，还明确了工作的具体措施，具有指导意义	方案的制定主要是为了执行方案，从而解决实际问题，因此具有可执行性

二、方案写作格式及要领

（1）结构及格式

方案是由标题、成文时间、正文三个部分构成，如图4-9所示。

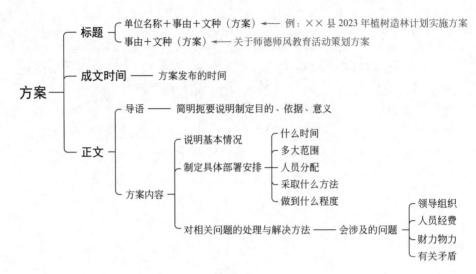

图4-9

方案的格式如图4-10所示。

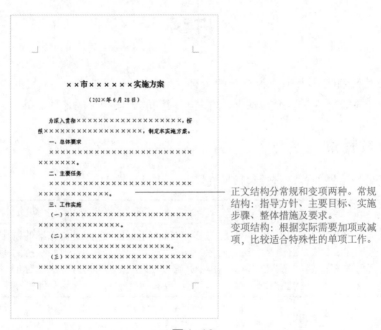

正文结构分常规和变项两种。常规结构：指导方针、主要目标、实施步骤、整体措施及要求。
变项结构：根据实际需要加项或减项，比较适合特殊性的单项工作。

图4-10

注意事项：一般常规性事务工作无须制定方案，只有历时长久、责任重大、涉及面宽、工作量大的重要工作或重大活动需制定方案。例如城市建设方案、人才培养方案等。

（2）写作要领

① 内容务实。方案内容要具有可执行性。明确地指出任务目标、实施步骤，否则无法执行下去。

② 内容准确。方案的时间、地点一定要准确，人员分工明确，每项工作落实到人，不可模棱两可。

③ 语言朴实。方案属于应用文体，其用语应简洁明了，不要使用华丽的辞藻，用朴实语言把内容表述清楚即可。

（3）方案与计划的区别

① 两者定义不同。方案是针对具体某一项工作所制定的可实施的计划；而计划主要是对未来一定期限内工作方向、内容和方式的安排管理。

② 两者内容对象不同。方案是针对一定时期内某一项重大活动，或某一方面重要工作而言；而计划是针对未来一定期限内的工作安排。

③ 两者数量不同。方案可以制定多个，这样会有选择的余地；而计划是在一定时期内只有一个。

【范例】 ××市自建房安全专项整治实施方案

××市自建房安全专项整治实施方案

（2022年6月28日）

为深入贯彻习近平总书记对××居民自建房倒塌事故的重要指示和李克强总理批示精神，按照《国务院办公厅关于印发全国自建房安全专项整治工作方案的通知》（国办发明电〔2022〕10号）、《省政府办公厅关于印发××省自建房安全专项整治实施方案的通知》（×政办发〔2022〕39号）要求，落实省委、省政府和市委、市政府决策部署，扎实推进全市自建房安全专项整治工作，全面消除自建房安全隐患，切实保障人民群众生命财产安全和社会稳定大局，制定本实施方案。

一、总体要求

以习近平新时代中国特色社会主义思想为指导，深入贯彻落实习近平总书记关于安全生产重要指示批示精神，坚持人民至上、生命至上，坚持统筹发展和安全，坚持远近结合、标本兼治，做到全面覆盖、不留盲区。严格落实地方党委、政府属地责任，按照"谁拥有谁负责、谁使用谁负责、谁主管谁负责、谁审批谁负责"的原则，整治存量风险、严管变量风险、遏制增量风险。在2021年完成的既有建筑安全隐患排查基础上，以经营性自建房为重点，全面彻查既有建筑安全隐患。对危及公共安全的自建房快查快改、立查立改，及时消除安全风险，坚决遏制重特大事故发生。完善相关制度，逐步建立城乡房屋安全管理长效机制。

二、主要任务

（一）实施百日攻坚。到2022年9月底，按照国家部署的"百日行动"要求，全面完成全市范围内经营性自建房安全隐患排查。在"行政村集体土地上农村房屋安全隐患排查整治"和"全省既有建筑安全隐患排查整治专项行动"基础上，结合"农村住房条件改善专项行动"，对前期排查整治工作查漏补缺，对其他既有建筑进行"回头看"排查。把新发现的建筑隐患信息分别纳入"农村房屋安全隐患排查整治信息平台""既有建筑安全隐患排查整治信息系统"，先急后缓，有序分类实施整治。

（二）整治存量风险。到2023年6月底，全面完成所有自建房安全隐患排查。同时结合我市实际，调整既有建筑安全隐患三年整治计划，针对原隐患清单内和新发现的用于经营用途的自建房，提前开展整治工作。另外，按照省政府统一要求，力争到2023年6月底基本完成行政村集体土地上有安全隐患的农村房屋整治工作，力争到2024年12月底完成全市既有建筑安全隐患整治工作。

（三）严管变量风险。加大对在既有建筑上擅自拆改主体结构、增设加层（夹层）、开挖地下空间等违法违规行为的监管和执法力度，及时发现、及时制止，并依法进行严厉查处。对严重危及公共安全构成犯罪的，依法追究刑事责任。存在违法建设、违法改造、违法违规审批问题的自建房，不得用于经营活动。

（四）遏制增量风险。农村新建自建房原则上不得超过3层。改作经营用途的自建房、3层及以上城乡新建房屋、改扩建工程（包括装饰装修工程）全面纳入基本建设程序管理。建立防范和处置自建房安全隐患制度，确保新增自建房质量安全。

三、彻底排查风险隐患

（一）排查内容。各地要对本辖区内城乡所有自建房进行排查摸底，排查要逐户逐栋，包括农村自建房辅房及廊道等，突出城乡接合部、城中村、拆迁安置区、学校医院周边、工业园区等重点区域的自建房。要全面摸清自建房基本情况，包括房屋经营安全性（各类经营许可、场所安全要求等落实情况）、结构安全性（设计、施工、改造、使用等情况）、房屋建设合法合规性（土地、规划、建设等手续办理情况）等内容。同时，其他既有建筑按照省既有建筑安全隐患排查整治专项行动方案和农村房屋安全隐患排查整治工作方案要求，一并开展"回头看"排查。

（二）排查重点

1.居住用途改造为生产经营等公共用途的自建房，如将一般住房改为饭店、民宿、农家乐、商铺、棋牌室、浴室、私人影院、密室逃脱、剧本杀、电竞馆、家庭旅馆、小作坊、简易生产用房、承办红白喜事等房屋或者场所；

2.各类"住改商"的房屋（将建筑物中某专有部分由居住性用房改变为经营性用房的房屋），尤其是临街底层"破墙开店"的房屋建筑；

3.改建加层、野蛮装修、破坏主体或者承重结构的房屋建筑（含擅自加层、增设夹层、开挖地下空间、分割群租，以及经营过程中改变承重结构的房屋）；

4.频繁转售、转租、转包或频繁装修改造的宾馆、酒店（饭店）、茶社、网吧等经营性场所；

5.学校、医院周边频繁周转的二手房、频繁易手的学区房（门面房）；

6.生产、经营、居住功能混杂的"三合一""多合一"自建房，尤其是10人以上人员密集场所；

7.位于小城镇、城乡接合部用于出租，尤其是群租的自建房；

8.农村3层及以上、用作经营类（包括用于出租）、10人以上人员密集、改扩建的自建房；

9.1980年及以前建造仍在居住的老旧农房、村民自发经常性聚集议事、娱乐活动的农户房屋；

10.集中医学观察场所（包括政府、企业指定或者租用的房屋，工地临时建设的板房等）、已开复工企业项目员工集中居住的房屋；

11.全省既有建筑安全隐患排查整治专项行动以及违法建设和违法违规审批专项清查中已排查出存在重大结构安全隐患，可能发生坍塌风险的房屋建筑。

（三）排查方式。各地要通过产权人自查、镇（街道）排查、专业技术力量参与、部门监督核查，逐户逐栋采集信息，依据有关法律法规及房屋安全隐患排查相关技术要求，完成安全隐患初步判定。对经营性自建房鼓励采取政府购买服务的方式，聘请专业机构进行排查，以保证排查结果的真实性和科学性。存在严重安全隐患的，应当立即采取停止使用等管控措施，安全隐患未彻底消除前，不得恢复使用、不得恢复经营。

四、彻底整治风险隐患

（一）确保存在安全隐患的经营性自建房恢复营业前消险。（略）

（二）实现D级危房住人动态清零。（略）

（三）结合城市更新行动推动既有建筑安全隐患整治。（略）

（四）结合农村住房条件改善专项行动持续做好农村房屋安全隐患整治。（略）

（五）清查违法违规行为。（略）

五、健全长效管理机制

（一）加强住房经营性用途准入管理。（略）

（二）健全房屋隐患动态发现机制。（略）

（三）加强房屋改扩建管理。（略）

（四）加强自建房新建翻建管理。（略）

（五）加强房屋鉴定检测管理。（略）

（六）推动房屋安全信息共享。（略）

六、强化保障措施

（一）强化组织领导。（略）

（二）压实各方责任。（略）

（三）加强支撑保障。（略）

（四）强化督促指导。（略）

（五）做好宣传引导。各地要充分利用报纸、电视、网络等新闻媒体，以及张贴宣传海报、发放房屋安全使用手册、社区普法、公益讲堂等多种方式，广泛宣传房屋安全的重要性，提高产权人（使用人）的安全使用主体责任意识和全社会公共安全意识。要深入开展自建房选址安全、结构安全、施工安全、使用安全，以及"农村自建房安全常识"一张图等安全常识科普教育，有针对性地做好解释引导工作，有效化解影响社会稳定的风险隐患。

附件： 市自建房安全专项整治工作领导小组成员名单

第六节

简报

简报就是简要的报告，主要起到反映情况、交流经验、传播信息的作用。它是传递某方面信息的简短的内部小报。一份简报可以刊登一篇或多篇文章。

一、简报特点

简报具有专业性强、篇幅简短、内部交流这三大特点。

专业性强	篇幅简短	内部交流
简报由有关单位、部门主办，用于传递该项工作的各种信息，具有较强的专业性	简报的篇幅短小，一期简报可以刊登多篇文章，语言简明精练，方便阅读	简报一般不公开传播，只限在单位内部交流使用。部分简报还有一定的保密要求，不可任意扩大传播范围

二、简报写作格式及要领

（1）结构及格式

简报主要是由报头、标题、正文、报尾四个部分构成，如图4-11所示。

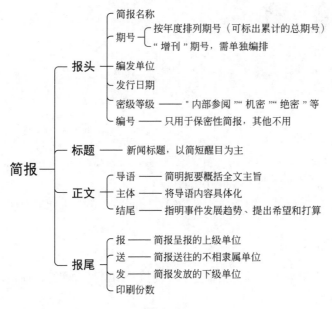

图4-11

简报的格式如图4-12所示。

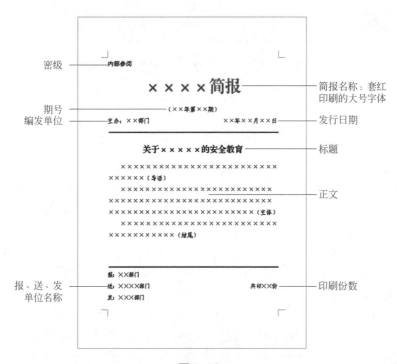

图4-12

经验之谈 !!!

有的简报是有按语部分。它位于报头下、标题前的位置。按语是简报中的批注和说明，可以分为评论性、说明性、解释性三种。其中评论性按语是最主要的。

（2）写作要领

简报的内容应该真实准确，其语言文字应当简短精练，用尽可能少的文字把事情说清楚。如果事件太多，可分几期讲。

简报应具有前瞻性，要抓住未来趋势性的问题，指明工作的方向。

三、简报分类

常见的简报可分为三种，分别是工作简报、动态简报和会议简报。

（1）工作简报

该类简报应用范围较广，它可反映本地区、本系统、本部门日常工作。工作简报常以定期或不定期的形式发布。

【范例】　　　　××县××小学工作简报

××县××小学工作简报

（2021年第十期）

节能宣传周和全国低碳日活动

为深入贯彻落实科学发展观，根据国家发展改革委等××部委《关于20××年全国节能宣传周和全国低碳日活动安排的通知》（发改环资[20××]926号）精神，×发改[20××]210号文件精神，按照县教育局要求，现结合我校实际，6月10日上午，学校校长朱××通过国旗下讲话向全校师生发出倡议："珍惜每一滴水，随手关闭水龙头，节约每一度电，少用塑料袋，少用一次性餐具"等。让节能减排进校园、进课堂，从自身做起，从点点滴滴的小事做起，营造人人讲节能、人人讲减排的良好氛围。

6月10日，学校各班主任通过办黑板报、主题班会等方式向学生宣传什么是节能减排，如何做到节能减排，知道节能减排、绿色生活的重要性。让师生体验节能减排生活，减少生活作息时所耗用能量，开展"低碳生活体验日"活动。即一天少用一杯水、少用一张纸、少用一度电、一公里以内步行等；引导师生体验低碳生活，提高环保意识，从点滴做起。

同时，我校还开展"孩子拉大人，家校齐努力"活动。让学生回到家里面向家人进行节能减排知识的宣传，让学生告诉爸爸妈妈，每天的淘米水可用来洗手、擦家具、浇花等，使学生在参与社会实践和体验中成为节能减排的宣传者、实践者和示范者。让"节能减排，绿色生活"走向每一个家庭。

（2）动态简报

该类型简报的时效性、机密性较强，其内容一般包括情况动态和思想动态。

（3）会议简报

该类型的简报是临时性的，它反映会议的情况，包括会议精神、会议决定、会议发言等。规模较大的会议可编发多期简报。

【范例】　市政协第十五届第五次会议简报

中国人民政治协商会议
××市第十五届委员会第五次会议
简　报

（2021年第×期）

各委员小组围绕范×书记在开幕会上的重要讲话和政协常委会工作报告、提案工作报告展开热烈讨论

2月4日下午，参加市政协十五届五次会议的委员和列席人员，认真学习范×书记在开幕会上的重要讲话精神，围绕政协常委会工作报告、提案工作报告进行了分组讨论和审议。大家一致认为，范×书记的重要讲话，全面总结了过去一年来中共××市委团结带领全市人民在各项事业发展中取得的显著成就，充分肯定了各级政协组织和广大政协委员服务全市中心大局作出的重要贡献，对进一步做好政协工作提出了"始终坚持党的领导、围绕中心服务大局、增进共识凝聚人心、关注民生倾听民意"四点要求。讲话站位高、目标明，立意深远、情真意切、振奋人心，重树了××人的发展信心，催人奋进。委员们一致赞同"两个报告"，认为特点鲜明、精简务实、耳目一新，总结2020年成绩实事求是、成效明显、令人鼓舞，部署2021年工作目标明确、思路清晰、措施可行。

市政协副主席王××、叶××、徐××、杨××、毛××、杨××分别参加小组讨论，听取意见建议。

王××：范×书记讲话令人振奋，我市经济发展逆势增长，来之不易。范书记高度评价政协作用的"四点"要求，为政协工作指明了方向和着力点，深感责任重大。游开余主席的报告指出政协要充分发挥专门协商机构的作用，党委的工作推进到哪里、政协的力量就汇聚到哪里，党委的部署落实到哪里、政协的作用就发挥到哪里。《提案工作报告》体现了政协委员参政议政能力在不断提高。

叶××：书记讲话振奋人心，评价政协特别讲政治、特别敢担当、特别懂专业、特别有实效，深受鼓舞。各民主党派通过提案形式履职、作用明显，要进一步提高提案办理质量。

徐××：一年来，政协在加强思想政治建设，凝聚共识方面作出了积极贡献，围绕市委、市政府中心大局做了大量工作，特别是积极参与抗击新冠疫情防控、助力乡村振兴发展，成绩突出。过去一年提案工作成效明显，承办效果较好。在提案工作中要进一步增强"四个意识"，积极开展提案"四个一"工作，即开展一场"回头看"、组织一场有影响力的提案评价、编辑一本书、开展一次提案社会评价。

杨××：政协委员资政建言要更加注重专业化，建议意见要具可操作性，确保落地落实。

毛××：市政协和区县政协要建立健全长效机制，对领导批示意见建议落实到具体办理部门的流程和效果要持续跟进，确保意见建议成果有效转化。

杨××：书记讲话金句频出，思想性、指导性和可操作性非常强，用6个"这一年"表达出了市委、市政府带领全市人民在决战脱贫攻坚、疫情防控和经济社会发展所做的大量工作，成绩斐然，同时对政协工作给予了充分肯定，既肯定了政协组织，也肯定了政协委员的智慧和力量。如何落实范×书记讲话精神的体会：一是加强学习，深刻、准确、全面理解把握新发展理念；二是切实提高委员建言资政、凝聚共识方面能力；三是担当作为，树立"机遇意识""危机意识""争先意识"。

王××：市政协要进一步加强对各级政协组织的联系指导，使履职联动、履职成效更加显著。

郭××：范×书记对××未来发展倾其所心、倾其所力、倾其所为。建议加强对委员提案办理过程监督，尤其是与当前我市经济和社会发展主题密切相关的提案进行过程监督，办理单位要主动与委员沟通，实地了解办理情况，确保提案办理"有回音"、效果好、满意度高。

饶×：政协要充分总结界别的工作，指导民主党派、工商联以外的界别开展履职活动。

何××：范×书记讲话体现了他"为官一任，造福一方"的一腔为民情怀，坚定了我们再造产业××、重铸盐都辉煌的信心和决心。建议：一是丰富政协委员的培训内容，创新培训形式，切实提高政协委员的履职能力；二是进一步完善提案办理系统机制，避免"被满意"的现象，不断提升提案办理质量。

邹××：一是2020年××市取得很多国字号的突破，创文、抗疫全国表彰等；二是2020年××市经济发展速度高于全省发展水平，川南地区发展很不错。书记对政协工作和政协委员的评价达到前所未有的高度，主席对去年工作也是高度评价，2021年工作明确了四个重点，提出政协工作推进机制，把党委政府部门政协关系进行了明确，提出政协打造"四个一"的要求，下一步作为政协委员要做好本职工作，对××发展振兴科技创新方面发挥自己的作用。

政协××市第十五届委员会
第五次会议秘书处   2021年2月4日印

第五章

凭证条据类文书
写作方法

事莫贵乎有验，
言莫弃乎无征。

——徐干《中论·贵验》

合同

合同是双方或三方以上的当事人之间设立、变更、终止民事权利义务关系的协议。依法成立的合同受法律保护。

一、合同特点

合同具有合法性、平等性、一致性和约束性这四个特点。

合法性	平等性	一致性	约束性
合同内容须符合国家法律、行政法规的规定。合同当事人也必须具备法人资格	合同双方或多方当事人的法律地位是平等的，包括平等享受权利、履行义务以及承担法律责任	合同的签订要合法，所有当事人必须在协商一致后，才能签订合同。有一个当事人不同意，则合同不成立	合同签订，就具备了法律效力。多方当事人需严格遵守合同的规定，一旦违反，则需承担法律责任

二、合同的形式

合同的形式有多种，较为常用的有口头形式和书面形式这两种。口头形式是指当事人只有用口头语言的方式来订立合同；书面形式是指当事人用文字表达的方式订立合同。

（1）口头形式

凡当事人无约定、法律未规定须采用特定形式的合同，均可采用口头形式。该形式的优点在于方便快捷。例如，集市的现货交易、商场零售等都可采用该形式。这种形式不需要当事人特别指明，付款拿货、售后维修，这已经约定成俗了。但口头形式的缺点就是发生纠纷时难以取证。所以对于一些重要的事项，或牵扯到交易数额较大的事项，不宜采用这种形式。

（2）书面形式

书面形式是指当事人用文字记录方式表达彼此间协商一致的协议。凡是不能及时清结的经济合同，均可采用这种书面形式。该形式便于当事人履行、管理、监督、举证之用。

（3）其他形式

除了口头和书面形式外，合同还有公证形式、鉴证形式、批准形式、登记形式这几种。其中公证形式是当事人约定或者依照法律规定，以国家公证机关对合同内容加以审查公证的方式；鉴证形式是当事人约定或依照法律规定，以国家合同管理机关对合同内容的真实性和合法性进行审查的方式；批准形式是指法律规定某些类别的合同须采取经国家有关主管机关审查批准的一种合同形式，这类合同，除应由当事人协商一致而成立外，还应将合同书及有关文件提交国家有关主管机关审查批准才能生效；登记形式是指当事人约定或依照法律规定，采取将合同提交国家登记主管机关登记的方式订立合同的一种合同形式，例如，买卖房产所签订的不动产买卖合同等。

三、合同写作格式及要领

（1）结构及格式

合同通常是由标题、立约单位、正文和落款四个部分构成，如图5-1所示。

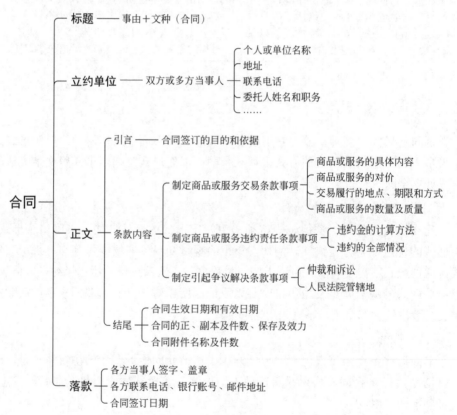

图5-1

合同的格式如图5-2所示。

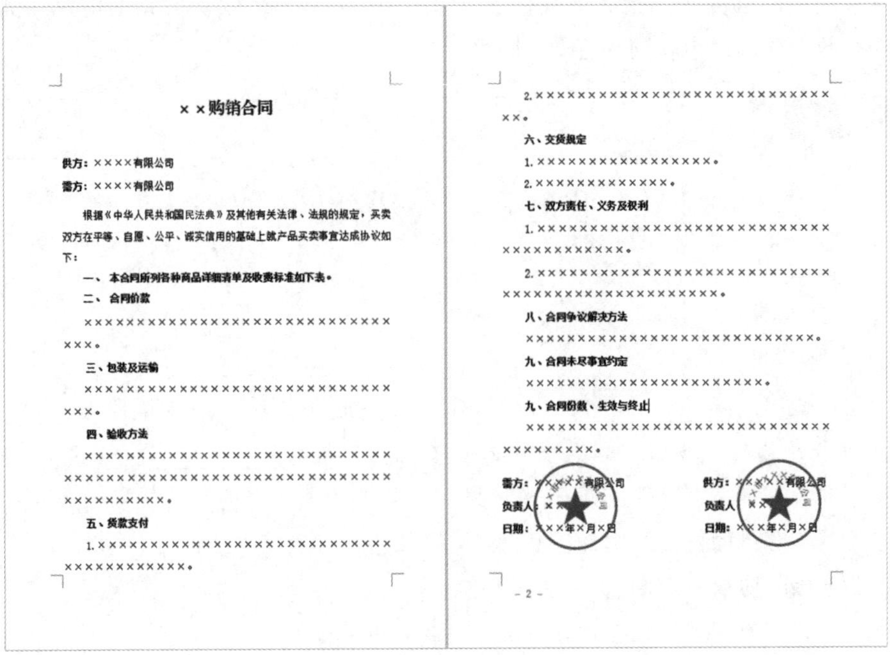

××购销合同

供方：××××有限公司

需方：××××有限公司

根据《中华人民共和国民法典》及其他有关法律、法规的规定，买卖双方在平等、自愿、公平、诚实信用的基础上就产品买卖事宜达成协议如下：

一、本合同所列各种商品详细清单及收费标准如下表。

二、合同价款

××××××××××××××××××××××××××××××。

三、包装及运输

××××××××××××××××××××××××××××××。

四、验收方法

××。

五、货款支付

1.××。

2.××××××××××××××××××××××××××××。

六、交货规定

1.×××××××××××××××××。

2.××××××××××××××。

七、双方责任、义务及权利

1.××。

2.×××。

八、合同争议解决方法

××××××××××××××××××××××××××。

九、合同未尽事宜约定

××××××××××××××××××××××。

九、合同份数、生效与终止

×××××××××××××××××××××××××××××××××××。

需方：×××××有限公司　　**供方：**×××××有限公司

负责人：××　　**负责人：**××

日期：×××年×月×日　　**日期：**×××年×月×日

－2－

图5-2

（2）写作要领

起草合同时，要注意所有条款内容都要符合国家相关法律法规，或有关职能部门管理规定。合同中各种条款内容要具体明确，不要有歧义。语言要准确，不得使用模棱两可的词句。

经验之谈 !!!

合同与协议是有区别的。① 两者性质不同。合同是具有法律效力的，一旦违反，将要负法律责任，而协议则不涉及违约这一项；② 两者包含的范围不同。合同是多方当事人之间设立、变更、终止权利和义务关系的协议，而协议是合同的一种概念，即所有合同都是协议，但并非所有协议都是合同；③ 两者签订基础不同。合同是协议的具体化，而协议是签订合同的基础。

四、合同分类

合同按照种类可大致分为两大类，分别是广义合同和狭义合同。

（1）广义合同

该类型的合同主要指的是所有法律部门中确定权利、义务关系的协议。例如各类行政合同、民事合同、劳动合同等。

【范例】　　　　　　　　　　　政府采购委托合同

政府采购委托合同

甲方（采购人）：×××

乙方（代理机构）：×××

甲方的_____（货物、工程、服务）采购项目，预算投资_____元，所需资金已经落实。现就上述内容委托乙方进行_____方式采购。双方根据《中华人民共和国政府采购法》及其他相关法律的有关规定实施本次采购。为明确各自的权益和责任，经双方充分协商，特签订本协议。

第一条　协议有效期

本协议有效期为协议签订日起至采购合同签订为止。

第二条　委托范围及计划完成采购时间

1.在本协议有效期内，甲方就下列各项委托乙方实施：编制招标（或谈判、询价）文件、发布采购信息、报名、制定评标办法、组织实施采购程序等。

2.计划完成采购时间为_____。

第三条　甲方责任和义务

1.向乙方提供委托采购项目的用户需求书，作为采购的依据。内容包括详细分项清单、技术参数或规格、相应服务、质量要求、验收标准等资料。同时附《政府采购计划执行书》。

2.有权指派专家，技术人员或其他有关人员代表甲方参与采购活动，出任评标小组成员。

3.协助乙方编制采购文件。甲方应派人协助乙方编制招标（或谈判、询价）文件，制定评标办法。甲方法定代表人或法人授权代表应对招标（或谈判、询价）文件审核并签字确认，以形成正式的招标（或谈判、询价）文件。

4.根据确定的中标人签订并履行合同。

第四条　乙方责任和义务

1.根据国家有关法律法规，按照甲方的委托，精心设计和组织采购工作，及时向甲方通报采购计划和进度，保证采购计划顺利实施。

2.在甲方的协助下，负责编制招标（或谈判、询价）文件，并负责对招标（或谈判、询价）文件进行解释。

3.负责及时公开发布采购信息，向潜在的供应商发出邀请。

4.根据《政府采购操作流程》规定，在市采招监管办监督下会同采购人随机抽取评标专家。

5.负责组织开标、评标、组织采购小组编写采购报告。

6.负责收取报名费，投标保证金，中标单位的履约保证金等费用。

7.按国家、省、市有关规定，将采购文件送采购人存档，采招监管办备案。

第五条　政府采购中标、成交与合同的签订及备案

1.甲方接受乙方经合法采购程序产生的中标，成交供应商，并与之签订政府采购合同。

2.政府采购合同由甲方与供应商签订，所签订的合同不得对采购文件和中标文件进行实质性修改。

3.甲方应在签订合同七天内将合同副本等资料送采购代理机构报采招监管办备案。

第六条　双方的共同责任

在采购活动进行过程中和采购活动完成后，甲乙双方均有责任对评标情况以及采购人和供应商的其他商业秘密和技术秘密保密。

第七条　其他事项

1.未尽事宜，双方协商解决。

2.本协议一式三份，双方各执一份，一份自签订之日起3日内报_____采招监管办备案。本协议自签订之日起生效。甲方非法定事由不得撤销委托，不得拒绝确认评标结果。

甲方（盖章）_____　　　乙方（盖章）_____

法人代表（签字）_____　　　法人代表（签字）_____

地址：_____　　　地址：_____

电话：_____　　　电话：_____

签订日期：_____　　　签订日期：_____

（2）狭义合同

该类合同主要指的是民事合同，例如财产合同、物权合同、债权合同等。

【范例】　　　　　　　　　　店面转让合同

店面转让合同

甲方：_____

乙方：_____

丙方：_____

甲乙双方经友好协商，就店铺转让达成下列协议，并共同遵守：

第一条　甲方于××年×月××日前将位于××××的店铺（面积为____××____平方米）转让给乙方使用。

第二条　该店铺的所有权证号码为____×××××××____，产权人为丙。丙与甲方签订了租赁合同，租期到××年×月×日止，月租为____××××____元人民币。店铺交给乙方后，乙同意代替甲向丙履行该租赁合同，每月交纳租金及该合同约定由甲交纳的水电费等各项费用，该合同期满后由乙领回甲交纳的押金，该押金归乙方所有。

第三条　店铺现有装修、装饰、设备（包括　）全部无偿归乙方使用，租赁期满后不动产归丙所有，动产无偿归乙方（动产与不动产的划分按租赁合同执行）。

第四条　乙方在____××____年×月×日前一次性向甲方支付顶手费（转让费）共计人民币大写×××元整（¥×××元），上述费用已包括甲方交给丙方再转付乙方的押金、第三条所述的装修装饰设备及其他相关费用。甲方不得再向乙方索取任何其他费用。

第五条　该店铺的营业执照已由甲方办理，经营范围为餐饮，租期内甲方继续以甲方名义办理营业执照、税务登记等相关手续，但相关费用及由乙方经营引起的债权债务全部由乙方负责，与甲方无关。乙方接手经营前该店铺及营业执照上所载企业____××××____的所欠一切债务由甲方负责偿还，与乙方无关。

第六条　乙方逾期交付转让金，除甲方交铺日期相应顺延外，乙方每日向甲方支付转让费的千分之一的违约金，逾期____××____日的，甲方有权解除合同，乙方按转让费的15%向甲方支付违约金。甲方应保证丙同意甲转让店铺，如由于甲方原因导致丙或甲自己中途收回店铺，按甲不按时交付店铺承担违约责任。

第七条　遇国家征用拆迁店铺，有关装修装饰设备及经营性补偿归乙方。

第八条　如果合同签订前政府已下令拆迁店铺，甲方退还全部转让费，赔还装修损失____××××____元，并支付转让费的15%的违约金。如果合同签订之后政府明令拆迁店铺，或者市政建设（如修路、扩路、建天桥、建立交桥、修地铁等）导致乙方难以经营，乙方有权解除合同，甲方退还剩余租期的转让费，押金仍归乙方（前述顺延除外）。或甲方在每年营业执照有效期届满时仍未办妥年审

手续，乙方有权解除合同，甲方应退回全部转让费，赔偿装修、添置设备损失
＿＿＿＿×××× ＿＿＿＿元，并支付转让费的15%的违约金。

　　第九条　本合同一式叁份，自签字之日起生效。

甲方（签字）：＿＿＿＿＿＿＿＿＿　　　签订日期：＿＿＿＿＿＿＿＿＿＿

乙方（签字）：＿＿＿＿＿＿＿＿＿　　　签订日期：＿＿＿＿＿＿＿＿＿＿

丙方（签字）：＿＿＿＿＿＿＿＿＿　　　签订日期：＿＿＿＿＿＿＿＿＿＿

第二节

合作意向书

　　合作意向书是需要合作的双方在进行合作之前，就合作事项表明态度、提出
初步设想的协约性文书，是实现合作的基础。多用于洽谈重要的合作项目和涉外
经营项目。

一、合作意向书特点

　　合作意向书一般具有意向性、信誉性、协商性和临时性这四个特点。

意向性	信誉性	协商性	临时性
合作意向书的内容一般只表达双方的意愿，而不是具体的目标和实施方法	合作意向书不具备法律效力，而是依托双方的信誉，对签署双方的约束力较弱	合作意向书只表达谈判初期成果，由双方协商所定。签署后，仍然可协商修改	合作意向书是临时的文件。当深入谈判，签订合同后，该意向书失效

二、合作意向书写作格式及要领

　　（1）结构及格式

　　合作意向书主要由标题、正文、落款三个部分构成，如图5-3所示。

> **注意事项**：合作意向书与合同有很大的区别。合作意向书只是双方对某个项目一
> 个初步的设想，是签订合同的先导，而合同是合作意向书发展的结果，合同一旦
> 签订，就必须遵守执行。签署合作意向书后，如有异议，可双方协商解决。

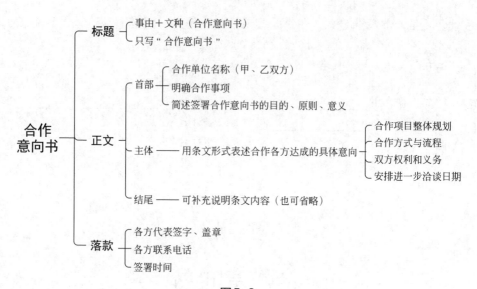

图5-3

合作意向书的格式如图5-4所示。

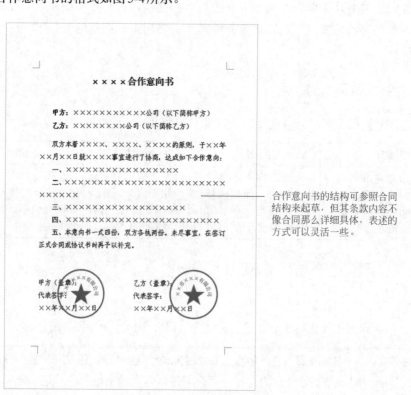

合作意向书的结构可参照合同结构来起草，但其条款内容不像合同那么详细具体，表述的方式可以灵活一些。

图5-4

（2）写作要领

合作意向书仅表达双方对某个项目的初步意愿，所以在起草时不要表现出对某关键问题的具体要求，以便进一步协商时能够进退自如。

在语言用词方面需注意，谨慎使用肯定性的词句。多用商量、有弹性的词语。如"尽可能""适当""可"等，语言平和、灵活即可。

【范例】　　　　　　　　　　校企战略合作意向书

校企战略合作意向书

甲方：××××学院（以下简称甲方）

乙方：××××公司（以下简称乙方）

为了充分发挥校企双方的优势，促进高等教育与行业的共同发展，在平等自愿、充分酝酿的基础上，经双方友好协商，现就校企合作事项达成以下协议：

一、合作目的

1.加强高校与行业的协作，实现高校与行业共同成长，发展的"双赢"。

2.探索高等教育与行业协同发展的新型合作模式，实现适应行业发展需求的人才培养，人力资源开发，技术服务，科研成果转化等全方位一体化链接。

二、合作领域

1.就业实训

从协议签订之日起，甲方可根据人才培养计划，每年选派一定数量的学生，到乙方所属企业进行岗位实训，具体人数由甲乙双方协商确定。

2.定向培养

乙方根据行业实际需求，可委托甲方进行人才定向培养（含学历教育与非学历教育）；甲方根据乙方要求，实施针对性教育。

3.校企战略合作

甲方为乙方行业的技术革新，项目开发，员工培训，文化建设产业发展等提供教育与科技服务；乙方为甲方在校大学生进行岗位实训指导，创业教育和职业指导，为甲方毕业生提供就业与就业实训岗位。

三、合作内容

1.互认挂牌、就业推荐、员工培训

（1）甲方在乙方挂牌设立"××××学院就业实训基地"，乙方在甲方挂牌设立××××公司人力资源培训基地。双方均同意在对外发布信息中使用共建基地的名称，并开展管理、实习、培训、科研合作。

（2）作为甲方的校外实训、就业基地，乙方在同等条件下应优先录用甲方毕业生；甲方每年邀请乙方用人单位参加甲方组织的校内毕业生供需洽谈会，优先为乙方输送德、智、体全面发展的优秀学生。

（3）甲方根据乙方行业发展需求，为乙方行业的技术革新、项目开发、员工培训、文化建设产业发展等方面工作提供教育和科技服务。

（4）乙方向甲方提供本企业职业岗位特征描述，各职业岗位要求的知识水平和技能等级，企业的岗位工作待遇和工作环境，并为甲方制订相应各专业培养目标，审订合作各专业培训计划及专业课程设置。

2.顶岗实习、实训基地建设合作

（1）甲方从合同签订之日起，根据职业教育教学计划和培养方案，每年选派一定数量的指定年级、专业的学生到乙方进行顶岗实习，具体人数根据乙方岗位需求、甲方学生情况等因素，由甲乙双方协商决定。

（2）乙方作为甲方学生的顶岗实习单位，同时也是甲方的校外实训基地，应优先满足甲方学生在专业实习、毕业实习等方面的需求。双方在协商一致的基础上，本着共同发展的原则，建立紧密、长效的合作机制。

（3）乙方若需在甲方建立校内生产性实训基地，原则上可由甲方提供场地设施，由乙方投入生产设备应（建立实训基地协议另订）。

（4）顶岗实习学生在实习期间，根据实习协议的要求应服从乙方管理人员的管理，遵守乙方规章制度（含考勤管理和技术管理），同时不得违反甲方的有关管理规定。乙方应指派专门技术人员担任实习指导教师，同时乙方应负责实习学生在乙方单位实习期间的人身、财产安全。

（5）甲乙双方各确定1-2名联络员负责"战略合作项目"建设工作，保证各项工作的顺利进行。

3.协议变更

本协议如遇客观情况发生重大变化或其他未尽事宜时，双方另行协商解决并签订补充协议（或备忘录），补充协议与本协议具有同等法律效力。

甲方：××××学院（盖章）　　　　乙方：××××公司（盖章）

代表（授权）人：×××　　　　　　代表（授权）人：×××

××年××月××日　　　　　　　　××年××月××日

证明信

证明信是行政机关、企事业单位或个人证明身份或某一事项所使用的一种专用书信。

一、证明信特点

证明信有凭证和书信体格式这两个特点。

凭证	书信体格式
证明信是持有者用以证明自己的身份，或某一事件的真实性的一种凭证	证明信是一种专用书信，其写作格式与一般书信格式基本相同

二、证明信写作格式及要领

（1）结构及格式

证明信通常由标题、称谓、正文、落款四个部分构成，如图5-5所示。

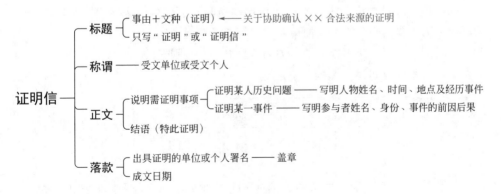

图5-5

证明信的格式如图5-6所示。

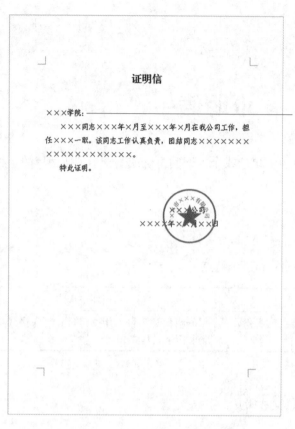

对于没有固定的受文对象，可省略称谓。但需在正文前用公文引导词"兹"引出下文。

图5-6

（2）写作要领

证明信一般是由申请人所在的单位部门所写，信件内容需实事求是，不可夸大其词。用语要精确，语言需简单明了，不要模棱两可。

证明信的篇幅在两页以上的，需加盖骑缝章，否则无效。

证明信的有效期为十天，逾期无效。

【范例】　　　　　　　　　　　实习证明

实习证明

兹有××市××职业技术学院×××同学于2021年7月至8月在中国建设银行××支行个人业务部门实习。实习期间，该同学对于自己未曾涉猎的业务，能够通过请教同事、网上自学等方式快速熟悉业务。此外，该同学性格外向、善于交流，具有较强的沟通协调能力。

特此证明。

中国建设银行××支行　行政部（印章）

2021年8月31日

【范例】　　高中毕业证遗失证明

高中毕业证遗失证明

　　兹有×××，性别×，民族××，身份证号：×××××××××××，于×××年×月至××年×月在我校高中部学习期满，达到我省普通高中毕业标准，获得××省普通高中毕业证，毕业证号为×××××××××××。现因其个人保管不善，不慎遗失，要求证明。经学校核实，特出具此证明。

校长（印章）　　　　　　　　　××市××中学（印章）

经办人：×××　　　　　　　　　××××年×月×日

第四节

聘书

　　聘书是用于聘请某些专业特长或名望权威的人完成某项工作或担任某类职务时所使用的书信文书。

一、聘书特点

　　聘书具有约束性、凭据性和期限性以及双向选择性这四个特点。

约束性	凭据性	期限性	双向选择性
聘书是具有法律效力的文书，一旦发出双方将承担特定的法律责任	聘书是受聘者上岗的凭证，也是依法解决受聘人与用人单位之间发生纠纷的重要凭据	聘书是要写明聘用的期限。期限一到，将自动解除受聘人与用人单位间的合作关系	聘书是在双方自愿的基础上形成的。用人单位有权向受聘人发出聘请意愿，受聘者也有权决定是否应聘

二、聘书写作格式及要领

（1）结构及格式

聘书是由标题、称谓、正文、落款这四个部分构成，如图5-7所示。

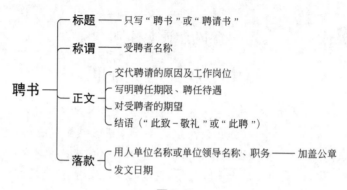

图5-7

聘书的格式如图5-8所示。

图5-8

> **注意事项：** 聘任待遇可直接写在聘书上，也可另附详尽的聘约或公函来写明具体待遇，视情况而定。

（2）写作要领

① 聘书内容要短小精悍，语言简洁明了，其态度要谦虚诚恳。

② 加盖公章。聘书是以单位名义发出的，只有加盖公章后，才能有效。

③ 聘书中要对有关招聘事项交代清楚。

【范例】　　　　　　　　　　　　　聘请书

聘请书

兹聘请李××同志为××建设集团总工程师，聘期从2021年6月起至2026年6月止。聘任期间享受本集团高级工程师待遇。

此聘

××建设集团（印章）

2021年6月1日

第五节

借条和收条

借条是表明债权债务关系的书面凭证，由债务人书写并签字盖章。当债务人将相关钱物归还给债权人后，债务人收回借条，借条随即作废。

收条是指收到或交来的钱或物，写给送交者作为凭证的条子。但按《中华人民共和国会计法》的要求，收条不能作为会计凭证入账。

一、借条写作格式及要领

（1）结构及格式

借条主要是由标题、正文、落款三个部分构成，如图5-9所示。

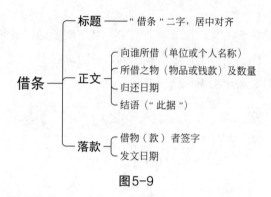

图5-9

借条的格式如图5-10所示。

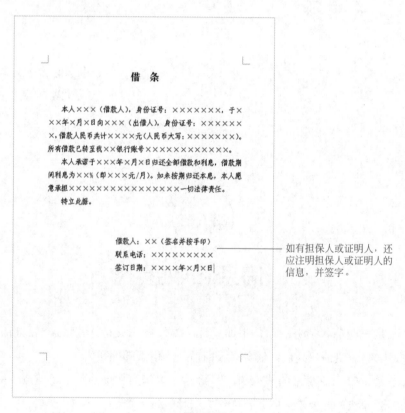

图5-10

（2）写作要领

① 借条需要写明借款人、借款日期、还款日期、借款数额以及借款原因等内容，尽量详细为宜。

② 如有见证人，可请见证人在借条上签字，以便增加可信度。

（3）借条与欠条的区别

① 从两者定义上说，借条是债务人向债权人出具的存在借贷事实的书面凭证，是法律上一种经过简化的借款合同。欠条是债务人应当向债权人履行债务，因自身原因不能如期偿还而对债权人予以书面凭证。它只反应双方当事人对债务债权状态的确认，但无法表明债权债务关系产生的原因。

② 从证据效力上说，借条是简化的借款合同，具有较强的证明能力。借条持有人只需向法院陈述借款事实，无需对借条的形成原因进行举证。欠条本身无法表明债权债务形成的原因，欠条持有人不仅需向法院陈述欠款事实，还需向法院进行欠款事实的举证。

【范例】　　　　　　　　　　　　　借条

借　条

因购买房产，今通过银行转账向×××（身份证号：×××××××）借到人民币××××××元整（¥×××××元），月利息××%，于20××年×月×日到期时还本付息。逾期未还，则按月利息××%计付逾期利息。

如借款人违约，出借人为维护权益向违约方追偿的一切费用（包括但不限于律师费、诉讼费、保全费、交通费、差旅费、鉴定费等）均由借款人承担。

借款双方身份证载明的地址可作为送达催款函、对账单、法院送达诉讼文书的地址，因载明的地址有误或未及时告知变更后的地址，导致相关文书及诉讼文书未能实际被接收的、邮寄送达的，相关文书及诉讼文书退回之日即视为送达之日。

借款人：××（签字按印）

身份证号：××××××××××××

联系电话：×××××××××××

20××年×月×日

二、收条写作格式及要领

（1）结构及格式

收条主要是由标题、正文和落款三个部分构成，如图5-11所示。

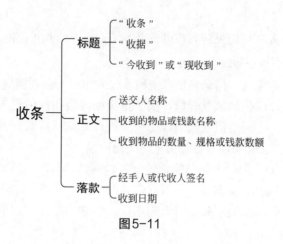

图5-11

收条的格式如图5-12所示。

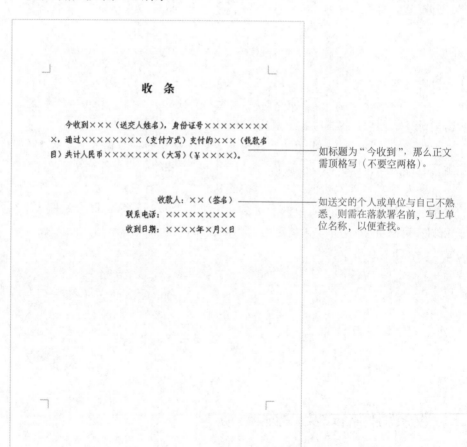

图5-12

（2）写作要领

① 收条内容要完整。如写明收到的物品或钱款数量、送交的单位名称或个人姓名。涉及钱款数目，则务必做好校对，准确无误，此外书写数目时要大、小写并用。

② 用语要准确。杜绝使用模糊词语，含义要清晰明确，不要产生歧义。如替别人代收时，一定要写上"代收到"或"代收人"字样。

【范例】　　　　　　　　　　　　　　收条

收　条

今收到李××承租××花园×栋×单元××室3个月（4月、5月、6月）的房屋租金，共计人民币壹万零捌佰元整（￥10800元）。

收款人：杨××

收款日期：20××年3月15日

第六章

经济贸易类文书写作方法

丘也闻有国有家者，
不患寡而患不均，
不患贫而患不安。
盖均无贫，
和无寡，
安无倾。

——《论语·季氏》

审计报告

审计报告是指注册会计师对被审计单位的财务报表检查情况进行总结说明的书面文件。它具有鉴证、保护及证明的作用。注册会计师一旦在审计报告上签名并盖章，就表明对其出具的审计报告负责。

一、审计报告特点

审计报告具有公证性、真实性、总结性和依据性这四个特点。

公证性	真实性	总结性	依据性
审计报告必须由独立的第三者身份，如审计部门或会计师事务所的注册会计师出具，可作为财务审查证明	审计报告内容必须是全面真实的材料，所得的结论也必须从事实出发，做到客观、公正、实事求是	审计报告是对审计单位的财务状况审查后得出的结论性总结，可以帮助被审计单位总结经验教训，进行改正	审计报告反映了被审计单位真实的财务状况，是对被审计单位作出处理的依据

二、审计报告写作格式及要领

（1）结构及格式

审计报告是由标题、收件人、正文和落款四个部分构成，如图6-1所示。

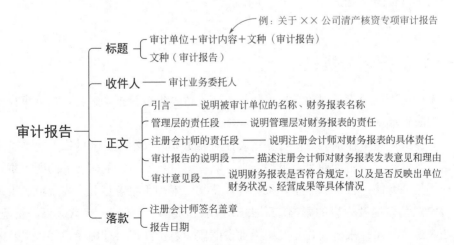

图6-1

审计报告的格式如图6-2所示。

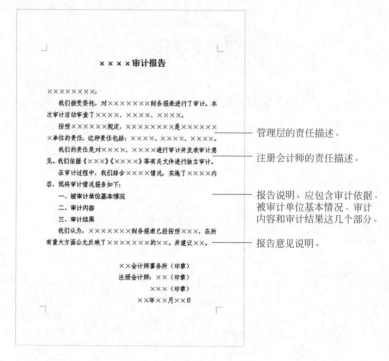

图6-2

（2）写作要领

① 审计报告要求从事实出发，应客观公正地进行审计。审计建议应具有建设性。

② 审计报告应突出重点，层次鲜明。在报告后应附已审计的财务报表，防止被审计单位替换或更改。

③ 审计报告应具备复核环节。

三、审计报告分类

审计报告可分为无保留意见审计报告、保留意见审计报告、否定意见审计报告、无法表示意见审计报告这四类。

无保留意见审计报告证明财务报表在所有重大方面都是公允的；保留意见审计报告会在正文中附加保留意见段，表示除保留意见所涉及的内容外的所有重大方面都是公允的；否定意见审计报告会在正文中附加否定意见段，表示财务报表受否定意见段提及内容的影响，无法公允反映企业财务状况、经营成果等情况；无法表示意见审计报告会在正文中附加说明段，表示注册会计师受说明段提及的内容影响，无法对财务报表的公允性发表审计意见。

【范例】　　　　　　　××公司清产核资专项审计报告

××公司清产核资专项审计报告

××股份有限公司：

我们接受委托，对××股份有限公司（以下简称为贵公司）以××年×月×日为基准日的清产核资的相关资料进行了审查核实，贵公司的责任是建立健全内部控制制度，保护资产的安全和完整，保证会计资料和清产核资资料的真实、合法和完整。我们的责任是在贵公司资产清查的基础上，对贵公司查出的各项资产损失及申报待销净损失的处理预案的真实性、合理性发表意见。在审计过程中，我们本着独立、客观、公正和科学的原则，实施了包括在抽查的基础上检查支持各项资产损失金额和披露的证据以及评价各项资产损失的整体反映等我们认为必要的审计程序，核查了以××年×月×日为基准日的资产、负债和所有者权益。我们相信，我们的审计工作为发表意见提供了合理的基础。现将清查核实情况及结果报告如下：

一、清产核资工作范围

按照贵公司的决算报表统计口径以清产核资工作方案的要求，本次清产核资的范围为××公司及所属全部的子公司（含下属事业单位、分支机构、境外子公司等）的全部资产，其中：资产总额××××元，负债总额××××元，所有者权益××××元（含实收资产××××元，资本公积××××元，盈余公积××××元，未分配利润××××元），少数股东权益为××××元，具体单位如下表所示（略）。

二、清产核资的依据

（一）法规依据

1.《中国注册会计师独立审计准则》；

2.××年×月×日国资委令第×号《国有企业清产核资办法》；

3.××年×月×日国资评价〔20××〕×号《关于印发中央企业清产核资工作方案的通知》；

4.《企业会计制度》；

……

（二）行为依据

1.××年×月×日国资评价〔20××〕××号文件《关于做好执行工作的通知》；

2.××年×月×日国资评价〔20××〕××号文件《关于印发中央企业清产核资工作方案的通知》；

3.××年×月×日××部门×××号文件《关于同意××公司×××子公司以账面数作为清产核资工作的结果函》；

4.××公司函〔20××〕××号《关于同意××公司开展清产核资工作的函》；

5.清产核资中咨询服务、经济鉴证和专项财务审计的业务约定书。

三、清产核资过程及实施情况

1.工作基准日：×××年×月×日。

2.工作起止日期：×××年××月××日至×××年××月××日。

3.具体实施情况：

（1）协助贵公司根据国资委、财政部相关文件编制此次清产核资的《工作手册》；

（2）培训参加专项审计工作的相关人员，协助贵公司做清产核资基础工作；

（3）对贵公司企业清产核资基准日的原会计报表进行审计，以保证贵公司清产核资基准日账面数的准确；

（4）核对、询证、查实贵公司债权、债务，监盘贵公司现金和抽查存货；

（5）勘察、抽查贵公司固定资产并验证其产权；

（6）协助贵公司按照《企业会计准则》、《企业会计制度》和清产核资的要求调整有关账项，计算执行《企业会计制度》所带来的损失；

（7）按照根据清产核资政策和有关财务会计制度规定，对贵公司清理出的有关资产盘盈、资产损失及资金挂账进行核实、鉴证；

（8）协助贵公司按照国有资产监督管理机构有关资金核实批复文件，以及国家财务会计制度有关规定，调整账务；

（9）协助贵公司编制清产核资后的企业会计报表。

四、清产核资专项审计情况

1.申报处理资产损失情况

在此次清产核资过程中，贵公司共计清理出资产损失总额（盈亏相抵后）为××元。其中按原制度清查的资产损失共××笔，金额××元；按《企业会计制度》清查预计的资产损失共××笔，金额××元。

2.经我所审核确认的资产损失

经我所审核确认符合清产核资申报条件的资产损失共××笔，金额××元。其中按原制度的资产损失共××笔，金额××元；按《企业会计制度》清查预计的资产损失共××笔，金额××××元。

五、清产核资处理意见

1.申报待核销净损失的处理

预案经我们审核确认贵公司清查的资产损失和资金挂账净额为金额××元，其中××损失挂账净额××元自列损益，其余××元申报核减所有者权益，具体处理方法如下：

（1）核减未分配利润××元；

（2）核减盈余公积—公益金××元；

（3）核减盈余公积—公积金××元；

（4）核减资本公积××元；

（5）核减实收资本××元。

经我们审核确认贵公司按《企业会计制度》确定的预计损失合计××元。拟建议转入企业××年度期初未分配利润××元，并作为各项资产减值的期初数，其中：

（1）应收账款预计损失××元；

（2）短期投资预计损失××元；

（3）存货预计损失××元；

（4）长期股权投资预计损失××元；

（5）固定资产预计损失××元；

（6）在建工程预计损失××元；

（7）无形资产预计损失××元；

（8）长期债权投资预计损失××元；

（9）其他资产预计损失××元。

2.审计意见批复后所有者权益的变化情况

上述申报资产损失如得到批复后，××公司的所有者权益将为××元，其中实收资本××元、资本公积××元、盈余公积××元、未分配利润××元。

我们认为，贵公司的清产核资工作是依据国资委及财政部相关文件执行的，申报的报表及相关资料真实可信，各报表数据间勾稽关系正确，可以作为资产管理部门审批的依据。

六、申报处理资产损失原因分析

1.按原制度清查出的各项资产损失的情况简要分析；

2.盘盈资产类型及形成原因的简要分析。

七、重大事项说明

1.××公司所属子公司根据清产核资政策可以不列入参加清产核资工作范围，直接以××公司账面数作为××公司清产核资工作结果需要进行特别说明；

2.××公司所属子公司由于特殊原因不能参加清产核资工作范围，经国有资产监督管理机构批准直接以××公司账面数作为××公司清产核资工作结果需要进行特别说明；

3.在清产核资专项财务审计工作中发现的有可能对××公司损失及挂账的认定产生重大影响的事项；

4.在清产核资专项财务审计挂账中发现的××公司重大资产和财务问题以及

向××公司提出的有关改进建议；

5.在清产核资过程中对××公司账面价值和实际价值背离较大的主要固定资产和流动资产重新估价；

6.注册会计师认为需要说明的其他重大事项。

八、内部控制的审核情况（略）

九、报告使用范围

以上清产核资审计报告仅供国有资产管理部门审批、××公司主管部门审查清产核资结果和检测清产核资中介机构之用，非法律、行政法规规定，报告的全部或部分内容不得提供给其他任何单位和个人，不得见之于公开媒体。

附件1： 损失挂账分项明细表（略）
附件2： 损失挂账申报核销项目审核说明（略）
……

××××会计师事务所（印章）

中国注册会计师：××（印章）

××年×月×日

财务分析报告

财务分析报告是企业依据会计报表、财务分析表及经营活动和财务活动所提供的信息及其内在联系，运用一定的科学分析方法，对企业的生产经营情况及财务状况作出客观、全面、系统的分析和评价，并进行科学预测而形成的书面报告。

一、财务分析报告特点

财务分析报告一般具有真实性、针对性、同比性这三个特点。

真实性	针对性	同比性
财务分析报告主要用于辅助领导作正确的决策，因而材料的真实性很重要	财务分析报告通常是对某个分析对象进行全面的剖析	财务分析报告常用的分析方法为比较法。它可以同比分析财务状况的优劣

二、财务分析报告写作格式及要领

（1）结构及格式

财务分析报告由标题、正文、落款三个部分构成，如图6-3所示。

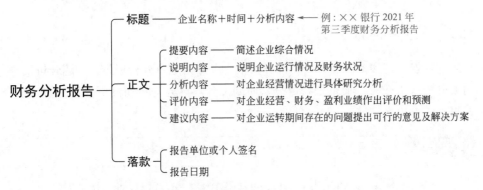

图6-3

财务分析报告的格式如图6-4所示。

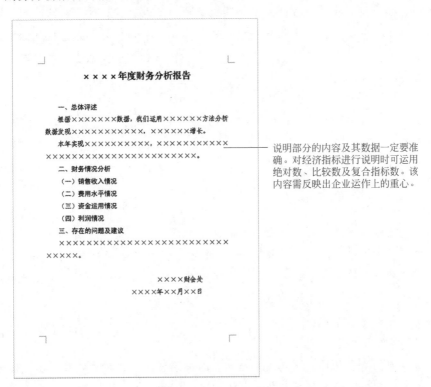

图6-4

（2）写作要领

财务人员需在平时做好数据统计工作，建立好台账和数据库，以便在写作财务分析报告时有据可查。此外，还需要定期收集好报表，认真审阅，及时发现潜在问题。关注企业重要事项和运营情况，及时了解对企业产生影响的各种因素。

三、财务分析报告分类

从报告内容和范围上分，财务分析报告可分为综合分析报告、专题分析报告、简要分析报告三类；而从报告的分析时间上分，可分为定期分析报告和不定期分析报告两类。

【范例】　　　　××工业局2021年度财务分析报告

××工业局2021年度财务分析报告

2021年我局所属企业在改革开放力度加大，全市经济持续稳步发展的形势下，坚持以提高效益为中心，以搞活经济强化管理为重点，深化企业内部改革，深入挖潜，调整经营结构，扩大经营规模，进一步完善了企业内部经营机制，努力开拓，奋力竞争。销售收入实现××万元，比去年增加××%以上，并在取得较好经济效益的同时，取得了较好的社会效益。

一、主要经济指标完成情况

本年度商品销售收入为××万元，比上年增加××万元。其中，商品流通企业销售实现××万元，比上年增加××%，商办工业产品销售××万元，比上年减少××%，其他企业营业收入实现××万元，比上年增加××%。全年毛利率达到××%，比上年提高××%。费用水平本年实际为××%，比上年升高××%。全年实现利润××万元，比上年增长××%。其中，商业企业利润××万元，比上年增长××%，商办工业利润××万元，比上年下降××%。销售利润率本年为××%，比上年下降××%。其中，商业企业为××%，上升××%。全部流动资金周转天数为××天，比上年的××天慢了××天。其中，商业企业周转天数为××天，比上年的××天慢了××天。

二、主要财务情况分析

1. 销售收入情况

通过强化竞争意识，调整经营结构，增设经营网点，扩大销售范围，促进了销售收入的提高。如××商店销售收入比去年增加××万元；××公司比上年增加××万元。

2.费用水平情况

全局商业的流通费用总额比上年增加××万元，费用水平上升××%。其中，运杂费增加××万元；保管费增加××万元；工资总额增加××万元；福利费增加××万元；房屋租赁费增加××万元；低值易耗品摊销增加××万元。

从变化因素看，主要是由于政策因素影响：调整了"三资""一金"比例，使费用绝对值增加了××万元；调整了房屋租赁价格，使费用增加了××万元；企业普调工资，使费用相对增加××万元。扣除这三种因素影响，本期费用绝对额为××万元，比上年相对减少××万元。费用水平为××%，比上年下降××%。

3.资金运用情况

年末，全部资金占用额为××万元，比上年增加××%。其中，商业资金占用额××万元，占全部流动资金的××%，比上年下降××%。结算资金占用额为××万元，占××%，比上年上升了××%。其中，应收货款和其他应收款比上年增加××万元。从资金占用情况分析，各项资金占用比例严重不合理，应继续加强"三角债"的清理工作。

4.利润情况

企业利润比上年增加××万元，主要因素是：

（1）增加因素：由于销售收入比上年增加××万元，利润增加了××万元；由于毛利率比上年增加××%，利润增加××万元；由于其他各项收入比同期多收××万元，利润增加××万元；由于支出额比上年少支出××万元，利润增加××万元。

（2）减少因素：由于费用水平比上年提高××%，利润减少××万元；由于税率比上年上浮××%，利润少实现××万元；由于财产损失比上年多××万元，利润减少××万元。

以上两种因素相抵，本年度利润额多实现××万元。

三、存在的问题和建议

1.资金占用增长过快，结算资金占用比重较大，比例失调。特别是其他应收款和销货应收款大幅度上升，如不及时清理，对企业经济效益将产生很大影响。因此，建议各企业领导要引起重视，应收款较多的单位，要领导带头，抽出专人，成立清收小组，积极回收。也可将奖金、工资同回收贷款挂钩，调动回收人员积极性。同时，要求企业经理要严格控制赊销商品管理，严防新的"三角债"产生。

2.经营性亏损单位有增无减，亏损额不断增加。全局企业未弥补亏损额高达××万元，比同期大幅度上升。建议各企业领导要加强对亏损企业的整顿、管理，做好扭亏转盈工作。

3.各企业程度不同地存在潜亏行为。全局待摊费用高达××万元，待处理流动资金损失为××万元。建议各企业领导要真实反映企业经营成果，该处理的处理，该核销的核销，以便真实地反映企业经营成果。

××工业局财政部

2021年×月×日

【范例】　　　　××银行2022年三季度财务分析报告

××银行2022年三季度财务分析报告

我行按照××的部署与要求，认真贯彻××行长在年初工作报告中提出的"坚持高标准，确保实现新发展"的工作指导思想，迎难而上，奋力开拓，2022年三季度，各项业务稳步增长，各项存款总额××万元，各项贷款总额××万元，存贷比为××%，经营利润××万元，经营状况良好，为完成全年任务打下了较好基础。

根据××的通知，现将我行三季度经营状况汇报如下：

一、各项指标完成情况

按2022年初下达的各项工作计划，我行制定了××的工资绩效考核制度，各部门狠抓落实，积极开拓，共同努力，完成如下：

1.存款目标：三季度末，我行各项存款总额××万元，较二季度增加××万元，完成本年任务××万元××%，未完成本年度计划。其中对公存款××万元，较年初增加××万元，全年计划增长××万元，未完成季度计划。储蓄存款××万元，较年初增加××万元，完成全年计划增长××万元××%。

2.新增贷款目标：我行各项贷款总额××万元，较年初净增加××万元，其中存量贷款下降××万元，新增贷款××万。

3.不良清收：三季度实清收不良贷款××万元，完成全年计划××万元××%，完成季度计划××万元××%。不良资产率为××%，较年初下降××%，实现计划目标。

4.抵贷资产管理，三季度我行加强了抵贷资产的处置力度，全年计划处置××万元，季度计划处置××万元，年初即向总部申请处置抵贷资产××笔金额××万元。共清收××万元，完成全年计划××万元××%，未完成计划指标。

5.收息目标：三季度实收利息××万元，每季收息按年末存量贷款计算计划为××万元，完成××%。其中存量贷款收息××万元，季度计划××万元，全年计划××万元；不良贷款收息××万元，完成季度计划××万元××%，完成全年计划××万元××%；新增贷款收息××万元，完成全年计划××万元××%。

6.利润目标：三季度我行共实现收入××万元，总计支出××万元，本年度计划实现利润××万元，三季度计划实现××万元，实际完成××万元。其中三季度计提定期存款应付未付利息××万元；应计提拆借总部资金利息××万元未收，应付总部临时借款利息××万元未付，实完成利润××万元。

二、经营状况分析

通过以上数据分析，我行各项业务发展基本达到了预期的目标，呈现出以下几个特点：

1.存款总额有所增长，其中储蓄存款增幅超过对公存款增幅，且以储蓄存款为主（略）。

2.贷款适度投放，加强信贷管理（略）。

3.资产质量保持良好水平（略）。

4.业务收入增势平稳（略）。

5.机构建设进一步加快（略）。

6.公众形象及影响力进一步提升（略）。

7.经营中出现的问题与困难及解决方案。

……

针对以上问题，我行将着重做好以下几项工作：

1.提高资产负债管理水平。保持良好、稳定的××净收入水平，积极调整资产负债结构，合理扩张规模及有效调配信贷资源，发展低风险的资产业务，降低资产风险程度。

2.稳步发展公司业务，加快面向中小企业的产品和服务创新；扩大业务的服务范围，改变观念。

3.提高风险控制水平，从制度建设、责任追究和惩戒手段上下功夫，加强内控，强化管理，建立和完善操作风险等在内的风险管理体系，有效地识别、监测、控制风险。加大对陈欠不良贷款的清收，加大与法院的工作联系，加强依法强制执行的力度。

4.加强职工的思想道德教育，加强团队建设，提高员工的敬业意识、服务意识、竞争意识，提高职工的责任感。

××银行××支行财务部（印章）

2022年9月30日

第三节

减免税申请书

　　减免税申请书是指企事业单位或个人因故不能依照法律规定缴纳税金，故而向税务主管部门提交的包括减免税的依据、范围、时间、金额、企业或个人基本情况的书面申请。

一、减免税申请书特点

　　减免税申请书主要用于向税务主管部门提出减免税金的申请，它具有全面性和理由充分性这两个特点。

全面性	理由充分性
减免税申请书内容需详细而全面地介绍企业相关情况，具有一定的全面性	申请书内容必须理由充分，合情合理，受理部门才能作出批准

二、减免税申请书写作格式及要领

（1）结构及格式

　　减免税申请书是由标题、主送机关、正文、落款四个部分构成，如图6-5所示。

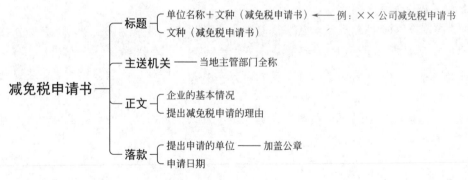

图6-5

　　减免税申请书的格式如图6-6所示。

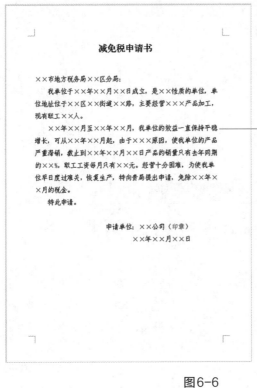

图6-6

（2）写作要领

减免税申请书应写明事项，确保涉及的数据准确无误。申请理由要充分，合理，实事求是。具体减税情况要详细写明，其语言要准确简洁。

【范例】 减免税申请书1

减免税申请书

×××税务局：

本人×××，现经营×××餐饮店，位于×××路×××号。我店于×××年×月×日开始经营，经营范围为餐饮。我店的具体面积为×××m²。日常开支有×××，平均月支出成本大约×××，平均进货成本×××。根据目前经济状况，餐饮行业竞争非常激烈，收入减少，然而物价上涨导致成本增加，再加上装修陈旧等硬件设施老化，本店平均月销售额大约在×××万到×××万，按照日常成本开支计算，现已是亏本经营。按照贵局所给核定的××万元定额，现已超出了我所能承受的最高承受能力范围，已基本导致了我餐饮店处于维持生存的边缘，希望贵局能从体恤民情、维系我们生存的角度出发，重新进行生产经营状况的调查，给予调减目前的定额。望批准为盼，谢谢。

　　此致
敬礼！

申请人：×××

2022年×月×日

【范例】　　　　　　　　　　减免税申请书2

××有限公司减免税申请书

×××国家税务局：

　　×××有限公司（以下简称我公司）是×××工商行政管理局批准的于20××年×月×日成立的×××企业，主要经营××产品销售。营业执照注册号：×××××；法人代表：×××；税务登记证号：×××××；地址：×××××××××；主要经营范围：×××××××××。

　　2022年3月我公司向××科技有限公司购买××设备一套。根据国家税务总局文件（财税〔20××〕××号），我公司可申请抵扣专用设备款×××元和技术维护费×××元，合计×××元。特向贵局申请减免，望批准。

　　此致
敬礼！

申请人：×××有限公司（印章）

2022年×月×日

第四节

招标书和投标书

　　招标书用于将招标事项和要求进行公告，从而邀请投资者前来投标。它属于招标过程中的一种实用性文书。

投标书是指投标单位按照招标书的条件和要求，向招标单位提交的报价并填具标单的文书。

一、招标书特点

招标书具有竞争性和时效性这两个特点。

竞争性	时效性
招标书可以吸引投标者竞争加入，具有一定的竞争性	招标书要求在有效期内获得结果，具有时效性

二、招标书写作格式及要领

（1）结构及格式

招标书一般由标题、正文、落款这三个部分构成，如图6-7所示。

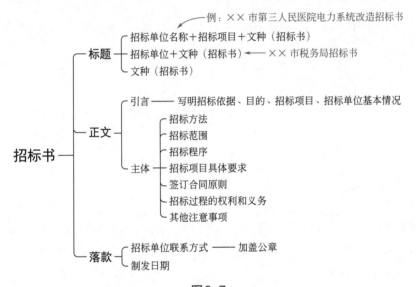

图6-7

经验之谈 !!!

招标方法指的是公开招标、内部招标和邀请招标；招标范围是指在国内、省内、市内或者其他区域范围内进行招标；招标程序是指招标、议标、开标、定标的方法和步骤。

招标书的格式如图6-8所示。

××× 设备采购招标公告

一、招标条件
本招标项目×××××，招标人为×××，招标项目资金来自×××××，出资比例为×××××。该项目已具备招标条件，现对×××××采购进行公开招标。

二、项目概况与招标范围
×××××××××××××××××××

三、投标人资格要求
本次招标要求投标人具备×××××××××××。

四、招标文件的获取
凡有意参加投标者，请于××年××月××日至××年××月××日于×××××获取招标文件。

五、投标文件的递交
投标文件递交的截止时间为××年××月××日，投标人应在截止时间之前于×××处或××平台递交投标文件。

六、发布公告的媒介
本次招标公告同时在×××××上发布。

七、联系方式

××年××月××日

> 有些招标书会将复杂的专门内容以附件的形式附于正文后，例如，工程项目预览表等。

图6-8

注意事项：招标书只是招标文件的一个部分。招标文件还包括投标人须知、投标办法、投标文件格式、工程量清单、设计图纸、技术标准和要求、合同条款、参考资料等内容。

（2）写作要领

① 招标书内容表述要严谨周密。在写作时，其逻辑性要强，内容和措辞都要严谨，不可有模棱两可、含糊不清的地方。

② 招标书语言要简洁明了。书面用语要简洁精练，切勿长篇大论、啰里啰嗦。语气方面要诚恳平等，切勿盛气凌人，也不能过于谦卑。

【范例】　××市××水库灌区渠道安全防护工程Ⅰ标段招标公告

××市××水库灌区渠道安全防护工程Ⅰ标段
招标公告

一、项目编号：（略）

二、招标方式：公开招标

三、项目概况

1.项目地点：××市××区。

2.项目内容：东干渠桩号3+612至12+170段内10段增设安全防护设施长8.694km；南干渠桩号0+368至18+007段内15段增设安全防护设施长8.602km；灌区内12座桥梁加装总长度336m钢管栏杆；灌区内14座建筑物增设总长度387m钢质防护栏杆；增设渠内救生钢爬梯60个、渠道安全警示牌50个、桥梁限载牌12个（具体内容详见工程量清单）。

3.项目投资总额：×××万元。

4.计划工期：×××日历天。

四、投标人资格要求

1.投标企业须具备独立法人资格，具备合法有效的营业执照且年检合格，具备建设行政主管部门核发的水利水电工程施工总承包三级（含三级）及以上资质，并具有建设行政主管部门颁发的安全生产许可证，近三年企业资信及财务状况良好，并在人员、设备、资金等方面具有相应的施工能力，且近三年所建工程无质量事故。投标人须提供项目所在地或企业注册地劳动监察部门开具的无拖欠农民工工资证明。

项目经理须具有水利水电工程专业二级及以上注册建造师执业资格，在本单位注册，近三年具有类似工程业绩且无在建工程（提供无在建承诺书）。技术负责人具有水利水电相关专业中级及以上职称资格证书，项目经理、技术负责人及专职安全员须具有水行政主管部门颁发的安全生产考核合格证，并具有本单位缴纳的社保证明。

企业凡未在××省水利建设市场主体信用信息管理平台建立信用档案的省内外施工企业，不得参与本次的招标活动。

2.本项目不接受联合体投标。

3.本次招标实行资格后审，资格审查的具体要求见招标文件；资格审查不合格的投标人投标文件将按废标处理。

4.招标文件的获取：凡符合条件有意参加本工程投标的投标人，请于2022年×月×日至2022年×月×日登录××电子招投标系统报名，并下载招标文件。

五、投标文件的递交

投标文件递交的截止时间为2022年×月×日12时00分。

联系人：孙××

电话：×××-×××××××

手机：13×××××××××

邮箱：×××××××

××市××水库管理局（印章）

2022年×月×日

三、投标书特点

投标书是对招标公告的响应和承诺，在招标工作中具有法律效应。投标单位可以通过投标书竞争中标。投标书具有保密性、竞争性和真实性这三个特点。

保密性	竞争性	真实性
投标书一般是密封后邮寄或派专人送到招标单位，在开标前具有保密性	投标是一种竞争性很强的行为，带有一定的竞争性，可以显示出自身的优势	投标书的内容必须真实有效，它具有法律效应

四、投标书写作格式及要领

（1）结构及格式

投标书一般由标题、主送机关、正文、落款这三个部分构成，如图6-9所示。

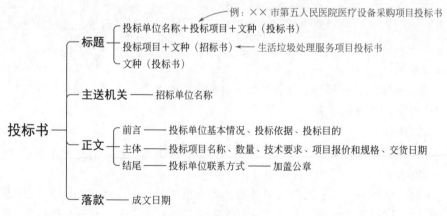

图6-9

投标书的格式如图6-10所示。

图6-10

（2）写作要领

① 投标书应对招标文件的要求作出响应，保证基本符合招标文件的所有条款、条件和规定；

② 投标人需对招标项目提出合理的报价，不能过高也不能低于成本；

③ 投标文件应按要求在有效期内递交。

【范例】 ×××工程投标书

××工程投标书

×××有限公司：

　　根据已收到的招标编号为××××的×××工程的招标文件，遵照《工程建设项目施工招标投标办法》的规定，我单位经考察现场和研究上述工程招标文件的投标须知、合同条件、技术规范、图纸、工程量清单和其他有关文件后，我方愿以人民币××××元的总价，按上述合同条件、技术规范、图纸、工程量清单的条件承包上述工程的施工、竣工和保修。

一旦我方中标，我方保证在××年×月×日开工，××年×月×日竣工，即×××天（日历日）内竣工并移交整个工程。

如果我方中标，我方将按照规定提交上述总价××%的银行保函或上述总价××%的由具有独立法人资格的经济实体企业出具的履约担保书，作为履约保证金，共同地或分别地承担责任。

我方同意所递交的投标文件在"投标须知"第××条规定的投标有效期有效，在此期间内我方的投标有可能中标，我方将受此约束。

除非另外达成协议并生效，你方的中标通知书和本投标文件将构成约束我们双方的合同。

我方金额为人民币××元的投标保证金与本投标书同时递交。

投标单位：×××××工程建设有限公司（印章）
单位地址：××市××区××大道××号
法定代表人：×××
联系电话：×××××××
开户银行名称：×××××××
银行账号：×××××××××
开户行地址：×××××××

20××年×月×日

第五节

商务信函

商务信函是指企业与企业之间，在各种商务场合或商务往来过程中所使用的简便书信，主要用于建立经贸关系、传递商务信息、联系商务事宜、沟通和洽商产销等方面。下面将介绍几种关于贸易信函类文件的写作方法。

一、询价函

　　询价函就是买方向卖方咨询某项商品交易条件的信函。其目的是请对方报出商品价格，并不具备法律约束力。

　　询价函主要是由标题、称谓、正文及落款四个部分构成，如图6-11所示。

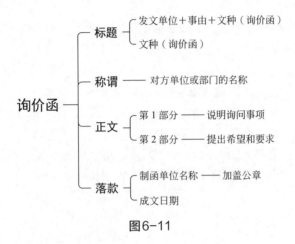

图6-11

询价函的格式如图6-12所示。

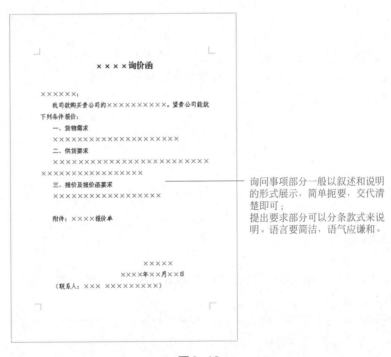

图6-12

【范例】　　　　　　　　　　询价函

询价函

×××有限公司：

我所拟采用询价的方式选取2022年省级监督抽查样品运输的供应商，请贵公司按以下要求拟写报价服务方案：

一、项目简介

1.项目单位：××省产品质量监督检验所

2.项目名称：2022年省级监督抽查第二季度样品运输项目

3.项目地点：××市××路46号质检大楼

4.项目概况：根据省级监督抽查方案，所抽查样品分布较广，品种较多，个别样品体积较大，为有效加快工作进度，提升工作效率，样品均委托运输公司进行统一运输。

二、报价服务方案要求

1.报价服务方案应含有报价单、保密承诺、运输期限承诺及其他服务承诺等内容。

2.报价单应包含人工费、车辆燃油费和车辆折旧费等相关费用，价格为含税价。

3.报价服务方案应将盖有公司章的营业执照复印件作为附件附后。

4.报价服务方案必须盖公司章及骑缝章，放档案袋密封好，密封处盖公司章。

请贵公司于2022年×月×日前将密封好的报价服务方案送至××路46号。

××省产品质量监督检验所（印章）

2022年×月×日

（联系人：李××　联系电话：139×××××20）

二、报价函

报价函与询价函相对应，是卖方在收到询价函后回复所使用的书面文件，是一种回复性商务信函。

报价函没有固定的写作格式，根据需要撰写即可。一般来说，报价函包括标题、称谓、正文及落款四部分，如图6-13所示。

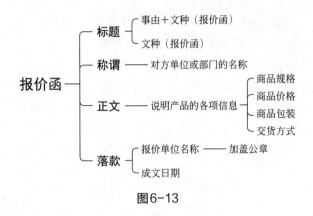

图6-13

报价函的格式如图6-14所示。

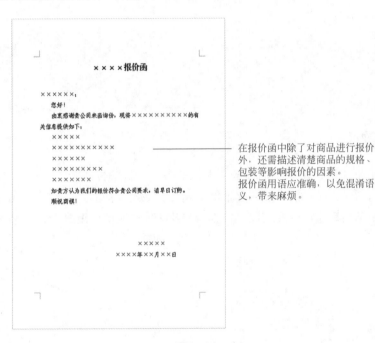

在报价函中除了对商品进行报价外，还需描述清楚商品的规格、包装等影响报价的因素。
报价函用语应准确，以免混淆语义，带来麻烦。

图6-14

【范例】　　　　　　　　　　　　　报价函

报价函

致：××市质量技术监督检测中心

　　经研究《××市质量技术监督检测中心空压机性能检测装置改造升级项目》

交易公告的全部内容后。我方愿以人民币××××元（￥×××元）的投标报价，并按有关合同条款、技术规范和交易文件的条件要求承包上述项目的设备供货、安装调试及竣工，并承担任何质量缺陷保修责任。

如果确定我方为供应商，我方保证在合同协议书中规定的供货日期内将设备运到合同协议书中规定的指定地点。设备的安装在合同协议书中规定的开工日期开始施工，并在合同协议书中规定的预计竣工日期完成和交付全部设备，竣工并移交全部设备。设备质量承诺达到交易文件中有关技术参数要求，现行国际、国家、省有关规范要求和产品设备规定的技术参数和指标要求。

附件1：报价明细表（略）
附件2：企业营业执照及相关资质证书（略）
附件3：质量承诺书（略）

供应商：×××技术有限公司（印章）

20××年×月×日

三、催款函

催款函是用于催缴款项的商务文书，多用于交款单位或个人未按时在规定期限内交付款项时。常见的催款函包括便函式及表格式两种形式。

催款函是由标题、受文对象、催收内容及落款这四部分组成，如图6-15所示。

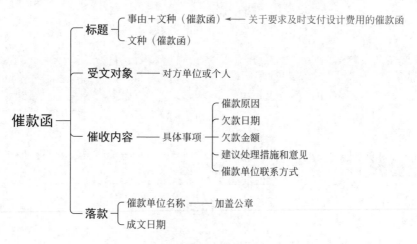

图6-15

催款函的格式如图6-16所示。

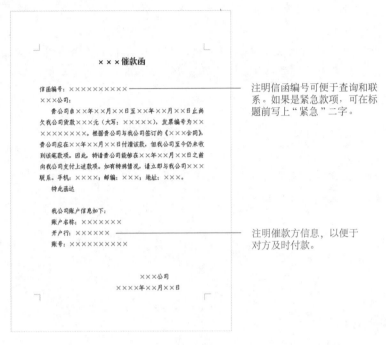

图6-16

拟写催款函时需注意，根据催款性质不同，催款函的语气也有差别。快到或已到付款期限时，语气应缓和；已过付款期限时，则需采取较为强烈的语气来催促还款。

【范例】　　　　　　　　　　　　　催款函

催款函

致×××有限公司：

　　根据合同编号为××××的《×××合同》，我公司已为贵公司履行了×××义务，货款金额共×××元（大写×××），发票编号为×××。由于贵公司忽略承付，特此致函提醒：截至2022年10月12日，贵公司在承建×××中心建设工程中拖欠我方货款共计×××元。贵单位前述行为，已严重违反合同约定，并给我方带来巨大利益损失。

　　依据《中华人民共和国民法典》第五百七十七条的规定，"当事人一方不履行合同义务或者履行合同义务不符合约定的，应当承担继续履行、采取补救措施或者赔偿损失等违约责任。"

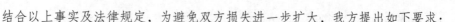

结合以上事实及法律规定，为避免双方损失进一步扩大，我方提出如下要求：

1.请贵公司务必在收到本函之日起×日内向我方支付××××元（大写×××元整）货款。

2.如贵公司未履行付款义务，我方将通过法律手段追究贵单位法律责任，以维护我方合法权益。届时贵单位将承担诉讼费、律师费、违约金、利息等一切损失。

特此函告。

我司账户信息如下：

账户名称：×××

开户行：××××××××

账号：×××××××××××

×××有限公司（印章）

2022年×月×日

四、索赔函

索赔函是合同双方中的一方向另一方提出赔偿或维护其他权利的书面文书，多用于合同中的某一方没有全部履行合同所规定的责任和义务，造成另一方经济损失或精神损失的情况下。

索赔函一般包括标题、受文对象、正文、附件及落款五部分，如图6-17所示。

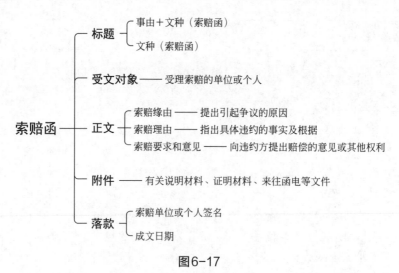

图6-17

索赔函的格式如图6-18所示。

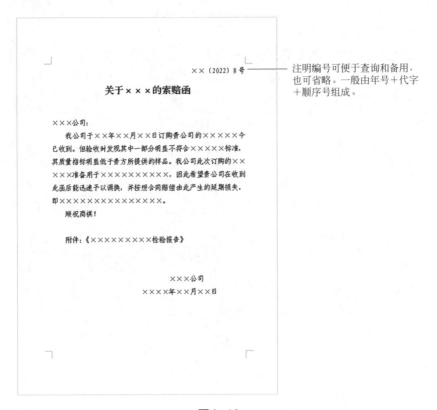

注明编号可便于查询和备用，也可省略。一般由年号＋代字＋顺序号组成。

图6-18

【范例】　　　　　　　　　　　　索赔函

索赔函

××货运有限公司：

2022年×月×日，我公司（×××有限责任公司）委托贵公司（××货运有限公司）将××设备，通过公路运输至××，交付收货人刘××（以下简称收货人），货运数量为十台，货运单号为：×××××××××。我公司已全额支付了上述货物的运输费用。

2022年×月×日，贵公司将上述货物交付收货人验收时，发现有3台设备已经损坏而拒绝接收。设备于2022年×月×日退回我公司，经贵公司和我公司双方查验，发现是由于贵公司运输和装卸不当而造成的。

上述3台设备的损坏已导致我公司将遭受二次紧急调运设备的运费损失，使我公司对客户逾期交货，信誉受损并要承担逾期交货的违约责任。为了防止损失扩大，我公司向贵公司要求赔偿设备修理费用及运输费损失。

设备修理费和运输费明细表（略）。

以上是我公司的最低要求，请贵公司于7日内支付上述赔偿金额。如果贵公司未在上述期限内支付赔偿金，我公司只有通过法律途径追偿全部损失。

请贵公司珍视自己的商业信誉，本着长期合作的契约精神，尊重客户的合法权益。

顺祝商祺！

×××有限责任公司（印章）

2022年×月×日

第七章

书信类文书写作方法

博学之，审问之，慎思之，
　　明辨之，笃行之。

　　　　　——《礼记·中庸》

第一节

感谢信

　　感谢信是向帮助、支持过写信人的集体或个人表达感谢的书信体文书，具有感谢和表扬双重含义。感谢信在日常生活中是比较常见的，多用于感谢对方的帮助和支持，是重要的礼仪文书。

一、感谢信特点

　　感谢信具有真实性、针对性、表扬性这三个特点。

真实性	针对性	表扬性
感谢信须从事实出发，如实地叙述感谢事项	感谢信是针对性向集体或个人表达感谢的书面材料，目标明确，针对性强	感谢信具有感谢和表扬的双重含义，可以鼓舞和激励被感谢的一方

二、感谢信写作格式及要领

（1）结构及格式

　　感谢信是由标题、称谓、正文和落款四个部分构成，如图7-1所示。

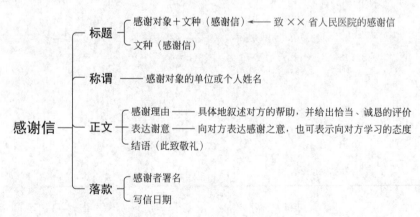

图7-1

　　感谢信的格式如图7-2所示。

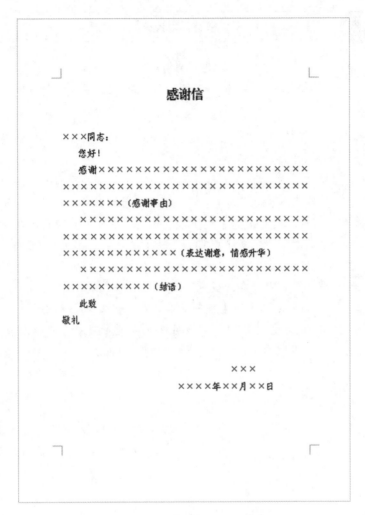

图7-2

（2）写作要领

感谢信需要将被感谢的对象、事件准确恰当地叙述出来。内容要真实，从事实出发，不虚词，不溢美。在表达谢意时，应真诚有礼，用词朴素不夸张。

三、感谢信分类

感谢信按照感谢对象来分，可分为集体感谢信和个人感谢信两种；如果按照感谢信形式来分，可分为公开张贴式和邮寄式两种。其中公开张贴式包括登报、电视或电台播报的感谢信，而邮寄式则是将感谢信通过邮寄的方式直接寄给要感谢的单位、集体或个人。

【范例】　　　　　　　致××水务有限公司的感谢信

感谢信

××水务有限公司：

　　×月×日×时前后，我区××镇部分地区突遭××级龙卷风袭击，中心最大风力达17级，龙卷风所过区域造成局部供水设施损毁、部分厂房倒塌、多处民房受损，给人民群众生命财产造成重大损失。

　　危难时刻见担当，灾情发生后，××水务迅速启动应急预案，出动4辆抢修车、2辆应急送水车、16名抢修人员，第一时间赶赴受灾一线，全力保障受灾群众生活用水需要，以实际行动诠释了"以客为尊、服务至上"的服务理念，充分展现了企业的社会责任感，你们勇于担当、及时高效的工作精神，让我们深感敬佩。

　　在此，感谢××水务在本次灾情救助中倾情付出，并向参加此次抢修服务的工作人员表示诚挚的感谢和崇高的敬意！

　　当前，各项灾后重建工作正在有条不紊展开，诚挚希望××水务一如既往地给予关心和支持！也希望××水务在服务全市高质量发展中再立新功、再创佳绩！衷心祝福××水务全体员工工作顺利、幸福安康！

　　此致

敬礼！

中共××市××区委（印章）

××市××区人民政府（印章）

××××年×月×日

【范例】　　　　　　　　致黄××同志的感谢信

感谢信

尊敬的××小区物业领导：

　　本人于202×年×月×日下午6时左右不慎将装有笔记本电脑的手提包遗失在小区东门停车场的长椅上。手提包内除了一台笔记本电脑外，还有钱包、各类证件以及重要的文件。正当我万分焦急、四处找寻之际，接到了小区物业管理处的电话，说安保人员黄××拾到我丢失的手提包，让我去物管处认领。接完电话后，我心情十分激动，当即去小区物管处顺利领回电脑手提包。手提包内的物品完好无损，证件、文件、钱包等无一遗失。据了解，小区保安黄××拾到我丢失的手提包后，经过翻看包内的证件，第一时间通知物管处查询我的联系方式，并让物管处人员联系了我。

这次失而复得的经历，使我真切感受到××小区的安保及管理人员拾金不昧的高尚品格。作为××小区大家庭中的一员，我为小区安保人员的良好素质深感自豪。

当我对黄××表达我的酬谢时，他坚持不收。我只好以这封感谢信来向他表示感谢。感谢他拾金不昧，急人所难。希望贵司代我向黄××说声"感谢"！

此致

敬礼！

××小区业主：陈××

202×年×月×日

公开信

公开信是作者认为有必要让公众了解事实真相，而公开发表的信件。公开信可以笔写，也可以印刷、张贴、刊登和广播。其对象比较广泛，可以是组织、团体，也可以是个人。信件内容一般涉及比较重大的问题，具有普遍的指导作用、教育作用和宣传作用。

一、公开信特点

公开信一般具有公开性和引导性这两个特点。

公开性	引导性
公开信是将不必保密的全部内容公布于众，让大家周知的信件	公开信内容一般会在社会上产生较大的影响力，具有教育意义及舆论引导性

二、公开信写作格式及要领

（1）结构及格式

公开信由标题、称谓、正文、落款四个部分构成，如图7-3所示。

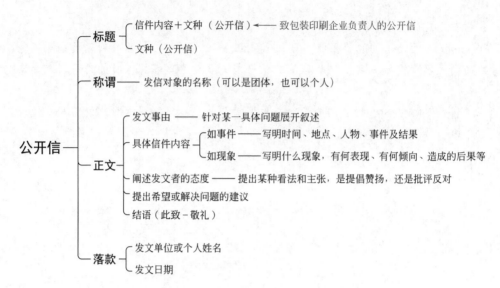

图7-3

公开信的格式如图7-4所示。

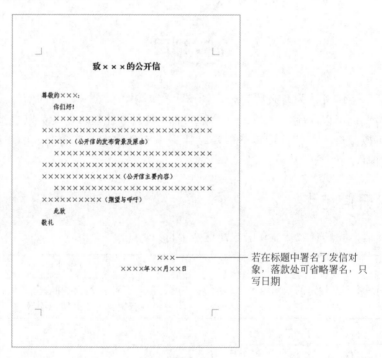

图7-4

（2）写作要领

拟写公开信时，需慎重考虑该内容是否有公之于众的必要。公开信具有广泛的影响力，公开内容后是否起到了一定的提倡或警示作用。

信件内容应客观公正，实事求是，切忌夸大其词。

三、公开信分类

公开信依据所使用的场合来划分，可分为问候、表扬、鼓励的公开信，针对某一类问题的公开信，以及发给私人的公开信这三类。

（1）问候、表扬、鼓励公开信

该类型的公开信多用于纪念活动、节日期间或其他必要情况下以领导机关、社会团体等名义发出，起到了问候、表扬或鼓励作用。

【范例】　　　　　　　　　　致全局干部职工和家属的公开信

致全局干部职工和家属的公开信

全局干部职工和家属：

新年伊始，万象更新。值202×年新春佳节来临之际，中共××市水务局党组谨向你们致以诚挚的问候和新春的祝福！

202×年，在市委、市政府的正确领导下，在省水利厅指导和大力支持下，全局上下坚持以习近平新时代中国特色社会主义思想为指导，紧紧围绕年初确定的工作目标，始终坚持加快发展不动摇，务实苦干，顽强拼搏，开拓进取，扎实工作，全面推进可持续发展水务，在防汛抗旱、水务建设、水资源管理等各项水务工作中都取得了可喜成绩，同时全局的党风廉政建设和反腐败工作也取得了丰硕的成果。12月中旬，市水务局被国家人事部、水利部授予"全国水利系统先进集体"荣誉称号。这些成绩的取得，既凝结着全局干部职工的汗水和心血，也包含着干部职工家属的支持和奉献。在此，向你们表示衷心的感谢！

在成绩面前，勿忘清正廉洁。春节是我国最重要的传统节日，也是检验全局领导干部作风的重要节日。春节期间，人情往来密集，是"四风"问题的集中爆发期、腐败行为的高发期、领导干部的高危期。希望各领导干部要始终做到自重、自律、自省、自警、自励，以身作则，率先垂范，当好廉洁自律的带头人。严禁公款走访宴请；严禁组织或产于公款高消费活动；严禁公款旅游、公车私用；不许放任、纵容配偶、子女及其配偶和身边工作人员利用领导干部职权和职务影响经商办企业或从事中介活动谋取非法利益；严禁违规收受礼品、礼金和各种有价证券、支付凭证、商业预付卡、电子礼券等；严禁参与赌博；不准借婚丧喜庆等事宜大操大办、借机敛财。反腐倡廉是全社会的共同责任，关系到每个干部家庭的和谐、幸福与安康。古语说得好"妻贤夫祸少，妻廉夫得益"。你们作为水务系统干部职工的家属，不仅要当好"贤内助"，更要当好"廉内助"，把好家庭"廉政关"，常吹"廉政风"，常念"廉政经"，使配偶自觉地做到慎独、慎微、慎交友，不义之"利"不沾，不明之"利"不取，做一个"抗诱惑、守清廉、拒腐蚀"的廉政监督员。

加强党风廉政建设，实现社会风气的根本好转，各级领导干部是关键，同时也离不开你们的关心和支持。让我们共同努力，保护每一个家庭的幸福安宁，携手共筑反腐长城，为全市水务改革、发展和稳定作出新的贡献！

最后，祝愿您及您的家人新春快乐，阖家欢乐！

中共××市水务局党委会（印章）

202×年×月×日

（2）针对某一类问题的公开信

这类公开信会针对某些社会上存在的严重问题，诸如歪风邪气、贪腐或出现的一些新的问题而发给有关对象的公开信。这种公开信或批评，或表扬，或建议，其目的都是为了抑恶扬善，弘扬正气。

【范例】　致全省各包装印刷企业负责人的公开信

致全省各包装印刷企业负责人的公开信

全省各包装印刷企业负责人：

你们好！

在每天繁忙的工作中，大家在各自战线上为××经济社会发展，为美丽××建设作出富有成效的贡献。我们每天都在祝福大家事业发达、生活美好！但今天写信，是有件特别的事情想和大家说一说，寻求您的支持。

近年来，在省委、省政府的有力领导下，全省上下深入践行习近平生态文明思想，积极开展大气污染防治工作，××生态环境质量显著提升。2019年，我省PM2.5浓度比2013年下降41.4%，优良天数比例比2013年提高11.1个百分点，晒蓝天、晒白云的多了，人民群众的蓝天幸福感和满意度明显增强。有您的积极参与和辛勤付出，我们对"打赢蓝天保卫战"充满信心。感谢的话，无论说过多少遍，都还要在这里再说一遍：在此，向你们对××生态环境保护工作的支持表示诚挚敬意和衷心感谢！

我们在治理PM2.5上取得初步成效，并持续协同推进大气污染防治的同时，也面临着新的挑战——臭氧污染日益凸显。有关资料显示，臭氧在高空中是生命保护伞，在地面上超过一定浓度值，将对健康造成危害。近几年，我们采取一系列有力的治气措施，PM2.5浓度持续下降，但臭氧浓度仍处于高位，尤其在夏秋季高温时节，还有臭氧超标的风险。为此，我们专门组建"PM2.5与臭氧协同控制"专家团队，指导各地、各行业开展夏秋季臭氧治理攻坚行动，着力推进精准治污、科学治污、依法治污。

VOCs是臭氧的重要前体物，即生成臭氧的"原料"。生态环境部《2020年挥发性有机物（VOCs）治理攻坚方案》明确，石化、化工、工业涂装、包装印刷和油品储运销等是臭氧前体物——VOCs防治的重点领域。省生态环境厅将逐一指导各重点行业针对性地加强VOCs治理。今天，在这里向我们的朋友——包装印刷企业发出公开信，寻求你们的理解和支持。

根据科研成果和实践经验，我们认为，从现在至9月底，包装印刷企业只要做好三件事，就能有效减少VOCs产生和排放。一是选择合适的生产时间。在满足安全生产的前提下，将调墨、印刷、烘干、复合等工序的作业时间调整至非高温时段（上午10点前，或下午5点后）进行。二是选择合适的原辅材料。不使用溶剂油墨、溶剂型胶黏剂、有机溶剂清洗剂、溶剂型涂料，推荐使用水性或能量固化油墨、水基型或本体型胶黏剂、水基或半水基清洗剂、无溶剂或辐射固化涂料。三是淘汰落后技术、工艺、装备，使用绿色环保低碳的新技术新工艺新材料，同时根据每个企业不同的印刷及印后加工工艺特点，实施合适的VOCs综合治理方案，选择去除率高的治理技术，加快治理步伐，争取一步到位。此外，企业污染治理设施和生产设施也一定要同步运行。

企业是社会发展的活力所在。我们一直把服务企业绿色发展作为我们的责任和义务，始终坚持"依法依规监管、有力有效服务"。省生态环境厅近年来出台了环保贷、绿色债券贴息、绿色产业企业上市奖励、"绿岛"等惠企政策。如果您有环保贷、绿色债券贴息等需求，或有相关政策建议，也请与我们联系，我们将竭诚为您服务。

相信通过我们的共同努力，天会更蓝、地会更绿、空气会更清新，生活也会更美好！

　　　　　　　××省生态环境厅（印章）　　××省新闻出版局（印章）
　　　　　　　　　　　　　　　　　　　202×年×月×日

（3）发给私人的公开信

这类公开信适用于找不到收件人，而信件又比较紧急，非发给本人不可的情况。例如寻亲信、寻人信等。

慰问信

　　慰问信是行政机关、企事业单位、社会团体或个人对工作中作出巨大贡献、取得优异成绩或遭遇天灾人祸、蒙受重大损失的集体或个人表示安慰、问候、鼓励和关切的专用信件。

一、慰问信特点

　　慰问信具有公开性和情感沟通性两大特点。

公开性	情感沟通性
慰问信可以直接寄给本人，也可以张贴、登报，在电台、电视上播放的形式出现，所以公开性是慰问信的一大特点	慰问信是通过表达崇敬之情或关怀之意的方式达成双方情感交流和相互理解的信函。情感的沟通是慰问信的基础

二、慰问信写作格式及要领

（1）结构及格式

　　慰问信是由标题、称谓、正文、落款四个部分构成，如图7-5所示。

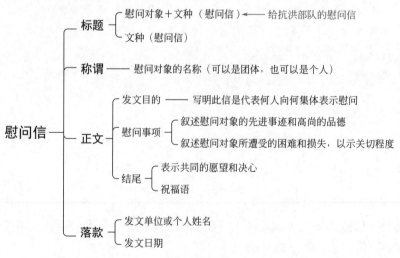

图7-5

慰问信的格式如图7-6所示。

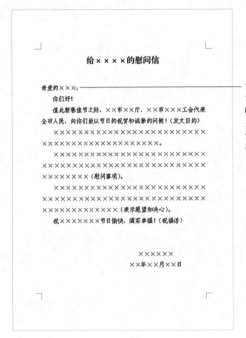

写给单位或组织，则要写全称，写给个人，则要在姓名后加上称呼，如"同志""先生""师傅"之类，在姓名前往往要加上"敬爱的""尊敬的""亲爱的"等字样，以示尊重。

图7-6

（2）写作要领

在撰写内容时，要全面地概括对方可贵的精神。行文要诚恳、真切，措词要得当，内容篇幅要短小。

三、慰问信分类

从慰问的对象上分，慰问信可分为以下三种。

（1）对作出贡献的集体或个人的慰问

这类慰问信主要针对一些承担艰巨任务、作出了巨大贡献或牺牲、取得了突出成绩的先进集体或个人而发布的。

【范例】　　　　致援×抗洪抢险全体指战员家属的慰问信

致援×抗洪抢险全体指战员家属的慰问信

××市消防救援支队援×抗洪抢险全体指战员家属：

首先向你们表达最诚挚的感谢！

7月20日以来，××境内遭受特大暴雨并引发洪灾，人民群众生命财产安全受到严重威胁，防汛形势十分严峻。7月22日晚，××市消防救援支队按照上级调派命令，在总队的统一调度和指挥下，支队14名指战员火速集结、闻令而动，星夜兼程驰援××灾区一线。

他们服从命令、听从指挥，科学施救、连续奋战，争分夺秒抢救群众、竭尽所能排险解难，用实际行动践行了"对党忠诚、纪律严明、赴汤蹈火、竭诚为民"的铮铮誓言，彰显了新时代党和人民"守夜人"的使命与担当。他们是最美的逆行者，是排涝现场最靓的仔，是深夜里最耀眼的星！

道一声"辛苦"，说一句"感谢"，致一分"敬意"。每名指战员的背后，都有着无私奉献和倾心付出的家属们，是你们给予了莫大的理解、支持和鼓励！每个和谐家庭背后，都有难以言说的不易与辛酸，是你们克服种种困难和压力，默默承受生活的重担，持之以恒成为抗洪抢险一线战斗者的"坚强后盾"！正是有了你们的加油鼓劲、倾情相扶，才能让他们安心地坚守在抗洪抢险的最前线。

洪水无情人有情，在抗洪抢险第一线，你们的丈夫、儿子用实际行动兑现党旗、队旗下的铮铮誓言，成为救援排涝现场最靓丽的风景！党旗在，胜利的旗帜就在！党员在，决胜的信心就在！我们坚信，在上级党委的坚强领导下，在全体援×指战员的共同努力下，我们一定能够夺取抗洪抢险工作的全面胜利！

在此，××市消防救援支队党委向你们表示最诚挚的感谢和最衷心的问候！祝愿你们身体健康，工作顺利，万事如意！

中共××市消防救援支队委员会（印章）

202×年×月×日

（2）对遭受困难和蒙受损失的单位或个人的慰问

这类慰问信是针对由于某种原因造成的困难或蒙受了巨大损失的集体或个人而发布的。

【范例】　　　　　　　　　　　慰问信

慰问信

××省机关事务管理局：

7月17日以来，××持续遭遇强降雨，××、××等城市发生严重内涝，一些河流出现超警水位，个别水库溃坝，部分铁路停运、航班取消，造成重大人员伤亡和财产损失，防汛形势十分严峻。

作为长期以来关系密切的兄弟单位，我们对此次××省遭受的险情密切关注，对××人民所面对的灾害感同身受，对始终坚守在岗位上的××省机关事务系统干部职工致以崇高的敬意和诚挚的慰问。

当前，××省防汛抗灾任务还十分艰巨。我们坚信，在以习近平同志为核心的党中央坚强领导下，有各级领导的亲切关怀，有基层组织的攻坚克难，有社会各界的无私支援，有灾区干部群众的奋力拼搏，××省一定能够夺取抗洪救灾的全面胜利！

天灾无情人有情。××省机关事务服务中心将与××省机关事务管理局心连心，同呼吸，共命运，同××省机关事务系统干部职工一道，携手并肩，共渡难关！

××省机关事务服务中心（印章）

2022年×月×日

（3）节日慰问

这类慰问信是上级对下级进行的一种节日问候，以表示对他们所做的工作进行肯定和赞扬。

【范例】　　　　　　　　　　　春节慰问

春节慰问

全县公安民警、警务辅助人员、离退休老同志及家属们：

新年伊始，万象更新。值此2022年新春来临之际，我们谨代表××县公安局党委，向你们致以节日的问候和美好的祝愿。

刚刚过去的2021年，全县公安民警、警务辅助人员深入贯彻习近平总书记重要指示精神和党中央决策部署，以做好建党100周年安保维稳工作为主线，以开展党史学习教育、公安队伍教育整顿和中央巡视整改为牵引，铸忠诚、守初心、担使命，防风险、保安全、护稳定，为创造安全稳定的政治社会环境作出了贡献。

面对艰巨繁重的安保维稳任务，公安民警、警务辅助人员以对党和人民的无限忠诚，不畏艰险、顽强拼搏、恪尽职守、日夜奋战，涌现出许多可歌可泣、感人至深的先进典型和英雄事迹，充分展现了党领导下的社会主义国家人民警察克己奉公、无私奉献的良好形象。公安工作取得的成绩，也离不开公安民警、警务辅助人员家属的理解支持和无私奉献，离不开离退休老干部的关注和支持，你们的理解和支持，永远是公安事业发展进步的坚定依靠，是公安队伍奋勇前进的强大助力。在此，向你们表示崇高的敬意和感谢！

2022年，我们党要召开党的二十大，做好公安工作具有特殊重要意义。我们将坚持以习近平新时代中国特色社会主义思想为指导，按照"对党忠诚、服务人民、执法公正、纪律严明"十六字总要求，为打造平安××和胜利召开党的二十大再立新功、再创辉煌！

衷心祝愿大家在新的一年里，身体健康、工作顺利、生活愉快、阖家幸福！

××县公安局局长：陈××

××县公安局政委：宋××

2022年2月1日

第四节

推荐信

推荐信是写信人为推荐另一个人去接受某个职位或参与某项工作、活动所写的信件，是一种常见的应用写作文体，它可以帮助收信人从第三方的角度客观地认识申请人。

一、推荐信特点

推荐信具有客观性和针对性这两个特点。

客观性	针对性
推荐信是推荐人站在第三方的立场，客观公正地对被推荐人进行评价的信件，具有较强的客观性	推荐信的目的是帮助被推荐人获得某项工作或进入某所学校求学，目的非常明确，针对性强

二、推荐信写作格式及要领

（1）结构及格式

推荐信一般由标题、称谓、正文、落款这四个部分构成，如图7-7所示。

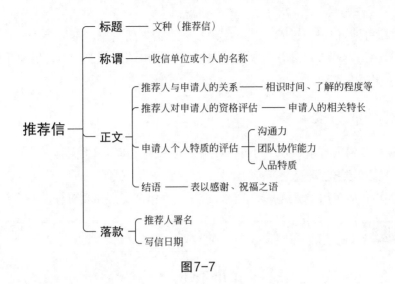

图7-7

推荐信的格式如图7-8所示。

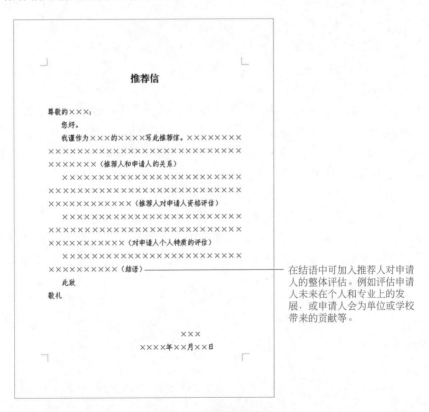

图7-8　推荐信的格式

（2）写作要领

在拟写推荐信时，推荐人须真实地反映申请人的情况，不掺假，不夸张。用语要诚恳朴实。此外，推荐人须有针对性地突出申请人某项能力，以便让接收方快速了解申请人。

三、推荐信分类

根据推荐信内容来划分，可将推荐信分为工作类和学术类两种。

（1）工作类推荐信

这类推荐信可用于竞选某一职位，或用于介绍公司产品和服务。

【范例】　　　　　　　　　　　推荐信1

推荐信

×××有限责任公司：

我厂汪××同志因个人原因辞去担任的公司××职务，准备到贵地发展，本着实事求是的精神，对该同志在我厂的实际表现和能力郑重地推荐如下：

汪××同志20××年毕业于×××大学，专业×××，本科学历，于20××年到我公司工作，在信息部担任×××职务。

该同志是一位乐于沟通且善于沟通的管理人员。尽管曾经在工作中因为沟通不足导致工作失误，但他能够直面自己的不足，并主动改善沟通方式，加强与服务对象职员工、与生产部管理层的沟通，从而改变并形成了一种较为民主的分厂行政事务决策模式。这种改变产生了巨大的黏合力，把生产与行政紧密结合起来，以行政来支持生产，并在生产促进中发挥更大的作用。

该同志有着丰富的基层工作经验，长期从事××技术研发专业工作，具有较强的管理能力和综合协调能力。经过多年的学习和锻炼，××同志已经成为一名符合时代发展要求、综合素质较高的复合型人才，有热情有能力适应各种工作的挑战。

作为汪××同志曾经的领导、永远共勉的朋友，我们郑重推荐该同志到贵单位工作，希望予以认真考虑为盼。

顺祝商祺！

×× 市 ×× 有限公司（印章）

202× 年 × 月 × 日

（2）学术类推荐信

这类推荐信可用于某人申请学术奖金或实习机会，以及学生申请研究生院和高中学生申请大学或申请奖学金。

【范例】　　　　　　　　　　　　　推荐信2

推荐信

尊敬的中科院高能物理研究所负责老师：

现应李××同学请求，我特推荐这位优秀的学生参加贵院举办的20××年全国大学生夏令营。

李××同学在20××学年秋季学期选修了我的《数学物理方法》课。他的听课表现与对物理的强烈兴趣给我留下了深刻的印象。我与李××同学首次接触，缘于20××年春我为物理系同学作的一次科普报告。其间，李××同学提了不少颇有深度的问题。这对当时还是一年级的本科生来说是难能可贵的。

李××同学在20××创办了物理系专业社团——格物社。与一般社团不同的是，格物社的宗旨是在课堂学习之余利用所学的理论知识交流、分析、探讨并解决当今物理世界发展的热点问题。在量子力学、广义相对论、量子场论等领域均有涉及，我本人就曾应格物社邀请举办过关于物理最新进展的讲座。能够大胆地把前沿的物理问题提出并试图用所学知识理解与创新，这是每个科研工作者的共有属性，我相信李××同学就拥有这样的品质。

作为李××同学的任课老师，我认为以他对物理强烈的兴趣与扎实的物理基础，参加本次夏令营将是他展示各方面能力的机会，也是他进一步走进科研的机遇。因而，我诚挚地推荐李××同学参加贵院举办的夏令营，希望能予以考虑。谢谢！

此致

敬礼！

　　　　　　　　　　　　　　　××大学物理系教授　王××

　　　　　　　　　　　　　　　　20××年×月×日

倡议书

倡议书是具有倡议或发起某项活动而写的具有倡导、建议性质的书面材料，是日常应用写作中常见的一种文体，它不具备强制性。

一、倡议书特点

倡议书一般具有群众性、公开性和不确定性三大特点。

群众性	公开性	不确定性
倡议书的对象比较广泛，其受众并不是单独的个人或小部分集体，而是广大群众	倡议书一般为广而告之的书信，具有公开性的特点，其目的就是让广大群众了解并引起共鸣	倡议书的对象范围多是不确定的，其并不具备强制性。提到的有关群体可不响应，而未提到的群体也可有所响应

二、倡议书写作格式及要领

（1）结构及格式

倡议书主要是由标题、称谓、正文及落款四个部分构成，如图7-9所示。

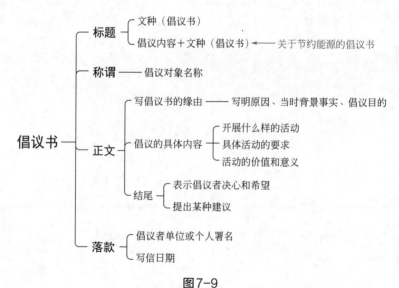

图7-9

倡议书的格式如图7-10所示。

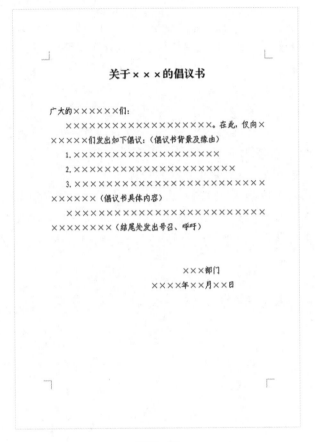

关于×××的倡议书

广大的×××××们：
　　×××××××××××××××××××。在此，仅向×
×××××们发出如下倡议：（倡议书背景及缘由）
　　1.××××××××××××
　　2.××××××××××××
　　3.××××××××××××
×××××（倡议书具体内容）
　　×××××××××××××××
××××××××（结尾处发出号召、呼吁）

　　　　　　　　　　　×××部门
　　　　　　　　　　　××××年××月××日

图7-10

（2）写作要领

拟写倡议书内容时，应具体详细，条目清晰，以便受众更好地响应。此外，倡议书内容需符合相关规定，篇幅应短小精悍，语言通俗易懂。

【范例】　　　　加强节能减排推进生态文明建设倡议书

加强节能减排推进生态文明建设倡议书

区机关事业单位及干部职工：

节能工作是全面贯彻落实科学发展观、实现可持续发展的基本要求。为推进建设节约型机关，做好我区机关事业单位的节能减排工作，我们发出以下倡议：

一、节约用水。提倡使用节水水龙头，加强用水设备的日常维护，避免大开水龙头，用完水后拧紧水龙头，杜绝"跑冒滴漏"和"长流水"；提倡循环用水，一水多用。

二、节约用电。控制电能消耗，随手关灯，下班后及时关闭计算机、复印机等设备；科学使用空调，不开窗使用空调、无人使用空调。

三、节约粮食。在单位食堂就餐时，坚持按需取餐，杜绝浪费。公务接待必须严格控制标准，科学合理安排饭菜数量。日常家庭就餐、外出用餐都要厉行节约，做到餐厅不多点、食堂不多打、厨房不多做。

四、绿色办公。强化机关办公资源消耗管理，节约办公耗材，充分利用电子政务功能，减少纸质文件的印刷量；提倡双面用纸，信封、复印纸多次利用，提高材料利用率，推进废弃物和再生资源回收利用。

五、绿色出行。做好"减少油耗、身体力行"的宣传发动，多选择使用公共交通工具，减少公务车、私家车的使用频率；尽量购买新能源汽车，公务用车要经常保养、科学驾驶，降低油耗；公务外出，合理安排出行路线，尽量多人合乘，提高公务车使用效率。

六、垃圾分类。提高认识，按分类指引正确投放，让垃圾分类知识入脑入心；规范办公场所小型收集容器和楼层公共区域中型收集容器，完善各类垃圾分类指引标志；对垃圾暂存点进行分类，注意周围卫生。

节能减排，利国利民，节能减排，机关先行。让我们快速行动起来，争做勤俭节约风尚的倡导者、实践者、示范者，营造人人讲节能，处处讲减排的浓厚氛围，为我区节能工作做出积极贡献！

××市××区机关事务管理局（印章）

2022年×月×日

【范例】 垃圾分类倡议书

"垃圾分类，从我做起"倡议书

亲爱的同学们，老师们：

有人的地方就有垃圾，我们每个人每天都会扔出许多垃圾，它们通常先被送到堆放场，然后再送去填埋。而垃圾清理在费用相当高昂，处理一吨垃圾的费用为200元至300元人民币。

也许我们不能阻止垃圾的产生，但我们可以减少垃圾给我们带来的危害，即把垃圾进行分类处理。垃圾一共可分为四大类：可回收垃圾、有害垃圾、厨余垃圾和其他垃圾。在日常生活中常见的可回收垃圾主要有：报纸、书本纸、包装用纸、办公用纸、广告用纸等。有害垃圾主要有废电池、废日光灯管、水银温度计、过期药品等，这些垃圾一般需要特殊的安全处理。厨余垃圾一般是指剩菜剩饭、骨头、菜根菜叶、果皮等食品类废物，这种垃圾可采用堆肥的方法处理，每吨可产生0.3吨有机肥料。其他垃圾是砖瓦陶瓷、渣土、卫生间废纸、纸巾等难以回收的废弃物，采用卫生填埋可有效减少对地下水、地表水、土壤及空气的污染。

垃圾分类，是每个人应尽的责任，在此，我们提出以下几点倡议：

1.加大对垃圾分类回收的宣传力度，加强垃圾分类回收的宣传指导，做到家喻户晓、人人皆知，使得垃圾分类成为大家的自觉行为。

2.有关部门制定相关的政策鼓励居民积极实行垃圾分类，对垃圾分类工作做得好的社区、学校、家庭和个人定期给予一定的奖励。

参与垃圾分类收集和处理，是讲究功德、讲究文明的体现，是功在当代、利在千秋、为子孙后代造福的崇高事业。也许大家觉得垃圾分类有些麻烦，但这些其实都是我们的举手之劳。希望广大市民能立即行动起来，从自身做起，以崭新的面貌和良好的生活习惯爱护我们的家园，保护我们的生存环境。相信在大家的共同努力下，我们的社会和家园一定会更文明、更进步！

××小学六（三）班　陈××

202×年×月×日

第八章

礼仪类文书写作方法

恭而无礼则劳，
慎而无礼则葸，
勇而无礼则乱，
直而无礼则绞。

——《论语·泰伯篇》

第一节

邀请函

邀请是指请人到自己的地方来或到约定的地方去，邀请函即用于邀请客人参加活动的信函。一般商务、比赛、交流、会面等活动，都会使用邀请函作出正式的邀请。

一、邀请函特点

邀请函具有使用广泛性、行文多向性、用语谦敬性这三个特点。

使用广泛性	行文多向性	用语谦敬性
邀请函的使用不受级别高低、单位大小的限制，具有广泛性	邀请函可以是上行文，也可以是下行文。大多数邀请函是作为平行文来用	邀请函的用语比较注重谦恭有礼，力求得到对方更多的理解和支持

二、邀请函写作格式及要领

（1）结构及格式

邀请函是由标题、称谓、正文和落款四个部分构成，如图8-1所示。

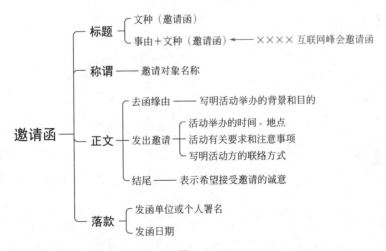

图8-1

邀请函的格式如图8-2所示。

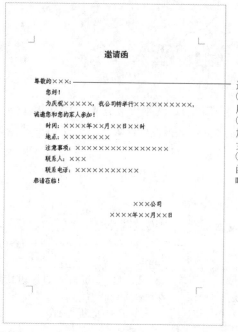

邀请对象一般分三类：
①邀请对象为单位，则称呼中要用单称，不宜统称；
②邀请对象为个人，则在名称前加上敬语，在名称后加上先生或女士；
③网上或报刊上公开发布的邀请函，没有固定的对象，可省略称呼，或以敬启者统称。

图8-2

（2）写作要领

拟写邀请函时，用语应礼貌周到，以表示诚意与友好。信函内容应写清活动的具体时间和地点。其次，邀请函需提前送达，以给受邀对象预留时间。

三、邀请函分类

邀请函按照内容来分，可分为个人邀请函和事务邀请函两种。

（1）个人邀请函

个人邀请函邀请对象一般是自己的亲朋好友，例如参加晚宴、婚宴等。这类邀请函要求比较松，只要表明邀请的意图，写清活动的时间、地点便可。

【范例】　　　　　　　　　　　　　　邀请函1

邀请函

送呈陈××先生台启：

谨订于公历20××年×月×日×点×分（星期×），农历×月初×在

×××酒店一楼举办乔迁之宴，届时恭候您与家人的光临！

××谨邀

20××年×月×日

（2）事务邀请函

这类邀请函一般比较正式，其内容措辞谦恭有礼。例如邀请有威望的人士参加某学术会议等。

【范例】　　　　　　　　　　　　邀请函2

邀请函

尊敬的××教授：

中国医师协会心血管内科医师分会、中国老年学学会心脑血管病专业委员会定于20××年×月×日在××市召开《××××××治疗中国专家共识》（以下简称《共识》）定稿会。

本《共识》初稿撰写完毕后，于20××年×月×日在××省××市召开了第一次研讨会，并在网络上进行了意见征集。根据各位专家讨论结果及网络征集的意见和建议，由执笔专家对初稿进行了进一步的修订和完善。

鉴于您在本领域里的学术地位和影响，我们诚挚希望您能在百忙之中拨冗莅临此次定稿会议，并对《共识》提出宝贵意见。

会议时间： 20××年×月×日（周四）晚19:00-21:00

会议地点： ××市国际会议中心三楼308会议厅

大会主席： 杨××教授　　万××教授

《共识》起草人： 李××教授

中国医师协会心血管内科医师分会（印章）

中国老年学学会心脑血管病专业委员会（印章）

20××年×月×日

经验之谈 !!!

请柬也是礼仪类运用较多的文书之一。它是用于邀请有关单位或个人参加某种活动而发出的礼仪文书。请柬与邀请函在使用范围、回复方式上是有一定的区别。从使用范围上说，请柬侧重于礼节性的活动，如迎宾宴、开幕式等活动；而邀请函一般为单位发出，侧重于参加大型公务活动。从回复方式上说，请柬不会回复；而邀请函都会要求被邀请者回复是否接受邀请。

第二节

贺信

贺信是日常应用写作的重要文体之一，是指党政机关、企事业单位、社会团体或个人向其他集体单位或个人表示祝贺的一种专用书信。

一、贺信特点

贺信一般具有祝贺性和真挚性这两个特点。

祝贺性	真挚性
贺信是祝贺者通过这种专用书信的形式来表达对他人的祝贺和赞颂	贺信语言较为热烈真挚，充满感情色彩，给人以鼓舞力量

二、贺信写作格式及要领

（1）结构及格式

贺信由标题、称谓、正文、落款四个部分构成，如图8-3所示。

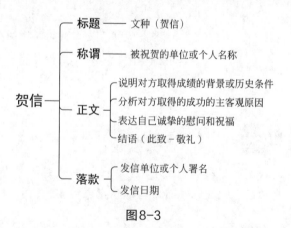

图8-3

贺信的格式如图8-4所示。

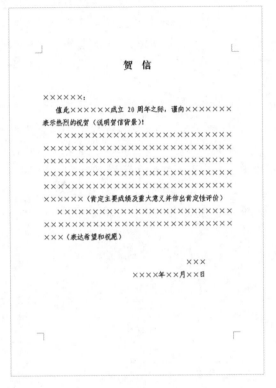

图8-4

（2）写作要领

拟写贺信时，用语应轻快积极，语言要求精炼、简洁明快。贺信内容要真实，成绩评价要恰如其分，表示决心要切实可行，不要空喊口号。

三、贺信分类

贺信按照行文方式来分，可分为上级单位对下级单位、同级单位之间、下级单位给领导机关，以及给著名人物的贺信这四种。

【范例】 贺信1

贺信

××市工程咨询协会：

值此××市工程咨询协会成立20周年之际。谨向贵会及全体会员表示热烈祝贺！

20年来，××市工程咨询协会在××市发展改革委、××市民政局的指导下，团结带领全体会员，全面贯彻落实国家发展战略、紧紧围绕××市委、市政府的中心开展工作，为政府决策、重大工程建设做出了重要贡献；积极创建××市工程咨询产业联盟，为推动工程咨询全领域的深度融合，开展全过程工程咨询的创新实践发挥了重要作用。

20年奠基，20年汇智聚能，××市工程咨询协会会员和专业从业人员规模不断扩大，专业涵盖范围更加广泛，深度参与城市重大工程决策建设全过程咨询的服务能力不断提高，一批国际标志性工程和诸多重大工程获评中国工程咨询优秀成果奖，凝聚着××工程咨询人的智慧和荣光。

新百年、新征程。希望××市工程咨询协会在党的二十大精神指引下，秉承"为政府决策而生、为国家发展而谋"的初心使命，带领全体会员，团结一心，砥砺前行，为全面建设中国式现代化、实现中华民族伟大复兴，贡献"××智慧、××价值、××精神、××力量"。创造出更加辉煌明天。

中国工程咨询协会（印章）

2022年×月×日

【范例】 贺信2

贺信

××县一中：

欣闻你校在第十届全国体育传统项目学校联赛排球项目（高中男子组）比赛中，顽强拼搏、奋勇争先，一路过关斩将，以7战全胜战绩成功问鼎，夺得了××省该项赛事史上第一个全国冠军，为××赢得了荣誉、增添了光彩。特此，市委、市政府向你们表示热烈的祝贺和亲切的问候！

近年来，你校坚持"以体育人"教育理念，持续深化"体教融合"，狠抓校园排球普及和竞技成绩"双提升"，在国家和省级赛事屡获佳绩，成为我市体育事业发展的一张靓丽名片，你们的拼搏进取，正是全市人民谋事力做、担当实干精气神的生动写照。

当前，全市上下正全面贯彻落实习近平总书记视察××重要讲话精神，奋力谱写后来居上的崭新篇章。希望你们以此次夺冠为新的起点，百尺竿头更进一步，奋力创造更多的"××之最""××之最"，为打造"六个新××"、加快实现后来居上作出新的更大贡献！

中共××市委（印章）　××市人民政府（印章）

2022年×月×日

第三节

喜报

喜报是宣传单位或个人在某些方面取得优异成绩、传达喜讯的一种文书，是使用范围较为广泛的一种常见文体。

一、喜报特点

喜报具有及时性和鼓舞性两大特点。

及时性	鼓舞性
及时性是喜报的一个重要特点，在取得好成绩后，应及时地通过喜报进行报喜	喜报可以宣传取得的优异成绩，起到鼓舞教育的作用

二、喜报写作格式及要领

（1）结构及格式

喜报是由标题、称谓、正文、落款四个部分构成，如图8-5所示。

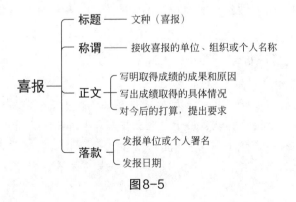

图8-5

喜报的格式如图8-6所示。

图8-6

（2）写作要领

拟写喜报内容时要做到真实客观，不随意夸大。用语要严谨准确，避免出现错误。

经验之谈

喜讯也是报告喜讯专用的书信。它与喜报在载体上和使用对象上有一定的区别。从载体上说，喜讯多用于口头上公布；而喜报则多用于文字上公布。从使用对象上说，喜讯不一定是向上级汇报，也可以告诉平级或下级；而喜报一般都用于向上级汇报。喜报可以用喜讯代替，而喜讯不可以用喜报代替。

三、喜报分类

从发报对象来分，可分为上级向下级所发的喜报、下级向上级所发的喜报以及发给个人家属的喜报这三种类型。

【范例】　　　　　　　　　　　　　喜报1

喜报

××省××市××中学：

2020-2021学年，贵校毕业生在我校刻苦学习、奋发向上，德、智、体、美、劳全面发展，获得了我校多项荣誉和奖励。他们的成长凝聚了贵校的辛勤培育和殷切期望，谨向贵校表示由衷的感谢和祝贺！

作为中国共产党创办的第一所新型正规大学，中国人民大学经过80多年的建设和发展，形成了鲜明的学科特色和办学优势，以雄厚的办学实力为莘莘学子搭建了坚实而广阔的发展平台。习近平总书记在致中国人民大学建校80周年贺信中评价学校在我国人文社会科学领域"独树一帜"。未来，期待贵我两校在人才培养过程中进一步加强交流与合作，为培养更多的"国民表率、社会栋梁"共同奋斗！

祝愿贵校事业蒸蒸日上，再创辉煌！

附件：获奖学生名单（略）

中国人民大学招生部办公室（印章）

2021年×月×日

【范例】　　　　　　　　　　　　　喜报2

立功喜报

王××同志：

王××同志自20××年××月入伍以来，努力提高政治思想觉悟，认真学习军事科学知识，用心参加军事训练，服从领导，遵守纪律，在20××年年终评比中被评为三好战士，荣立三等功。

特此报喜！

中国人民解放军××××部队政治部（印章）

20××年××月××日

第四节

讣告

讣告又称讣文，是将噩耗、死讯告知亲友和大众的报丧文书。一般是由去世者所属单位组织的治丧委员会或去世者家属发出的书面文书。

一、讣告特点

讣告具有庄重性、简洁性和提前性这三个特点。

庄重性	简洁性	提前性
讣告是用于报丧的书面文书，具有严肃、庄重的特点	讣告的内容一般都比较简洁精练，言简意赅	讣告发文时间一般要早于追悼会、葬礼时间，以便去世亲友及有关人士及时做出准备

二、讣告写作格式及要领

（1）结构及格式

讣告一般由标题、正文及落款这三个部分构成，如图8-7所示。

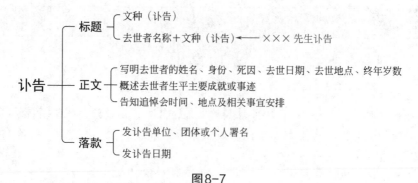

图8-7

讣告的格式如图8-8所示。

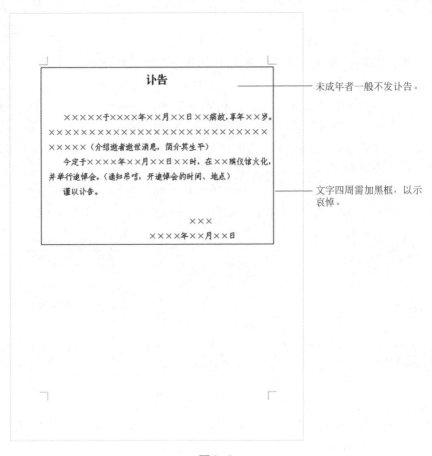

讣告

　　××××于××××年××月××日因××病故，享年××岁。

××××××××××××××××××××××××××

××××××（介绍逝者逝世消息，简介其生平）

　　今定于××××年××月××日××时，在××殡仪馆火化，

并举行追悼会。（通知吊唁，开追悼会的时间、地点）

　　谨以讣告。

　　　　　　　　　　　　　　　××××

　　　　　　　　　　××××年××月××日

　　　　　　未成年者一般不发讣告。

　　　　　　文字四周需加黑框，以示
哀悼。

图8-8

（2）写作要领

　　讣告只能使用黄色或白色两种颜色的纸来书写，其中长辈之丧用白色纸，晚辈之丧用黄色纸。讣告的语言要求必须简练庄重，并且文字四周加黑框，表示悼念。

三、讣告分类

　　根据内容和性质不同，讣告可分为一般式、公告式和简便式三种类型。其中一般式较为常用，适用于大部分人；公告式较为庄严，多用于党和国家领导人、国内的重要人物或影响较大的人物；简便式则为新闻报道式讣告，一般作为一则消息在传播媒体上公布，以晓谕社会。

【范例】　　　　　　　　　　　讣告1

讣告

先夫×××，因××病医治无效，于2021年×月×日×时×分在家中安息，享年七十三岁。

先夫少年励志读书，品学兼优，先后就读××一中、××大学，毕业后在××厂、×××发电厂、××县经委、××县科委、××县政协、××县政府等单位工作，先后担任××县科委副主任、××县政协副主席等职，并任××委员会主委。先夫在职××年，无私奉献，爱岗敬业，尽心尽职，夙夜为公，勉力于科教文卫事业和××建设发展，劳苦功高，上下交颂。先夫孝先爱子，为人宽和，宅心仁厚，品德洁净，深为家戚邻里爱戴。而今溘然长逝，吾等哀痛无极！

遵照先夫遗愿，丧事从简，不举行追悼会。

特此哀告。

妻　××　携　全家　泣告

2021年×月×日

【范例】　　　　　　　　　　　讣告2

讣告

××大学环境学院退休教师徐××同志因病于2021年12月22日12时42分在××逝世，享年86岁。

徐××同志于19××年×月×日生，19××年8月起先后在××大学土木工程系给排水实验室、"0303"实验室、工物系260教研组、核能技术研究所、环境工程系固体废物处理与核工业环境工程教研组、环境工程系机关工作，为教学科研提供了可靠保障，多次受到学校表扬、于19××年3月退休。

徐××同志的遗体告别仪式将于2021年12月24日（星期×）10时在××区××路13-2号殡仪馆举行。

请参加告别仪式的同志于12月24日8点整在××大学东门停车场集中乘车前往吊唁。联系电话：159×××××××。

沉痛悼念徐××同志！

特此讣告。

××大学环境学院

2021年12月22日

悼词

悼词是指在追悼会上宣读使用的专用哀悼文体，是对死者表示哀悼的讲话或书面材料。

一、悼词特点

悼词一般具有总结性、积极性和多样性三大特点。

总结性	积极性	多样性
悼词一般会总结去世者生平纪事，肯定其所作出的贡献	悼词内容比较积极健康，通过去世者功绩激励后来者，具有激励和鼓舞作用	悼词的表现形式和表现手法多种多样，可以是记叙文、议论文、散文等，具有多样性

二、悼词写作格式及要领

（1）结构及格式

悼词是由标题、正文、落款三个部分构成，如图8-9所示。

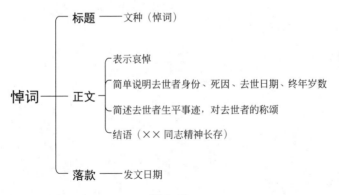

图8-9

悼词的格式如图8-10所示。

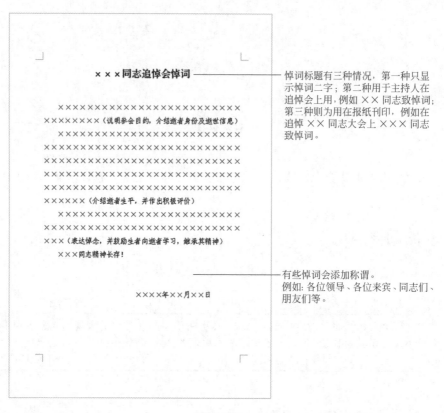

图8-10

（2）写作要领

拟写悼词内容时，应从客观事实出发，根据事实作出合理的评价。此外，悼词内容应合理安排，不应尽是哀思，而应化悲痛为力量，以此激励后来人。悼词语言应简朴严肃，概括性强。

【范例】 悼词1

悼词

各位亲朋，各位来宾：

松涛啜泣，苍天呜咽，哀乐低回，亲朋落泪，同志伤怀。在这里我们将与我们至亲至爱的人洒泪告别。

我的挚友陈××因病于20××年×月×日下午5时50分永远离开了我们，享年四十五岁。今天，我们以无比悲痛的心情致以深切的哀悼。同时，向陈××的家人们致以亲切的慰问。

白幡飘扬，黑纱低垂。昔日好友音容宛在，英年早逝竟成永别。无情的病魔从我们身边夺走了一个曾经鲜活的生命，一个曾与我们朝夕相处的挚友。叹人生之艰难，伤故友之仙逝，我们每个人的心上都像压上了千斤巨石，黯然魂销，难以自制。

二十多年前，我们同窗求学，共同度过了一段人生最美好的青春岁月。教室里留下过陈××洪亮的声音，球场上留下过陈××矫健的身影。一千多个日日夜夜，我们结成了兄弟般的情谊。

及至走上工作岗位，陈××教坛耕耘二十余载，始终以刻苦上进、踏实工作、待人诚恳、朴实随和深受同事、同学的尊敬。在学校，他是一位好老师；在单位，他是一位好同志；在家里，他是一位好丈夫、好父亲。他的豪爽与开朗，正直与热情永远铭刻在了我们心中。

陈××的一生是平凡而又普通的一生，是热情奔放、与人为善、多姿多彩的一生，更是为国家和社会，为家人和子女辛劳付出的一生。

安息吧，我的挚友，愿天堂里没有疾病和痛苦。你的妻子会用她的坚强来完成你的夙愿；你的孩子会用他的卓越来告慰你的亡灵；你的挚友将永远牵挂九泉下的你，实现你未能实现的梦想。

"知我者谓我心忧，不知我者谓我何求"。此时此刻，我们心中的千言万语凝成一句话："陈××，你一路走好！"

挚友　陈××

20××年×月×日

【范例】　　　　　　　　　　悼词2

悼词

各位领导，各位长辈，各位亲朋好友：

感谢大家长期以来对我母亲的关心、照顾和帮助；也感谢大家在百忙之中亲临灵前为我母亲祭奠、忙碌和送行。

我母亲因××病医治无效，于20××年×月×日21时15分与世长辞，享年六十九岁。

母亲一生经历坎坷，19××年×月×日父亲因病去世，坚强的母亲一人支撑起全家四口人的生活重担。除了照顾年迈的奶奶外，还要上班，拉扯我和妹妹长大。母亲为人忠厚老实，正直，待人诚恳，与世无争。时刻把困难留给自己，把方便留给别人，无论在过去的老家还是后来的城市新家，母亲从不多言多语，邻里关系相处得非常好。

多年后，我和妹妹都有了各自的家庭。母亲也渐渐老了，每次想接母亲来家里照顾，都被她拒绝了。她总说自己身体很硬朗，不需要被照顾。自己一个人在家里也清净。其实我知道她是喜欢热闹，每逢节假日，她总会把饭菜准备好，让我们回家吃饭。每次返程时，从母亲的眼中能够感觉到对我们的依依不舍。

在母亲抱病的两年里，家里始终是门庭若市，探病的人络绎不绝，母亲也始终用微笑面对着众人，大家无不感慨，都说病魔在母亲身上发生了奇迹。

母亲不喜欢眼泪，也从不让我们流眼泪，尤其是在和病魔抗争的那个阶段，母亲也从没有因为疼痛难忍而流泪，挂在她脸上的始终是坚毅和微笑，她始终咬着牙坚持着，病魔也曾一度在她的坚强面前退缩了。然而，在当今医学仍毫无办法的癌症面前，母亲的坚强也只能是蚍蜉撼树，无力回天了。

母亲的一生，是辛劳的一生，她用她的行动完美地诠释了鲁迅先生笔下"孺子牛"的精神；母亲的一生，是默默无闻的一生，她虽然不认识闻一多，却是先生说的那种人，那种"只做不说"的人，那种"做了也不说"的人，那种只想付出，不图回报，只考虑他人，却永远也不想给他人添麻烦的人。

虽然母亲与我们永别了，但是她对亲人和朋友的真挚情感，与天地永恒，与枝叶长青。

亲爱的母亲，您安息吧！您一定会在另一个世界延续您未享完的幸福，您的善良和美德将永远刻在我们心上！通往天堂的路已经为您铺好，请您一路走好！

儿子：×× 女儿：×× 携家人

20××年×月×日

第九章

讲话稿写作方法

修身践言，谓之善行。
行修言道，礼之质也。

——《礼记·曲礼上》

开幕词

开幕词是在召开重大会议或重要活动时，主持人或主要领导讲话所用的文稿。主要阐明本次会议或活动的性质、宗旨、意义、任务、要求以及会议或活动安排等内容。

一、开幕词特点

开幕词具有使用宣告性、引导性、指导性这三个特点。

宣告性	引导性	指导性
开幕词是会议或活动开始的标志，是宣告会议或活动正式开始的流程	开幕词需阐明会议或活动的宗旨、任务、目的和意义，以激励参与者的参与意识，调动其积极性	开幕词会为本次会议或活动定下基调，指导会议或活动按照此基调顺利进行

二、开幕词写作格式及要领

（1）结构及格式

开幕词是由标题、称谓、正文和结束语四个部分构成，如图9-1所示。

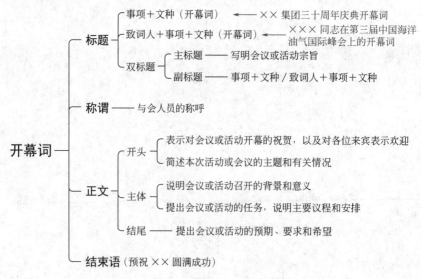

图9-1

开幕词的格式如图9-2所示。

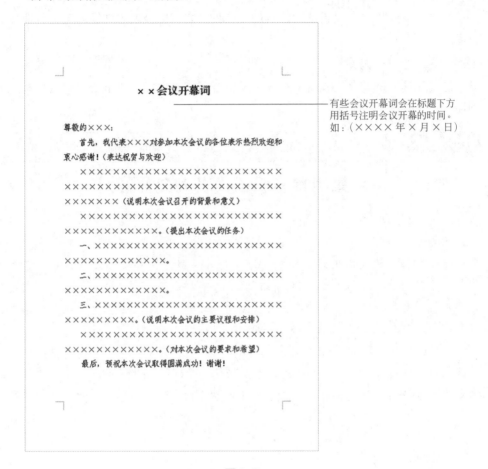

××会议开幕词

有些会议开幕词会在标题下方用括号注明会议开幕的时间。如：(××××年×月×日)

尊敬的×××：

首先，我代表×××对参加本次会议的各位表示热烈欢迎和衷心感谢！（表达祝贺与欢迎）

××（说明本次会议召开的背景和意义）××××××××××××××。（提出本次会议的任务）

一、×××××××××××××××××××××××××。

二、×××××××××××××××××××××××××。

三、××××××××××。（说明本次会议的主要议程和安排）××××××××××××××××。（对本次会议的要求和希望）

最后，预祝本次会议取得圆满成功！谢谢！

图9-2

（2）写作要领

　　开幕词有引导与会人员把握会议方向的作用，所以在拟写内容时，主题一定要明确，条理要清晰，要突出重点内容。开幕词语言要简明通俗，可适当使用口头语言来表示。篇幅不宜过长，简洁明了，起到抛砖引玉的作用即可。

三、开幕词分类

　　开幕词根据实际情况的不同，可分为口头演说开幕词和书面开幕词两种，通常来说比较隆重的会议或活动需采取书面开幕词，而书面开幕词又可分为一般性开幕词和侧重性开幕词。

（1）一般性开幕词

这类开幕词是对会议或活动的目的、议程、来宾、会议精神等内容进行简要叙述。

（2）侧重性开幕词

这类开幕词是对会议或活动召开的历史背景、重大意义或中心议题进行重点阐述，其他问题一带而过。

【范例】　　×× 集团首届职工代表大会开幕词

×× 集团首届职工代表大会开幕词

各位职工代表、各位特邀嘉宾们：

大家好！

回顾20××年我们走过的路程，每前进一步都伴随着集团公司领导和广大职工的艰辛努力，每取得的一次成绩都饱含着大家的辛勤汗水。今天，我代表×××集团董事会监事会和理事会对参加大会的职工代表，各位来宾以及奋战在施工一线的全体职工表示衷心的感谢和诚挚的问候！

在集团领导正确的指引下，在全体职工的共同努力下，我们迎来了集团首届职工代表大会的隆重召开。本次会议的主要任务是：回顾20××年成果，研究部署20××年各项工作，动员广大干部职工统一思想，提高认识，明确任务，狠抓落实，全力展开全年各项工作。

首先请允许我介绍集团新一届领导班子成员及主要分工：本人担任集团董事长兼管××××有限公司；×× 同志担任集团总经理兼管××××有限公司、×××房地产开发有限公司；×× 同志担任监事长兼任财务总监，主管财务中心和××××发展有限公司；×× 同志担任副监事长，×××同志担任集团公司副总经理，主管集团人事部、集团办公室、××公司办事处，负责集团工会工作；×× 同志担任集团公司副总经理，主要负责公司的经营承揽任务，让我们以热烈的掌声对新一届领导成员表示祝贺。

在20××年集团各项工作都取得了不少成绩，归纳起来主要有以下几点：

1.××××劳务公司被市××局授予市级劳务用工先进单位，并被××局评为"优秀先进分包企业"。

2.集团公司被市总工会评为模范职工之家和××区民营经济先进单位。

3.××有限公司被××县县委、县政府授予"优秀文化企业"称号，我本人也被评为"创业功臣"。

4.为了总结和展示集团公司近几年的现状以及今后的发展前景，我们用了近半年的时间制作了××集团宣传片。在集团大、小会议室以及门厅电子大屏幕等有条件的地方反复播放，起到了让员工了解集团、认可集团、宣传集团的效果，推动了集团企业文化的建设。

今天，集团在此召开的首届职工代表大会也标志着我们的民主管理更加向前迈出一大步。希望与会的各位代表不负重托，以高度的责任感，充分行使民主权利，积极建言献策。相信经过我们全体代表的共同努力，会议确定的目标一定能够实现，也一定能够把这次会议开成一个民主团结、求真务实、开拓奋进的大会。

预祝集团公司首届职工代表大会圆满成功！谢谢大家！

【范例】　××小学20××年春季运动会开幕词

××小学20××年春季运动会开幕词

亲爱的老师，同学们：

大家好！

迎着和煦的春风，满怀喜悦的心情，我们迎来了20××年××小学春季运动会。在此，我代表大会组委会对本届运动会的召开，表示热烈的祝贺，同时，对筹备本次运动会的老师、运动员以及相关工作人员所付出的辛苦表示由衷的感谢。

这次运动会的召开，意义重大，它是学校响应教育部的号召，开展阳光体育运动的一次具体行动。同时也是学校素质教育的一次大展示，大检阅。当运动员们经过主席台时，我欣喜地看到，他们所展示出的朝气蓬勃、奋发向上的精神风貌，正是我们的希望所在，也是学校发展的力量源泉！"健康、快乐、向上"是本届运动会的宗旨和主题。我们期待着这一届运动会能有让人回味无穷的亮点，能有让人永存记忆的精彩瞬间。

今日的运动场，是运动员努力拼搏的舞台，也是场下同学有序观看、热情服务的舞台。孩子们，你们将是运动会上最靓丽的风景线！

各位裁判员，你们是今日运动场上公平与公正的化身，代表着体育精神的最高境界，你们的辛勤付出是顺利进行运动会和高扬体育道德风尚的坚实保障！

各位班主任和后勤服务的老师们，有了你们的辛勤劳动，运动会才能正常、有序地进行！

最后，祝愿每一位运动员在本次运动会上都取得好成绩，收获好心情。我相信，有大家的共同努力，本届运动会一定会取得圆满成功。

谢谢大家！

闭幕词

闭幕词与开幕词是相呼应的文种。它是会议主要领导人在会议结束前致词的公开文书。其内容包括对本次会议的评价和总结、对贯彻会议精神提出要求和希望。

一、闭幕词特点

闭幕词具有总结性和号召性两个特点。

总结性	号召性
闭幕词是对会议内容、会议精神进行简要的总结，并作出恰当的评价，肯定会议的重要成果，强调会议精神与深远影响	闭幕词的目的是为激励参会人员实现会议各项任务而奋斗，具有强烈的号召性和鼓动性

二、闭幕词写作格式及要领

（1）结构及格式

闭幕词与开幕词格式相似，都是由标题、称谓、正文和结束语这四个部分构成，如图9-3所示。

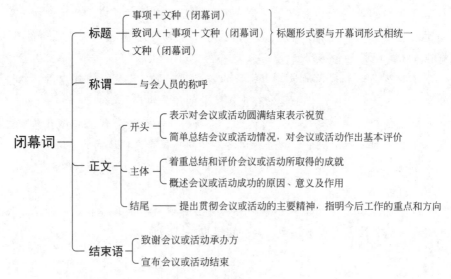

图9-3

闭幕词的格式如图9-4所示。

××会议闭幕词

尊敬的×××：

×××××大会，在××××的鼓舞下、在与会同志们共同努力下，已经圆满地完成了预定的各项任务，今天就要胜利闭幕了。这次会议是×××××、×××××××的大会。（总结会议情况，并作出基本评价）

××。

×××××××××××××××××××××××××××××××××××××。（总结和评价会议所取得的成就）

×××××××××××××××××××××××××××××××。

×××××××（提出贯彻会议精神，指明以后工作重点和方向）

最后，我代表×××向为本次会议提供热情服务的全体工作人员和相关单位同志们表示衷心感谢！（致谢会议主办方）

现在，我宣布×××××大会胜利闭幕！（宣布会议结束）

图9-4

（2）写作要领

在拟写闭幕词时，要如实反映会议或活动的内容，此外，组织语言要注意措辞，可以适当地使用口头语。

经验之谈 !!!

开幕词和闭幕词都是会议或活动的重要组成部分。两者写作方式都以概括为主。开幕词重在给予会议或活动的指导，说明会议或活动的宗旨和流程；而闭幕式重在对会议或活动内容进行总结，归纳其精神和成果。

【范例】 ××科技学院第四次学生代表大会闭幕词

××科技学院第四次学生代表大会闭幕词

各位老师、各位代表：

大家好！

在校党委、省学联的亲切关怀下，在校团委的正确指导下，在大会筹备组的辛勤付出下，在全校师生的大力支持下，××科技学院第四次学生代表大会经过长时间紧张认真的筹备工作，圆满地完成了大会各项任务。

本届大会是在民主、和谐、团结、奋进的气氛中进行的。大会审议并通过了××同学所做的工作报告，选举产生了新一届学生委员会委员及主席团成员。我相信新一届学生委员会必将满怀热情，奋力拼搏，以崭新的面貌，扎实、有效地开展团学工作，与时俱进，开拓进取，促进我校各项工作再上新台阶。

各位代表，本次大会是我校学生会成长道路上新的里程碑，开拓了学生干部和青年学生沟通交流的新平台，是极具影响力和号召力的总动员。大会自始至终都受到了省学联和学校各级领导的热心关注和无微不至的关怀。出席本届大会的领导和嘉宾也给大家作了振奋人心、热情洋溢的讲话，讲话中充分肯定了我校青年学生干部、同学们在本校的建设和发展中所起的积极作用，同时也对学生们今后的学习和工作提出了新的要求，对新一届学生委员会委员寄予了希望，不断增强"四个意识"，坚定"四个自信"，做到"两个维护"，用习近平新时代中国特色社会主义思想为我校青年组织的发展铸魂、定向，始终把政治建设贯穿团组织建设，确保党旗所指就是团旗所向。

下一步我们的工作体现在深入学习党的十九届六中全会精神上，青年学生要进一步加深对党的十九届六中全会内容的理解，切实提高政治理论素养，弘扬伟大建党精神，勿忘昨天的苦难辉煌，无愧今天的使命担当，不负明天的伟大梦想，以史为鉴、开创未来，埋头苦干、勇毅前行，并将十九届六中全会精神内化于心、外化于行，以更饱满的热情投身于接下来的学习和生活当中，以新时代青年昂扬向上的精神风貌和奋发有为的蓬勃朝气，在学习中创新贯彻落实具体举措。进行自身发展规划，胸怀家国，勇于担当，竭力提升自己，做德、智、体、美、劳、全面发展的社会主义建设者和接班人，为开启全面建设社会主义现代化国家的新征程贡献青春与智慧。

在此，我谨代表大会筹委会向关心、支持本次大会的领导、嘉宾和同学们表示衷心的感谢！

各位代表，在本次大会闭幕之际，希望大家能全面学习党的十九届六中全会精神，学以致用，从而成为一名合格的青年大学生，能真正把本次大会的精神带到广大同学中去，广为宣传，有效落实，为创造更好的校风、学风，营造更好的学习文化氛围，为把我校建设得更好更优秀而共同努力！

第三节

讲话稿

讲话稿是在会议或其他特定场合上，为表达讲话者的见解和主张而发表的发言稿，是比较常见的应用文体之一。

一、讲话稿特点

讲话稿一般具有针对性、通俗性、集智性和政策性这四大特点。

针对性	通俗性	集智性	政策性
讲话稿一般是针对会议中某一方面或某个议题进行撰写	讲话稿内容要通俗易懂，以方便发言者表述以及听众理解接受	一般领导的讲话稿通常是由秘书草拟，然后由领导审核修改，体现了集体智慧性	讲话稿须符合政策要求。很多讲话稿本身就是政策的载体或具有较强的政策因素

二、讲话稿写作格式及要领

（1）结构及格式

讲话稿通常是由标题和正文两个部分构成，如图9-5所示。

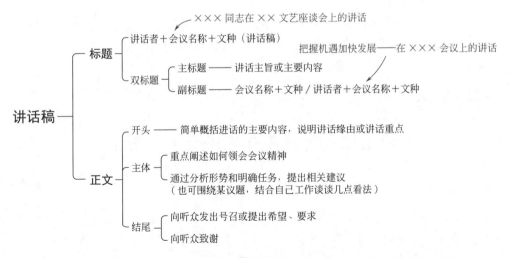

图9-5

讲话稿的格式如图9-6所示。

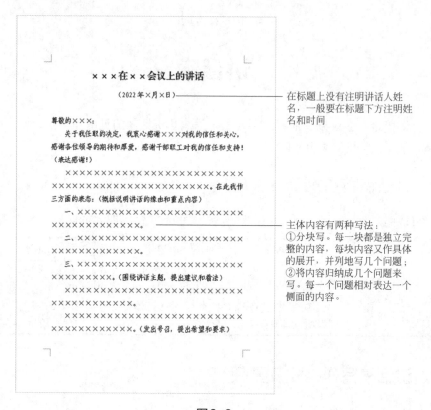

图9-6

（2）写作要领

在拟写讲话稿时，要围绕会议主题、有的放矢，不要信口开河。内容切忌长篇大论，最好用具体事例来说明，以便听众理解。讲话稿的语言要通俗、准确，尽量口语化，切忌使用生僻字、词和术语。

【范例】　　　　　　　　　　　　　讲话稿

××书记在拆迁工作推进会上的讲话稿

（2022年×月×日）

同志们：

拆迁工作是一项政策性、社会性、群众性很强的工作。近年来，随着××区新一轮产业和城市发展的快速推进，拆迁工作任务十分繁重，许多领导殚精竭虑、彻夜不眠，许多部门顾全大局、认真履职，许多干部为××区拆迁工作付出了巨大努力。在此，向长期以来参与和支持拆迁工作的同志们，表示衷心的感谢！同时，我们要正视拆迁工作中存在的问题和不足，特别是结合党的群众路线教育实践活动，如何实现"以人为本、和谐拆迁、依法拆迁"，与时俱进推动拆迁工作再迈新台阶，依然是当前摆在新区面前的重要命题。下面，我讲三点意见，供同志们参考。

一、坚持责、权、利相结合

1.履行好职责担当。当前，××区正处于全面深化改革、推进新型城镇化、加快苏南现代化示范区建设的关键时点。×月×日市委常委会集体调研新区时强调，要更多地用改革思维和办法推动转型升级、激发内生活力，争当全市现代化建设的排头兵。拆迁工作是新区改革创新的基础性工作，也是检验干部担当能力的"试金石"。从最近的拆迁进展来看，不容乐观，拆迁的"瓶颈"制约日益明显。全区上下要进一步强化大局意识和服务意识，以勇于负责、敢于担当的精神，切实破解拆迁工作中的各项难题，决不能躺在过去的功劳簿上，杜绝丝毫的自满和懈怠，不断追求卓越的工作业绩。

2.激发好工作活力。拆迁难，难就难在面对众多的利益主体，难就难在工作的复杂性、多样性。做好拆迁工作，基层一线的工作最关键，要在实践中敢于探索，善于总结，创造性地开展工作，以重点、难点的突破带动和活跃全局工作。要进一步加强组织领导，并在人财物等资源配置上给予更多支持，严格实行奖惩。要注重制度建设，按照创新、实用、管用的原则，营造人人有规有矩、处处有章可循、事事有条有序的拆迁制度环境。要造就一支政治素质高、业务能力强、作风过得硬的工作队伍，确保各项部署安排落到实处。

3.维护好群众利益。拆迁矛盾的核心问题是利益平衡，准确把握利益平衡点是破解拆迁瓶颈的钥匙。从以往拆迁的经验看，群众虽有故土难离之恋、搬迁生存之忧，但最关心的还是拆迁补偿安置政策是否合理、公正、公平。要在严格依法拆迁的基础上，维护好拆迁群众、搬迁企业的合法权益，做到"三个确保"：确保群众既得利益不减少、确保群众生活质量不降低、确保企业生存发展有空间。同时，拆迁的过程也是利益博弈的过程，坚持原则是最本质的要求。要在拆迁统一政策的框架下开展工作该补偿的一分钱不少，不该补偿的也不能多给一分，更不能随意定价、任意处断。

二、坚持情、理、法相结合

1.彰显真情。以党的群众路线教育实践活动为契机，进一步强化群众立场，把一个"情"字贯穿拆迁全过程，始终带着真情和热心，有效化解拆迁群众的疑虑和抵触心理。对于群众的困难和合理诉求，如小微企业安置、拆迁户安置过渡等问题，要学会换位思考，真诚倾听群众呼声，真情感受群众疾苦，真正解决群众难事。特别是对孤老、残疾等困难拆迁户，更要主动贴心服务到位，坚决解决和杜绝"四风"等群众反感痛恨的突出问题，以拆迁工作作风的新转变，赢得广大群众的信任和支持。

2.以理服人。群众最服的是理，而不是权，如果不以礼相待，而是强词夺理、居高临下，绝对拆不好。一方面，要加大宣传引导力度，既做好面上宣传，更要进村入户，做好点上宣传。通过广泛的宣传教育，切实消除群众的思想顾虑和包袱，营造浓厚的良好拆迁氛围。另一方面，要突出问题导向，因户施策，深入细致地做好每一户拆迁群众的思想工作，使群众明晰政策，消除认识误区，真正做到以美好的前景吸引人、以惠民的政策激励人、以先进的典型引导人、以浓厚的氛围感染人。

3.依法办事。必须始终坚持统一标准、规范操作，严格实施拆迁程序，"一把尺子量到底"，坚决杜绝乱开口子的现象，更不允许浑水摸鱼、假公济私、中饱私囊。纪工委要同步加强监督检查，并接受群众的举报和监督。这方面，我们曾经有过惨痛的教训，大家一定要引以为戒。要把群众由于对政策理解不全面引起的抵触情绪，与恶意干扰和阻碍拆迁工作的行为区分开来。对于前者，要教育引导到位。对于后者，特别是极少数无理取闹的拆迁疑难户，要依法采取听证、裁决、拆违等有力措施，在打消他们漫天要价、以闹取胜幻想的同时，避免发生突发性极端事件和群体性事件。

三、坚持点、线、面相结合

1.重点突破。要加快××街道××村、××庄、××镇等重点区块的拆迁推进，按照序时要求，倒排计划，全力以赴赶进度。要抓好重点项目的拆迁保障，对重大工程项目、手续齐备项目、协议已签项目和亟须扫尾的项目要逐个突破，为项目的开工建设扫平障碍。二季度，重点推进重大项目和经营性土地出让项目的拆迁工作。要加大难点问题的攻坚力度，对一些长期协调无法解决的"老大难"问题，要综合运用市场、行政、法律等手段，合力解决。

2.形成合力。各级各部门要加强领导，统一指挥，全力做好拆迁服务保障工作。经发、规划、国土、建设等部门要做实做细前期工作，包括项目立项、规划文本审批、红线划定、房屋丈量和评估等，积极配合和支持各地块的拆迁工作，充分落实各项工作保障。经发总公司要科学调度资金，及时支付拆迁补偿款、工作经费等。在拆迁这个问题上，××区没有局外人，没有一线二线，没有前方后方，人人都是主体，都要主动参与进来。

"世上无难事，只怕有心人"。希望大家秉承群众利益至上的理念，迅速行动，群策群力，合力攻坚，以实实在在的工作，干出实实在在的成绩，为新区在更高起点上加快推进现代化建设提供坚强保障！

第四节

演讲稿

演讲稿是指在重要的会议或公众场合上发表的讲话稿，它是演讲的依据，是人们在工作和社会生活中经常使用的一种文书。

一、演讲稿特点

演讲稿具有针对性、可讲性、鼓动性、整体性、临场性和口语性这六个特点。

针对性	可讲性	鼓动性	整体性	临场性	口语性
演讲稿基本上是针对某一类听众所关心的问题来发表自己的立场和看法	演讲主要以讲为主。优质演讲稿的要求是"上口入耳"。上口是指内容的可讲性，入耳是指内容的好听性	好的演讲是富有感染力的，具有可以激发听众情绪、赢得好感的鼓动性	好的演讲除准备演讲稿外，还须具备演讲者独到的观点和见解、听众的文化层次、现场氛围的烘托等，体现了整体性	演讲活动是演讲者与听众面对面的交流与沟通，演讲者需根据听众的反馈及时调整演讲内容，具有临场性	演讲稿与其他书面文稿不同，它讲究口语化，要讲起来朗朗上口，听众才能听得明白清楚

二、演讲稿写作格式及要领

（1）结构及格式

不同类型的演讲稿，其内容结构会有所不同，但其结构的基本形态是不变的，基本上是由开头、主体、结尾这三个部分构成，如图9-7所示。

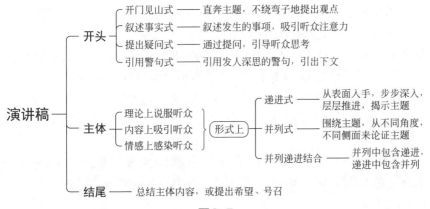

图9-7

演讲稿的格式如图9-8所示。

×××的演讲

（2022年×月×日）

尊敬的×××：

　　我是来自××××的××，非常荣幸能参加今天的演讲，我的演讲主题是××××××。（开门见山，直奔主题）

　　大学毕业后，我参加了××。

　　××。

　　××。（围绕主题，从不同角度、不同侧面论证主题）

　　新的起点需要新的奋斗，×××××××××××××××××××××××××××××××。今后，我将以×××为指导，以××实现自身价值。（总结内容，提出希望和号召）

　　谢谢大家！

图9-8

（2）写作要领

在拟写演讲稿时需注意以下几点：

① 演讲前先要了解听众的基本情况。例如听众年龄范围、听众文化水平、听众想听什么等。只有彻底了解听众，才能够写出引起共鸣的演讲稿。

② 演讲主题要明确，态度诚恳。演讲内容要真诚可信，不要夸夸其谈，毫无逻辑之分。一篇演讲稿只能有一个主题，无论有多少内容，都要以该主题为中心展开说明。

③ 演讲稿内容要统一，但其文字或语言风格要有多种变化。例如诙谐幽默、引经据典、轻松活泼等。内容统一是为了让听众更好地理解，风格多变是为了吸引听众的注意力。

演讲稿

平凡的岗位，无悔的选择

尊敬的各位领导、同事们：

大家好！

我来自××县××中学，我叫×××，非常荣幸能登上这个讲台，以特岗教师身份来跟大家分享对幸福的感受。

"如果有一种生活，你没有经历过，就不知道其中的艰辛；如果有一种艰辛，你没有体会过，就不知道其中的快乐；如果有一种快乐，你没有拥有过，就不知道其中的幸福"。这就是我近几年特岗生活所带给我的感悟。

大学毕业后，我参加了年××特岗教师招聘考试，通过考试后我成为一名特岗老师。对于刚刚毕业走上工作岗位的我来说，当第一次走上讲台的时候，心里感觉无比的紧张与激动。还清晰记得走上讲台的第一堂课，台下几十双眼睛在看着你，那是农村里的孩子特有的纯真的眼神，他们给了我勇气，我认真地完成了第一堂的教学。下课后我发现自己已是汗流浃背，许是紧张，许是激动，许是兴奋……

说实话，老师并不是我小时候的理想，也并非我高考时的志愿。也许是缘分的选择，也许是大学毕业为了规避就业压力的选择……对于今天选择了老师这一职业的我，不是因为喜欢而选择，却是因为选择而喜欢。当然，这一切主要是来自我的学生们的力量。每一天早晨，学生们那句："老师，早上好！"的问候给我带来了一天的快乐；每一天放学后，随着一声声那一句："老师，再见！"给我留下了明天的希望。

在这几年的学校生活中，我感觉自己没有长大反而变小了，身边的同事是那样真诚，学生又是那样天真，我生活在一片净土之中。生活方面有校长和主任的照顾，教学方面有教导主任和经验丰富的老教师教导，同事们也相处得非常融洽。我们班的学生非常活泼可爱，虽然有时闹得我很头疼，很苦恼，但依然不减我爱他们的心，珍惜与他们相处的时光。跟学生相处很愉快。

没有爱就没有教育，没有责任就不会教育。每一个学生都希望得到老师的关爱、认可与肯定。没有不想当将军的士兵，同样，也没有不想做好学生的孩子。班上曾经有过这么一个男孩。我上课时，他却戴着耳机，自我陶醉地听着歌。批评了他几句，他不但没有收敛，反而变本加厉，直接拔下耳机公开放音乐。为了维持课堂秩序，我先让他去教室外罚站，同时告诉自己冷静，暂不理他。事后了解到他是一个留守儿童，父母在城里经商，无暇管教，只有爷爷奶奶带着他。家里经济条件是比较宽裕，刚开始他成绩还可以，之后学会了调皮捣蛋，再加上不缺钱，自然就成了不良少年笼络的对象。面对他，我感慨万千，我没有再批评他，而是从各方面关心他，呵护他，与他成为好朋友，慢慢引导他。现在的他不再是以前那个不良少年了，对待老师和同学非常有礼貌，回家也会帮着家人做事，学习成绩也是名列前茅。其实每一个问题学生的背后都有一个故事，他们就像一只只断了翅膀的小鸟，只要有我们关爱与帮助，他们就能飞翔。

如果说当初特岗的选择是为了规避就业时所带来的压力，那现在的我应该为这种规避而感到庆幸，我无悔当初的选择。今天站在这里，我想说的是：我会用行动去证明，为我选择的职业而努力，争做一名优秀的人民教师。

任前方荆棘丛生，我将持之以恒，茫茫学海中，我争取做勇敢的水手，与所有老师一起，乘风破浪，共赴前程。

最后，祝各位领导、各位老师身体健康、工作顺利。祝我们的教育事业蒸蒸日上！

附录 A
论文写作方法

科技论文

科技论文是科学人员在科学实验的基础上，对自然科学或工程技术领域里的某种现象或某类问题进行科学分析和研究，从而揭示现象或问题的本质与规律的书面文章。

一、科技论文特点

科技论文具有学术性、创造性、科学性这三个特点。

学术性	创造性	科学性
科技论文主要强调作者对现象或问题的观点、见解、主张、学识，学术性是科技论文的重要标志	创造性是衡量科技论文价值的根本标准。创造性大，论文的价值高；创造性小，论文的价值低	科学论文要求论述确切、言而有据，不允许丝毫虚假，能经得起他人重复检验，科学性是科技论文的生命

二、科技论文种类

科技论文大致分为以下五种类型。

（1）论证型

该类型主要是对基础性科学命题的论述与证明，或对提出的新的设想原理、模型、材料、工艺等进行理论分析，使其完善、补充或修正。其内容涉及基础学科的一些理论，只有从事专题研究的人员才能写出这方面的科技论文。

（2）科技报告型

该类型主要描述某项科学技术研究的结果和进展、某项技术研究试验和评价的结果、某项科学技术问题的现状和发展的文件等。记叙是该论文的特点。通常撰写此类文章的大多是从事工程设计、规划工作人员。

（3）设计、计算型

该类型主要是为解决某些工程、技术、管理问题而进行的计算机程序设计。例如某些系统、工程方案、产品优化设计以及某些过程的计算机模拟；某些产品、材料的设计与调制；等等。撰写此类论文的大多是从事计算机等软件开发的人员。

（4）发现、发明型

该类型是记述某新兴事物的背景、现象、本质、特性、运动变化规律以及人类使用这种事物前景的文章。主要阐述新事物的装备、系统、工具、材料、工艺、配方形式或方法的功效、性能、特点、原理及使用条件等。撰写此类文章的大多是从事工程施工、工程管理方面的人员。

（5）综述型

该类型是在作者博览群书的基础上，综合介绍、分析、评述某学科领域里研究的新成果、发展的新趋势，并表明作者自己的观点，作出发展的科学预测，提出比较中肯的建设性意见和建议。这类文章大多是对某项工作提出的发展对策、建议、评价，甚至是总结报告，往往对所讨论专项工作的进一步发展起到引导作用。撰写此类文章的大多是从事管理工作的人员。

三、文体结构

无论哪种类型的论文，其文体结构大致相同，通常由论文标题、摘要、关键词、目录、正文、致谢、参考文献这几个部分组成，如附图A-1、附图A-2所示。

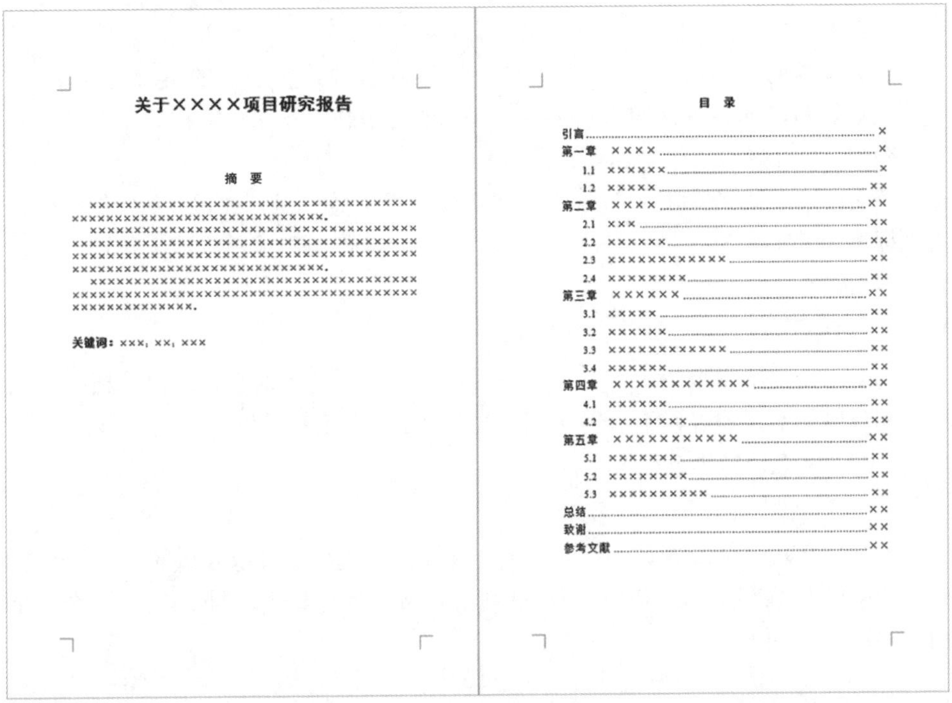

附图A-1

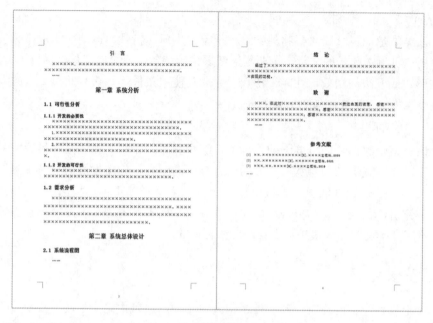

附图A-2

（1）标题

中文标题的字体为黑体，字号为二号，居中编排，字数一般不超过20个字。如果是双标题，那么主标题格式不变，副标题为黑体、小二，紧挨着主标题下方居中编排。主标题应长于副标题。

英文标题，其字体应为Times New Roman，字号为二号，加粗并居中编排。如有副标题，其字号为三号。需注意的是，英文标题不使用缩写词或简化词，不要使用标点符号。

（2）摘要

摘要是论文的重要组成部分，它是对标题的扩充，是对全文的高度概括。该内容不分段、不列图表、不引用参考文献。摘要字数不超过论文字数的5%。一般摘要是在论文完稿后再进行编写。

（3）关键词

关键词是从论文标题、小标题、摘要和正文中提取的能够反映论文主题思想的词和词组，并按照一定的顺序逐次排列出来。一篇论文至少要有3～5个全文使用频率较高的关键词。

（4）目录

目录是用来列出文档中的各级标题及标题在文档中相对应的页码，以方便读者对全文的结构、内容有一个大致的了解，并能够快速检索到所需内容。对于短篇论文来说，目录部分可以省略。

（5）正文

正文包含绪论、本论和结论三个部分组成。它是论文的核心部分。作者论点的提出、论据的陈述、论证的过程、结果和讨论都要在此得以展现。

① 绪论。绪论是论文的开端，主要交待研究成果的来龙去脉，其目的是引出作者研究的创新论点，使读者对论文内容有大致了解，引起读者的兴趣。

绪论写作不要与摘要雷同，也不要成为摘要的注释，一般也不用图表或公式来阐述问题，但要有观点地罗列，同时要把作者的创新点明确表达出来。

② 本论。本论位于绪论之后，结论之前，它是论文的核心部分，是分析问题、论证观点的主要部分，也是最能显示作者的研究成果和学术水平的重要部分。

本论内容应包括这三部分内容：提出问题论点；分析问题论据和论证；解决问题（论证方法与步骤）。其结构一般分成若干个自然段，或是用若干个小标题来论述。每层的小标题均用阿拉伯数字连续编号。一个编号的两个数字之间用圆点（.）分开，末位数字后面不加圆点。例如：1（一级标题）；1.2（二级标题）；1.2.3（三级标题）。每一层标题不超过4级，最后一级如果还要分层次，可用1）；2）或① ；② 形式表示。

本论的要求有三点：

● 论证充分，说服力强；

● 结构严谨，条理清楚；

● 观点和材料相统一。

③ 结论。结论是一篇论文的收束部分，是以研究成果为前提，经过严密的逻辑推理和论证所得出的最后结论。在结论中应明确指出论文研究的成果或观点，对其应用前景和社会、经济价值等加以预测和评价，并指出今后进一步在本研究方向进行研究工作的展望与设想。

凡归结为一个认识、肯定一种观点、否定一种意见等都要有事实、有根据。不能想当然，含糊其辞，不要用"大概""可能""或许"等模棱两可的词语。如果得不出结论，可对实验结果进行深入讨论。

（6）致谢

在结论之后，应对整个研究过程中曾给予帮助或支持的单位和个人表示谢意，尤其是参加部分研究工作但未署名的人，要予以致谢。

对直接参与研究工作的人可列名致谢，其他人一般笼统表示谢意即可，不必一一列名。

（7）参考文献

在论文中凡是引用他人的报告、论文等文献中的观点、数据、材料、成果等，都应按先后顺序列出。文中要标明参考文献的顺序号或引文作者姓名。每篇参考文献按篇名、作者、文献出处排列。应该注意的是，凡列入的参考文献，作者都应详细阅读过，不能列入未曾阅读的文献。

参考文献著录原则：

- 只著录最必要、最新的文献；
- 只著录公开发表的文献；
- 参考文献的数量不宜太少。

经验之谈 !!!

除上述介绍的几项内容外，论文还包括注释、作者简介、表格备注等元素在内。其中注释内容一般置于参考文献之后，是对文章里某些专业术语进行解释和说明；作者简介主要是对论文的作者进行基本的介绍，包括姓名、性别、工作单位、职务、工作业绩等，要求50～100字即可；表格备注主要用来对表格中的数据进行解释说明。

四、写作注意事项

在撰写论文时，一般需要注意以下几点：

（1）论文应题文相符

论文题目的确定，来自对论文主旨的高度概述和综合，它浓缩了论文所基于的主要方法和开展的核心工作。一篇论文的行文、数据分析等均应紧密围绕论文题目来开展，应题文相符。题目不应空泛、笼统，应恰当、独特。

（2）论文材料和数据来源应准确

论文是否立论有据，其依托的是来源准确而翔实的数据。数据资料来源务必交代清楚。不能使用"数据来源于相关文献"或"数据来源于相关统计年鉴"等模糊的话语。数据资料本身如果仍需要补充，甚至是陈旧贫乏，其论文质量肯定会大打折扣。

（3）正文的前后顺序应合理、有逻辑性

论文的正文写作需注意上下文之间的逻辑性，合理顺畅的结构会让读者阅读起来一气呵成。那些内容毫无逻辑，相互拼凑而成的论文，是不会通过审核的。

（4）语言使用应规范、精炼

论文语言必须使用规范化语言，不能随意采用口头语或方言，更不能自己造字、造词，否则会让读者产生歧义。此外，在描述某实验或研究过程时，不要使用过于华丽的辞藻，一些简朴、直白的语言反而能让读者一目了然。

（5）论文图表应制作规范、与内容紧密结合

在论文中用文字说不清楚的内容，应由表或图来陈述。表或图制作要规范、美观，给出的信息要能够说明作者所要表达的目的。数据的引用要严谨确切，防止错引或重引，避免用图形和表格重复地反映同一组数据。资料的引用要标明出处。

（6）参考文献的信息应齐全，格式规范

不同期刊对论文、专著、报纸、报告、文集、学位论文、电子文献等的参考文献格式要求不尽相同，作者应认真研读最新刊文或是其征稿简则，了解其参考文献的规范形式要求，注意参考文献的作者、文献题名、来源期刊名、年份、卷（期）、页码等著录项信息是否齐全，作者人名、卷（期）、页码等信息不应疏漏，格式排版应与拟投稿期刊完全相同。

五、写作流程

论文写作步骤主要包括以下五步，如附图A-3所示。

论文写作步骤　①确定论文题目　②拟写内容大纲　③根据主题收集资料　④创建论文初稿　⑤反复修改初稿

附图A-3

（1）确定论文题目

题目的选择需要结合个人的专业研究方向与手中已经拥有的想法。优先选择自己熟悉的内容与方向，可以节约时间与精力。题目范围不应太宽泛，应将范围缩小到某个方面或某个观点上，使它具体可控。

（2）拟写内容大纲

定好论文题目后，先整理一份内容大纲。这一步比较重要，如果没有大纲，想到哪写到哪，这样没有重点、思维混乱的文章是不会通过初审阶段的。所以创建论文大纲可以时刻把控自己的写作方向不跑题、写作思路不混乱。在列大纲时要做全方位的考量，多加思考，找到属于自己的亮点，要有新意。根据论文题目整理好自己的写作思路，先主干后枝叶，论文才能如大树般稳固茂盛。

（3）根据主题收集资料

论文的重点在于论据能否支撑你的论点，证明其正确性、合理性。查阅相关的文献资料并加以整理，注意其可信度与权威性，才能使你的论文更具有说服力。

（4）创建论文初稿

定好论文主题、列好大纲、收集好相关资料后，就可以开始撰写全文内容了。按照既定的写作计划，合理分配好写作时间，高效率地完成初稿。

（5）反复修改初稿

初稿完成后，接下来就需要花大量的时间来对初稿进行修改。在修改的过程中，也许会进行大范围的修改，例如内容前后的逻辑关系、所有的观点是否阐述清楚、是否得到可靠证据的支持等。如果自己把握不准，可以寻求身边的朋友或专家提出相关修改建议，加以修改。

第二节

毕业论文

毕业论文是各类高等专业院校完成学业的最后一个环节，是对本专业在毕业前进行科学研究训练的总结报告。

一、毕业论文的性质与特点

（1）毕业论文的性质

毕业论文是高等院校毕业生提交的一份有一定学术价值的文章。它是检验学生掌握知识的程度和分析、解决问题基本能力的一份综合答卷，是学生完成学业的标志性作业，是学生从事科学研究的尝试，也是在导师指导下所取得的科研成果的文字记录。

从文体上看，毕业论文属于议论文之列，它用或说理、或评论、或辩驳、或疏证的方法，以达到明辨是非、解除疑惑、驳斥谬误、发展新知等目的。就其内容来讲，毕业论文属于议论文中学术论文之列。它或为解决学科中的某一问题而作，或提出学科中的某一问题，指明进一步探讨的方向，是在实验性、理论性或观测性上获得科学研究成果或创新见解与知识的科学记录。

（2）毕业论文的特点

毕业论文具有受指导性、习作性和层次性三个特点。

受指导性	习作性	层次性
毕业论文是在导师的指导下完成的科学研究成果。所以对于如何进行科学研究、撰写论文等导师都要给予具体方法来指导学生完成	撰写毕业论文的过程，实际就是运用专业知识进行初步的科学研究活动，观察、分析、解决某个理论或实际问题，把知识转化为能力的训练过程	由于在校学生缺乏写作和科学技术研究的经验，所以毕业论文与其他学术论文相比，其层次要求较低，它只是学生进行初步科学研究的活动而已

二、毕业论文的基本要求

各所院校对于毕业论文的要求是不同的，但其基本的写作规范和原则是大致相同的。

（1）论文结构要求

一份完整的毕业论文应该包括：开题报告、论文题目、目录、摘要、关键词、正文、参考文献、致谢等。其中开题报告是由学生将自己所选的课题概况向导师进行陈述，其内容包括课题研究缘由、研究价值，以及毕业论文的大纲。导师通过学生的开题报告来审核该课题是否具有创新性和价值性，如附图A-4所示。

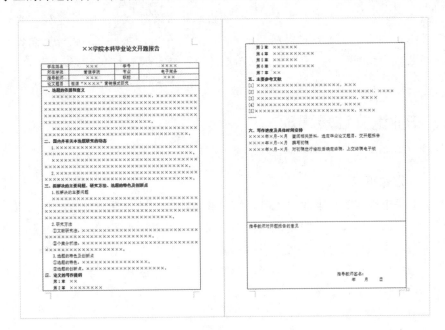

附图A-4

开题报告是毕业论文撰写前的一次调查与资料收集的一个流程。其他结构与科技论文结构相类似，这里就不再重复阐述了。

（2）语言表达要求

毕业论文的语言应该满足科学性、准确性、逻辑性、简洁性。

① 科学性。语言要基于事实说话，合理、清晰、透明，不要使用比喻、夸张等修辞手法。除此之外，为了体现论文的科学性，论文可以没有主语，也尽量不要使用第一人称，可以用"笔者、该论文"这一类词来代替。

② 准确性。论文中出现的专业名词或结论性的语言，要进行引用，不要擅自创造新词汇。对于一些复杂的专业名词，需要进行解释说明，不应给读者模糊不

清的感觉。

③ 逻辑性。逻辑性的前提要求是论文作者思路要清晰，清楚地知道各个论点是并列关系还是从属关系，能够分出亲疏远近，有秩序、有层次地突出中心论点。论文内容不可东拼西凑、毫无逻辑地凑字数。

④ 简洁性。论文语言应简洁明了，避免用语法上较为复杂的语言，尽量用短句。主语+谓语+宾语，把事情的来龙去脉描述清楚即可。

经验之谈　!!!

上交的毕业论文都需要有封面，其内容包括课题名称、作者姓名、学号、指导老师姓名、论文完成时间等。此外，论文中所涉及的实验设计、调查材料以及其他相关数据、图表等应用附录的形式附在参考文献之后。

三、毕业论文注意事项

在撰写毕业论文时，需要注意以下几个点。

（1）选题不当

选题是用来作为毕业论文论证、探讨和解决的问题，是研究的中心问题。主攻研究的方向明确了，才能明确从何下手。在选题时，很多学生不是首先考虑论题的价值，而是首先考虑参考资料多不多；或虽然考虑了论题的社会价值，但题目大小难易限制不适中。选题不当，会出现论文写得肤浅，甚至半途而废。所以在选题时应遵循以下三点：

① 选择客观上有社会意义或有社会价值的论题。

② 选择主观上有条件、有能力驾驭的论题。从自己熟悉的领域切入。

③ 选有新意的论题，或前人从未研究过、或有人探讨过但不够透彻、或研究角度不同有待进一步研究的论题。

（2）忽略大纲的重要性

由于毕业论文中会涉及很多方面的内容，如果没有提前列好大纲，就容易出现跑题，或前后内容不连贯的现象，从而影响到整个论文的质量。所以在撰写论文的时候，先列好论文的大纲，然后再按部就班地按照大纲内容进行分门别类的阐述，这样的论文结构就会很清晰、很顺畅了。

（3）论证材料凭空想象

毕业论文的观点应鲜明、论据确凿，论证要有严密的逻辑性，既不能合理想象，也不能虚构杜撰；既不能渲染夸张，也不能忽略淡化。所有的论证的数据材料必须准确无误，这样得出的结论才能经得起实践和历史的检验。

（4）论证力度不够

论文的论证，实际上就是对事例进行分析说明。有的毕业论文，虽然篇幅较长，但没有针对论点去分析，只是论点加例子，再堆砌一些材料，没有分析推理就下结论。这样的文章再长，也达不到说服人的目的，起不到证明观点的作用。其中最关键的原因是缺乏分析说理这个环节。只有找出论点和论据的关系，并根据一定的逻辑联系组织出恰当的语言，才算是正确的论证。道理说得越充分、越透彻，论文质量就越高。

（5）观点较偏激

由于未及时掌握国家现行的方针、政策，因而在论文中出现观点偏激、钻牛角尖或走极端的现象时有发生。衡量毕业论文的好坏，其首要条件就是看作者的观点是否正确、鲜明。要避免这一现象，首先要努力吸取新知识，接受新事物，使文章所反映出的思想、观点、见解跟上时代的步伐；其次，在确定论点的总立场时，需反复推敲斟酌该观点是否正确，是否符合客观事物的发展规律，是否有片面的、武断的、不实事求是的地方，如果有，要及时予以纠正。

（6）论文抄袭

第一次撰写论文的学生面对成千上万字的毕业论文时，会产生畏难情绪和依赖心理。为了能够完成这份论文作业，他们就会东拼西凑地抄袭成文，更有甚者，全文抄袭报纸、杂志、网上现成的论文。殊不知，毕业论文在检测时有着严格的要求：

① 与他人已完成的论文（包括已公开发表和未公开发表的论文）的结构、基本论点和内容基本相同，文字一致率达到60%以上者；

② 与他人已完成的论文中的重要段落的论点和内容基本相同（包括引文在内），文字一致率达到70%以上者；

③ 与他人已完成的论文中的一段连续的文句（300字以上）的文字基本相同，一致率达到80%以上，并未加注释，此项行为达2处以上者；

④ 与他人已完成的论文中的一段连续的文句（100字以上）的文字基本相同，一致率达到90%以上，并未加注释，此项行为达3处以上者。

学生所提交的毕业论文如有以上情形之一，都属于抄袭、剽窃行为。其实，借鉴别人的文章是可以的，但要在自己理解、体会的基础上，先吸取其中的营养，再用自己的智慧去创造。抄袭是自欺欺人的做法，也是很不道德的行为。

职称论文

职称论文是在一定职业范围内，用于评定职业职称的论文形式。职称论文在不同职业领域内所分等级不同，如工程师领域可分为初级工程师论文、中级工程师论文和高级工程师论文等。

一、职称评定对论文的要求

职称等级的不同，对论文的要求也不同。一般来说职称等级分初级职称、中级职称、高级职称三个等级。

① 初级职称。该等级是不需要发表论文的。初级职称评审通常只要满足其专业基础知识即可。

② 中级职称。该等级对论文要求较为简单，论文数量在1～2篇即可。对于论文的发表而言，只要查重率控制在30%以内便可。

③ 高级职称。该等级分两种，分别是副高级和高级。副高级论文数量为2～3篇，必须是在CN、ISSN等专业期刊上发表，双刊号齐全才可。论文查重率控制在20%以内。高级职称则要求较高，论文数量为3～5篇。其中至少有一篇核心期刊。也要求双刊号齐全，除论文以外，还须准备一篇专业的技术报告。

二、职称论文写作的要点

对于没有论文写作经验的人来说，想顺利地写出论文，可参考以下几点写作要求。

（1）选择论文方向

论文主题可以选择自己最熟悉的专业领域，例如自己参与的工程项目，熟悉的工程案例、工作经验和体会等都可列入在内。先多列几个主题，然后自己权衡一下利弊，看哪个方向比较容易着手，论证的材料比较多。选择一个有价值、有新意的论题方向即可。

（2）选定论文题目

有了论文方向，接下来就要确定具体的论文题目了。论文题目要体现出整个论题的核心。可以罗列几个论题的关键字或聚焦点，然后用简洁的语言将这些词串联起来即可。需注意的是，题目字数不能太长（不能超过20个字），语言结构要合理通顺。

（3）撰写论文初稿

选定题目后，接下来就要拟定内容大纲，初步搭建好该论文整体架构，然后再根据大纲内容收集整理相关的数据材料，并对大纲进行内容填充。在自己熟悉的领域，有大纲作引导，有严谨翔实的材料做后盾，相信论文写作会越来越顺利，速度也会越来越快。

（4）修改初稿

如果初稿完成后就着急交稿，那么被退稿的可能性会很大。因为论文有严格的审核机制，例如文章创新性不够、数据的真实性不够、文章结构不完整等。所以，在完成初稿后，需要对文章进行反复修改，关注语言表达是否恰当、写作思路是否清晰、图表描述是否准确、数据分析是否合理等。如果自己无法把控，也可请教该领域的专家帮忙把关。

三、职称论文与科技论文的区别

虽说从写作格式、写作要求、写作方法上来看，职称论文与其他论文大致相同，但从局部细节上看，还是有一定的区别的。

（1）论文发表的目的不同

职称论文是刚性需求，是每个要评定中高级职称的从业人员都必须要发表的一类论文，与职称评定有直接的联系，这也是由国家法律明确规定的，必须要在省级或者国家级正规期刊上发表才可。

科技论文一般是在做科学研究时，发现了某一项研究成果，要将该成果通过论文发表的形式与他人分享，其发表的目的性没有职称论文那么强烈，发表的要求也没那么严格。

（2）论文的侧重点不同

职称论文侧重于专业性。它体现更多的是在现实工作中，取得了什么样的实质性进展（实质性的进展又分为阶段性成果和最终成果），及这次论文发表的结果是否对后续研究工作有指导作用或最终作用。如果没有相应的研究成果，太过平淡就不必动手写论文。

科技论文更侧重于学术性。它往往都是参考和查阅大量文献资料后，总结前人优秀的科研成果，然后结合自己本次论文发表方向，提出新论点新论据，并通过实验研究等方式，形成新的数据结果来证明自己的论点，使自己发表的论文有理有据。

附录B

公文写作常用词句

一、公文写作高频词语汇总

（1）创新类词语

革故鼎新，新旧相融，推陈出新，闯出新路，不走弯路，掌握主动，先行探索，变中求新，创新竞进，筚路蓝缕，手胼足胝，老树新枝，凤凰涅槃，勇于变革，勇于创新，勇立潮头，守正开新，永不僵化，永不停滞，澎湃动力，彰显实力，标注动力，激发活力，独领世界，翱翔苍穹，因事而化，因时而进，因势而新，质量变革，效率变革，动力变革

（2）制度类词语

制度设计，制度建设，制度安排，制度完善，制度保障，制度衔接，前后衔接，左右联动，上下配套，系统集成，定规矩，搭架子，筑屏障，辟蹊径，划边界，立新规，竖向导，强监管，补弱项，增优势，添活力，作于细，成于严，立得住，行得通，管得了

（3）落实类词语

尽锐出战，真践实履，实干为要，不弃微末，不舍寸功，不受虚言，不听浮术，不慕虚荣，不务虚功，不图虚名，务实重干，落在细上，落在小上，落在实上，撸起袖子，扑下身子，不采华名，不兴伪事，强化落地，吹糠见米，盯住主业，务实笃行，闻令而行，听令即行，立说立行，少说多干，真抓实干，实干兴省，实绩惠民，埋头苦干，求真务实，常抓不懈，持之以恒，一抓到底，抢先抓早，抓在日常，严在经常，横向到边，纵向到底，不留死角，绵绵用力，久久为功，一以贯之，一抓到底，善作善成，推动落实，重点落实，精准落实，深化落实，埋头真抓，撸袖实干

（4）谋划类词语

稳中求进，以稳求进，以进固稳，定好盘子，理清路子，开对方子，宏观运筹，整体设计，先谋于局，后谋于略，略从局出，举旗定向，定向统领，统揽全局，多谋善断，凝魂聚力，摆兵布阵，谋篇共建，谋篇布局，巨细靡遗，前瞻谋划，科学谋划，冲锋冲刺，决战决胜，站在高处，望着远处，抢在前边，科学部署，一张蓝图，蓝图绘就，路标竖起，审时度势，精心谋划，超前布局，力争主动，按时施工，观大势，谋全局，易大事，思全局，谋方略，谋思路，出点子，拿建议，想办法，想对策，找短板，瞄把心，有规划，有蓝图，有基础，有措施，善谋远，善谋深

（5）调研类词语

解剖麻雀，放下架子，迈开双腿，迈开步子，趟出路子，扎下身子，沉到一线，亲自察看，亲自体验，吃透两头，吃透上情，摸清下情，把握内情，了解外情，

听真声音，挖真问题，找真药方，心中有数，心中有谱，心中有招，揣着问题，带着感情，躬身向下，深入基层，深入群众，深入一线，说走就走，随时可停，关注终端，接触末梢，朝下看，往下跑，向下钻，沉下心，走村寨，入农户，听民意，察民情，悉民困，惠民生，解民忧，谋民意，暖民心，融进去，走进去，取真经，讲政策，说情理，开眼界，过筛子，把准脉，问政策，聊变化，询饥饱

（6）形势类词语

人心思稳，人心思进，人心思富，常观大势，常思大局，形势逼人，挑战逼人，使命逼人，因势而谋，因势而动，应势而动，顺势而为，因势而进，分析形势，沟通思想，凝聚共识，谋划未来，登高望远，居安思危，拓宽视野，放眼世界，找到坐标，找到定位，紧跟时代，把握潮流，胸怀全局，统筹全局，胸怀大局，把握大势，着眼大事，厚植优势，自信坚定，瞄准靶向，赓续过往，立足当前，着眼长远，具有优势，占据先机，得之如宝，失之不再，任务艰巨，道阻且长，有待提高，任重道远，历史所鉴，事业所需，人心所向，众望所归，必然要求，迫切需要，必由之路，滚石上山，爬坡过坎，逆水行舟，不进则退，标兵渐远，追兵迫近

（7）领导类词语

胸怀天下，立己达人，坐镇中枢，指挥四方，定于一尊，一锤定音，扛起主责，抓好主业，当好主角，引航掌舵，把握方向，谋划全局，研究战略，制定政策，科学决策，保障落实，亲自挂帅，亲自出征，亲自督战，亲自推动，高屋建瓴，高举旗帜，高瞻远瞩，高位引领，高位聚能，高位推进，跟踪进度，敲钟问响，扶危定倾，力挽狂澜，运筹帷幄，务实进取，立论定向，统揽全局，协调各方，领袖风范，政治智慧，理论勇气，卓越才能，人格魅力，亲之劳之，思接千载，视通万里，指方向，明方略，管宏观，抓大事，抓思路，抓调研，抓推进，抓落实，定政策，带队伍，促改革，把方向，办大事，解难题，挽狂澜，开新局，忧之切，思之深

（8）成果类词语

更加完善，更加凸显，更加巩固，更加彰显，更加坚定，更加响亮，更加广泛，更加成熟，更加鲜明，更加多元，更加开阔，更加优化，更加壮大，更加美丽，持续改善，持续壮大，持续发展，持续完善，持续深化，全面加强，全面提升，全面深化，全面进步，全面推进，为之一振，继续改善，相互促进，加快完备，大幅提升，大力实施，相得益彰，多点开花，初具规模，进展顺利，健全完善，步伐加快，均衡普惠，卓有成效，硕果累累，富有成效，普遍提高，丰富多彩，频繁活跃，健康发展，形成品牌，优化提升，激荡人心，务实有力，较快增长，愈益清朗，砥砺奋进，民生改善，活力释放，守正出新，筑底企稳，转型加快，

质量提升，成为样板，百舸争流，及时有力，高潮迭起，渐成主流，切实维护，总体稳定，跃然升华，愈加坚定，高位增长，保持低位，活跃有序，增势强劲，依然强劲，再创佳绩，连战连捷，快速增长，小幅增长，继续回暖，加快构建，提速前进，互促互进，亮点多，活力强，成绩优，政策好，措施实

（9）状态类词语

勇当尖兵，爬坡过坎，奋勇向前，严字当头，实字托底，细上着力，往严里抓，往实里干，往细里做，蓬勃朝气，盎然锐气，浩然正气，夙夜在公，不舍昼夜，心无旁骛，静谧自怡，一门心思，一鼓作气，敢为人先，披荆斩棘，抖擞精神，奋发有为，步步深入，口令不换，方向不变，力度不减，对标对表，咬紧牙关，开拓进取，一心一意，兢兢业业，精益求精，爱岗敬业，干在实处，走在前列，做出表率，豁得出去，顶得上去，提起气来，沉下心去，上热下冷，上急下慢，上动下看，深思熟虑，源于精神，始于信心，奋楫争先，日拱一卒，脚踏春冰，头顶悬石

（10）担当类词语

敢于担当，乐于担当，严于担当，精于担当，敢破敢立，敢闯敢试，担责不误，临难不却，履险不惧，受屈不计，负重前行，担责不推，担事不躲，担学不辍，担难不怯，担忧不惧，扛重活，挑大梁，唱主角，打硬仗，立潮头，当先锋，树标杆，做示范，挺在先，冲在前，善纠错，放手干

（11）重点类词语

围绕节点，突出重点，打造亮点，破解难点，直击痛点，紧盯热点，疏通堵点，消除痛点，焦点不散，靶心不变，夯基垒台，选材备料，立柱架梁，抓纲举目，纲举目张，统筹兼顾，整体推进，有序推进，持续推进，兜牢底线，蹄疾步稳，策马扬鞭，积极审慎，集中精力，聚精会神，积厚成势，凝聚荟萃，辐射带动，创新引领，打七寸，克难点，建高点

（12）廉洁类词语

心存敬畏，手持戒尺，久久为功，廉洁从政，廉洁用权，廉洁修身，廉洁齐家，激浊扬清，抓早抓小，看准红线，守住底线，激荡清风，塑造新风，以戒为固，以怠为败，守之以理，守之以法，守之以谦，正心明道，大公无私，公私分明，先公后私，公而忘私，戒贪止欲，克己奉公，严以修身，俭以养德，明大德，守公德，严私德，出重拳，敲警钟，不放纵，不越轨，正衣冠，零容忍，清存量，量自身，正己身，养正气，固根本，知边界，有约束，讲规矩，重品行

（13）综治类词语

勇往直前，舍生忘死，勇于攻坚，善于克难，执法如山，刚正不阿，以法为据，以理服人，以情感人，扎根基层，默默无闻，法安天下，德润人心，科学立法，

严格执法，公正司法，全民守法，奉法固基，保安全，护稳定

（14）评价类词语

继往开来，谱写篇章，奠定基础，高瞻远瞩，丰富深邃，深邃精辟，视野宽广，擘画愿景，意蕴深厚，立意高远，思想深刻，要求具体，内涵丰富，博大精深，情真意切，催人奋进，振聋发聩，豪情满怀，引领方向，标明路径，视野开阔，气度恢宏，气势磅礴，气氛热烈，气质鲜明，可喜可贺，可圈可点，可赞可颂，引领风尚，春风化雨，铿锵有声，引经据典，譬喻丰富，心系发展，情系人民，文风朴实，再启新局，昭示希望，带着温暖，饱含深情，字字千钧，出新出彩，会风清新，建言务实，砥砺奋进，民生改善，活力释放，守正出新，站得高，盯得准，有高度，有深度，有温度，大决策，大布局，信念坚，作风硬，本领高

（15）表态类词语

态度坚决，信心坚定，情绪饱满，决心很大，系统领会，深刻理解，准确把握，衷心拥护，全心支持，积极参与，秉承初心，承梦前行，不忘初心，维护核心，摆脱困境，撕掉标签，贴上名片，鼎力支持，责任重大，使命光荣，恪尽职守，勤勉工作，不辱使命，不负重托，时代先锋，摆在首位

（16）协商类词语

凝聚共识，凝聚智慧，凝聚力量，言之有据，言之有理，言之有度，言之有物，真诚协商，务实协商，前瞻务实，咨政建言，增信释疑，协调关系，解疑释惑，宣传政策，理顺情绪，化解矛盾，增进共识，好参谋，好帮手，道实情，建良言，凝众智，展宏图，添动力，聚合力

（17）措施类词语

提档升级，统筹发展，攻坚破难，共建共享，坚守底线，凝心聚力，稳中求进，科学赶超，强基固本，项目带动，旺旅兴工，聚力转型，融城带乡，协调发展，重教治贫，共建小康，助力融资，援企稳岗，促转型，促改革，促民生，促开放，促和谐，抓治理，抓延伸，抓改革，强治理，强引擎，稳增长，建机制，建制度，打基础，搭平台，求突破，施法制，固根本，调结构，提质效，保稳定，防风险，寻突破，抓环保，优生态

（18）学习类词语

知行合一，以知促行，以行求知，敏于求知，勤于学习，敢于创新，勇于实践，静心沉潜，目标专一，洗礼心灵，内正其心，外正其行，学以修身，学以增智，学以提能，学以致用，入脑入心，意解情通，嵌入灵魂，学思践悟，融入血液，注入灵魂，日积月累，勤学不倦，学在深处，谋在新处，干在实处，引向深入，见到实效，奋斗以成，走深踩实，融入血脉，案头书，座右铭，学而信，学而用，学而行，践于行，求真理，明事理

（19）优化营商环境类词语

精简事项，简化流程，降低费用，聚焦主业，坚守实业，依法合规，审慎经营，审慎稳健，降门槛，少证明，减环节，抓培训，强监管，补短板，堵漏洞，防风险，放到底，管到位，精策划，建载体，优保障，落到位，见成效，简手续，防风险

（20）其他类词语

交流经验，研究问题，全面覆盖，人岗相宜，腾笼换鸟，反复酝酿，逐级遴选，吸收外来，面向未来，斟酌损益，新老接力，梯次接续，政策沟通，设施联通，贸易顺通，资金融通，民心相通，一村一品，一村一韵，接单回应，导引善行，阻挡贪念，无处不在，无所不及，转方向，促协同，疏堵点，创品牌，优服务，讲仁爱，重民本，守诚信，求大同，观其德，视其能

二、公文写作万能金句汇总

① 必须坚持立党为公、执政为民，把实现好、维护好、发展好最广大人民的根本利益作为党的核心价值。

② 要坚持用制度管权、管事、管人，建立健全决策权、执行权、监督权既相互制约又相互协调的权力结构和运行机制。

③ 坚持以人为本，坚持执法为民，维护人民权益，既是历史唯物主义的基本观点，又是社会主义法治的核心原则；既是社会主义法律的根本标志，又是政法工作的目标追求。

④ 按照科学发展观的要求，在指导思想、思维方式、实际行动上实现新的转变，真正以科学的理念、和谐的方法，从更高起点、更高层次、更高水平上来谋划、改进政法工作。

⑤ 在全国县级以上党政领导班子、领导干部中开展了以"讲学习、讲政治、讲正气"为主要内容的党性党风教育。

⑥ 以非比寻常的决心干劲，以非比寻常的过硬措施，以非比寻常的工作成效，履行好中国特色社会主义事业建设者、捍卫者的神圣使命。

⑦ 努力把党建优势转化为发展优势，把党建资源转化为发展资源，把党建成果转化为发展成果。

⑧ 各级领导干部要成为有决心有担当的改革实干家：强化决战决胜的改革定力，强化亲力亲为的改革行动。

⑨ 谋篇布局强基础，凝心聚魂壮筋骨，强基固本筑堡垒，严管厚爱增活力，明责实抓见成效。

⑩ 着力转变职能、理顺关系、优化结构、提高效能，形成权责一致、分工合

理、决策科学、执行顺畅、监督有力的行政管理体制。

⑪ 真正把政治上靠得住、工作上有本事、作风过硬、人民群众信得过、善于领导科学发展的优秀干部选拔到各级领导岗位上来。

⑫ 一个"亲"字密切政商关系，另一个"清"字规范政商关系。亲不逾矩，清不远疏。

⑬ 层层深入，一级带着一级干，把作风建设推向前进；常抓不懈，一扣接着一扣拧，用管用的制度实现作风建设常态化；激浊扬清，一浪推着一浪行，引领良好社风民风。

⑭ 监督执纪"四种形态"，层层设防、层层拦截，是用纪律红线防止小问题变成大错误，是教育挽救，而不是大事化小、小事化了。

⑮ 要健全民主制度，丰富民主形式，拓宽民主渠道，依法实行民主选举、民主决策、民主管理、民主监督，保障人民的知情权、参与权、表达权、监督权。

⑯ 明确提出要坚持德才兼备、注重实绩、群众公认的用人原则，坚持任人唯贤、公道正派的用人路线，坚持注重品行、科学发展、崇尚实干、重视基层、鼓励创新、群众公认的用人导向。

⑰ 全党同志要倍加珍惜、长期坚持和不断发展党历经艰辛开创的中国特色社会主义道路和中国特色社会主义理论体系，坚持解放思想、实事求是、与时俱进，勇于变革、勇于创新，永不僵化、永不停滞。

⑱ 监管不能"走过场"，批评不能"不痛不痒"，自律不能"挂空挡"，努力把全面从严治党"责任田"种成"示范田"。强化工作担当，层层传导压力，自觉做到知责、明责、压责、问责。

⑲ 一个人如果被陋规所裹挟，长此以往，良知正气就会跑冒滴漏，是非界限就会日渐模糊，思想和行为就会偏离正道，最终必被陋规所误。

⑳ 解放思想，改革创新，扎实工作，为夺取全面建成小康社会新胜利而努力奋斗！

㉑ 以科学化、民主化、制度化为目标，不断推进和深化干部人事制度改革。

㉒ 实行自我管理、自我服务、自我教育、自我监督。树立社会主义民主法治、自由平等、公平正义理念。

㉓ 优化公共资源配置，创新公共服务体制，提高公共服务质量。

㉔ 党员领导干部要增强党员意识，自觉讲党性、重品行、作表率。切实维护党的执政地位，切实维护国家安全，切实维护人民权益。把城乡社区建设成为管理有序、服务完善、文明祥和的社会生活共同体。

㉕ 重在固本强基，要在依法办事，利在聚焦发展，贵在和谐稳定。

㉖ 党中央对党的思想建设、组织建设、作风建设、制度建设和反腐倡廉建设作出了一系列重大决策和部署。

㉗ 坚持教育在前，打好思想"预防针"，坚持源头治理，扎紧制度"铁笼子"，坚持问题导向，筑牢作风"防火墙"。

㉘ 拿出舍我其谁的勇气、奋力一搏的劲头、无路可退的决心，争当思想解放的先锋、改革创新的好手。

㉙ 求和平、谋发展、促合作已经成为不可阻挡的时代潮流。

㉚ 在思想上对标对表、在行动上紧跟紧随、在执行上坚定坚决、在落实上落地生根。

㉛ 挺立潮头堪为中流砥柱，与时俱进才会基业长青。

㉜ 多做群众最急最盼的事，多做惠民利民的事，多做得人心暖人心的事。

㉝ 按照科学发展观的要求，在指导思想、思维方式、实际行动上实现新的转变，真正以科学的理念、和谐的方法，从更高起点、更高层次、更高水平上来谋划、改进政法工作。

㉞ 自觉从人民最满意的事情做起，从人民最不满意的问题改起，自觉把人民最期盼、最迫切、最急需解决的民生问题作为加强和改进政法工作的切入点、着力点。

㉟ 更加注重向社会学习、向群众学习，组织新进政法机关的干警以及长期在机关工作的干警到基层一线摸爬滚打，使他们真正了解群众的疾苦、掌握群众的心理、增进对群众的感情，学会与群众打交道、交朋友，提高做好群众工作的实际本领。

㊱ 政法机关领导干部一定要做勤于学习、善于思考的表率，一定要做以人为本、执法为民的表率，一定要做求真务实、真抓实干的表率，一定要做解放思想、改革创新的表率，一定要做严于律己、廉政勤政的表率，一定要做抓好班子、带好队伍的表率。

㊲ 必须保持经济平稳较快发展，必须加快转变经济增长方式，必须提高自主创新能力。

㊳ 按照统筹城乡、布局合理、节约土地、功能完善、以大带小的原则，促进大中小城市和小城镇协调发展。

㊴ 不同的利益诉求不仅会在干部群众的工作和生活中表现出来，也会在不同地方、不同领域、不同部门表现出来。

㊵ 善于运用法律手段维护人民群众的切身利益，善于运用法律手段调节经济社会关系，善于运用法律手段化解矛盾纠纷，善于运用法律手段预防打击犯罪维护秩序。

㊶ 要以社会保险、社会救助、社会福利为基础，以基本养老、基本医疗、最低生活保障制度为重点，以慈善事业、商业保险为补充，加快完善社会保障体系。

㊷ 扩大开放领域，优化开放结构，提高开放质量，完善内外联动、互利共赢、

安全高效的开放型经济体系。

㊷ 在优化结构、提高效益、降低消耗、保护环境的基础上，实现人均国内生产总值到20××年比20××年翻两番。

㊹ 领导干部要做勤于学习、执法为民、求真务实、改革创新、敢抓敢管、廉政勤政的表率。

㊺ 加强政协自身建设，发挥协调关系、汇聚力量、建言献策、服务大局的重要作用。

㊻ 在战略部署上"扣扣子"、在责任履行上"担担子"、在工作落实上"钉钉子"。

㊼ 坚决打好生态环境建设攻坚战。把农村生态环境质量挺在前面、突出出来，坚持以绿治乱，以绿控违，以绿兴业，以绿惠民。

㊽ 要坚定理想信念，真心愿干；要树立担当意识，公心敢干；要发扬工匠精神，用心实干。

㊾ "一条心"合众力，"一股劲"闯难关，"一手牌"解难题，"一身正"聚人心。

㊿ 统筹"三维"，即统筹好上下、前后、左右维度；做到"四化"，即做到标准化、规范化、流程化、常态化。

附录C

党政机关公文处理
工作条例

党政机关公文处理工作条例

（《党政机关公文处理工作条例》经党中央、国务院同意，由中央办公厅、
国务院办公厅于2012年4月16日印发，自2012年7月1日正式施行）

第一章　总则

第一条　为了适应中国共产党机关和国家行政机关（以下简称党政机关）工作需要，推进党政机关公文处理工作科学化、制度化、规范化，制定本条例。

第二条　本条例适用于各级党政机关公文处理工作。

第三条　党政机关公文是党政机关实施领导、履行职能、处理公务的具有特定效力和规范体式的文书，是传达贯彻党和国家的方针政策，公布法规和规章，指导、布置和商洽工作，请示和答复问题，报告、通报和交流情况等的重要工具。

第四条　公文处理工作是指公文拟制、办理、管理等一系列相互关联、衔接有序的工作。

第五条　公文处理工作应当坚持实事求是、准确规范、精简高效、安全保密的原则。

第六条　各级党政机关应当高度重视公文处理工作，加强组织领导，强化队伍建设，设立文秘部门或者由专人负责公文处理工作。

第七条　各级党政机关办公厅（室）主管本机关的公文处理工作，并对下级机关的公文处理工作进行业务指导和督促检查。

第二章　公文种类

第八条　公文种类主要有：

（一）决议。适用于会议讨论通过的重大决策事项。

（二）决定。适用于对重要事项作出决策和部署、奖惩有关单位和人员、变更或者撤销下级机关不适当的决定事项。

（三）命令（令）。适用于公布行政法规和规章、宣布施行重大强制性措施、批准授予和晋升衔级、嘉奖有关单位和人员。

（四）公报。适用于公布重要决定或者重大事项。

（五）公告。适用于向国内外宣布重要事项或者法定事项。

（六）通告。适用于在一定范围内公布应当遵守或者周知的事项。

（七）意见。适用于对重要问题提出见解和处理办法。

（八）通知。适用于发布、传达要求下级机关执行和有关单位周知或者执行的事项，批转、转发公文。

（九）通报。适用于表彰先进、批评错误、传达重要精神和告知重要情况。

（十）报告。适用于向上级机关汇报工作、反映情况，回复上级机关的询问。

（十一）请示。适用于向上级机关请求指示、批准。

（十二）批复。适用于答复下级机关请示事项。

（十三）议案。适用于各级人民政府按照法律程序向同级人民代表大会或者人民代表大会常务委员会提请审议事项。

（十四）函。适用于不相隶属机关之间商洽工作、询问和答复问题、请求批准和答复审批事项。

（十五）纪要。适用于记载会议主要情况和议定事项。

第三章 公文格式

第九条 公文一般由份号、密级和保密期限、紧急程度、发文机关标志、发文字号、签发人、标题、主送机关、正文、附件说明、发文机关署名、成文日期、印章、附注、附件、抄送机关、印发机关和印发日期、页码等组成。

（一）份号。公文印制份数的顺序号。涉密公文应当标注份号。

（二）密级和保密期限。公文的秘密等级和保密的期限。涉密公文应当根据涉密程度分别标注"绝密""机密""秘密"和保密期限。

（三）紧急程度。公文送达和办理的时限要求。根据紧急程度，紧急公文应当分别标注"特急""加急"，电报应当分别标注"特提""特急""加急""平急"。

（四）发文机关标志。由发文机关全称或者规范化简称加"文件"二字组成，也可以使用发文机关全称或者规范化简称。联合行文时，发文机关标志可以并用联合发文机关名称，也可以单独用主办机关名称。

（五）发文字号。由发文机关代字、年份、发文顺序号组成。联合行文时，使用主办机关的发文字号。

（六）签发人。上行文应当标注签发人姓名。

（七）标题。由发文机关名称、事由和文种组成。

（八）主送机关。公文的主要受理机关，应当使用机关全称、规范化简称或者同类型机关统称。

（九）正文。公文的主体，用来表述公文的内容。

（十）附件说明。公文附件的顺序号和名称。

（十一）发文机关署名。署发文机关全称或者规范化简称。

（十二）成文日期。署会议通过或者发文机关负责人签发的日期。联合行文时，署最后签发机关负责人签发的日期。

（十三）印章。公文中有发文机关署名的，应当加盖发文机关印章，并与署名机关相符。有特定发文机关标志的普发性公文和电报可以不加盖印章。

（十四）附注。公文印发传达范围等需要说明的事项。

（十五）附件。公文正文的说明、补充或者参考资料。

（十六）抄送机关。除主送机关外需要执行或者知晓公文内容的其他机关，应当使用机关全称、规范化简称或者同类型机关统称。

（十七）印发机关和印发日期。公文的送印机关和送印日期。

（十八）页码。公文页数顺序号。

第十条　公文的版式按照《党政机关公文格式》国家标准执行。

第十一条　公文使用的汉字、数字、外文字符、计量单位和标点符号等，按照有关国家标准和规定执行。民族自治地方的公文，可以并用汉字和当地通用的少数民族文字。

第十二条　公文用纸幅面采用国际标准A4型。特殊形式的公文用纸幅面，根据实际需要确定。

第四章　行文规则

第十三条　行文应当确有必要，讲求实效，注重针对性和可操作性。

第十四条　行文关系根据隶属关系和职权范围确定。一般不得越级行文，特殊情况需要越级行文的，应当同时抄送被越过的机关。

第十五条　向上级机关行文，应当遵循以下规则：

（一）原则上主送一个上级机关，根据需要同时抄送相关上级机关和同级机关，不抄送下级机关。

（二）党委、政府的部门向上级主管部门请示、报告重大事项，应当经本级党委、政府同意或者授权；属于部门职权范围内的事项应当直接报送上级主管部门。

（三）下级机关的请示事项，如需以本机关名义向上级机关请示，应当提出倾向性意见后上报，不得原文转报上级机关。

（四）请示应当一文一事。不得在报告等非请示性公文中夹带请示事项。

（五）除上级机关负责人直接交办事项外，不得以本机关名义向上级机关负责人报送公文，不得以本机关负责人名义向上级机关报送公文。

（六）受双重领导的机关向一个上级机关行文，必要时抄送另一个上级机关。

第十六条　向下级机关行文，应当遵循以下规则：

（一）主送受理机关，根据需要抄送相关机关。重要行文应当同时抄送发文机关的直接上级机关。

（二）党委、政府的办公厅（室）根据本级党委、政府授权，可以向下级党委、政府行文，其他部门和单位不得向下级党委、政府发布指令性公文或者在公文中向下级党委、政府提出指令性要求。需经政府审批的具体事项，经政府同意后可以由政府职能部门行文，文中须注明已经政府同意。

（三）党委、政府的部门在各自职权范围内可以向下级党委、政府的相关部门行文。

（四）涉及多个部门职权范围内的事务，部门之间未协商一致的，不得向下行文；擅自行文的，上级机关应当责令其纠正或者撤销。

（五）上级机关向受双重领导的下级机关行文，必要时抄送该下级机关的另一个上级机关。

第十七条　同级党政机关、党政机关与其他同级机关必要时可以联合行文。属于党委、政府各自职权范围内的工作，不得联合行文。

党委、政府的部门依据职权可以相互行文。

部门内设机构除办公厅（室）外不得对外正式行文。

第五章　公文拟制

第十八条　公文拟制包括公文的起草、审核、签发等程序。

第十九条　公文起草应当做到：

（一）符合党的理论路线方针政策和国家法律法规，完整准确体现发文机关意图，并同现行有关公文相衔接。

（二）一切从实际出发，分析问题实事求是，所提政策措施和办法切实可行。

（三）内容简洁，主题突出，观点鲜明，结构严谨，表述准确，文字精练。

（四）文种正确，格式规范。

（五）深入调查研究，充分进行论证，广泛听取意见。

（六）公文涉及其他地区或者部门职权范围内的事项，起草单位必须征求相关地区或者部门意见，力求达成一致。

（七）机关负责人应当主持、指导重要公文起草工作。

第二十条　公文文稿签发前，应当由发文机关办公厅（室）进行审核。审核的重点是：

（一）行文理由是否充分，行文依据是否准确。

（二）内容是否符合党的理论路线方针政策和国家法律法规；是否完整准确体现发文机关意图；是否同现行有关公文相衔接；所提政策措施和办法是否切实可行。

（三）涉及有关地区或者部门职权范围内的事项是否经过充分协商并达成一致意见。

（四）文种是否正确，格式是否规范；人名、地名、时间、数字、段落顺序、引文等是否准确；文字、数字、计量单位和标点符号等用法是否规范。

（五）其他内容是否符合公文起草的有关要求。

需要发文机关审议的重要公文文稿，审议前由发文机关办公厅（室）进行初核。

第二十一条　经审核不宜发文的公文文稿，应当退回起草单位并说明理由；符合发文条件但内容需作进一步研究和修改的，由起草单位修改后重新报送。

第二十二条　公文应当经本机关负责人审批签发。重要公文和上行文由机关主要负责人签发。党委、政府的办公厅（室）根据党委、政府授权制发的公文，由受权机关主要负责人签发或者按照有关规定签发。签发人签发公文，应当签署意见、姓名和完整日期；圈阅或者签名的，视为同意。联合发文由所有联署机关的负责人会签。

第六章　公文办理

第二十三条　公文办理包括收文办理、发文办理和整理归档。

第二十四条　收文办理主要程序是：

（一）签收。对收到的公文应当逐件清点，核对无误后签字或者盖章，并注明签收时间。

（二）登记。对公文的主要信息和办理情况应当详细记载。

（三）初审。对收到的公文应当进行初审。初审的重点是：是否应当由本机关办理，是否符合行文规则，文种、格式是否符合要求，涉及其他地区或者部门职权范围内的事项是否已经协商、会签，是否符合公文起草的其他要求。经初审不符合规定的公文，应当及时退回来文单位并说明理由。

（四）承办。阅知性公文应当根据公文内容、要求和工作需要确定范围后分送。批办性公文应当提出拟办意见报本机关负责人批示或者转有关部门办理；需要两个以上部门办理的，应当明确主办部门。紧急公文应当明确办理时限。承办部门对交办的公文应当及时办理，有明确办理时限要求的应当在规定时限内办理完毕。

（五）传阅。根据领导批示和工作需要将公文及时送传阅对象阅知或者批示。办理公文传阅应当随时掌握公文去向，不得漏传、误传、延误。

（六）催办。及时了解掌握公文的办理进展情况，督促承办部门按期办结。紧急公文或者重要公文应当由专人负责催办。

（七）答复。公文的办理结果应当及时答复来文单位，并根据需要告知相关单位。

第二十五条　发文办理主要程序是：

（一）复核。已经发文机关负责人签批的公文，印发前应当对公文的审批手续、内容、文种、格式等进行复核；需作实质性修改的，应当报原签批人复审。

（二）登记。对复核后的公文，应当确定发文字号、分送范围和印制份数并详细记载。

（三）印制。公文印制必须确保质量和时效。涉密公文应当在符合保密要求的场所印制。

（四）核发。公文印制完毕，应当对公文的文字、格式和印刷质量进行检查后分发。

第二十六条 涉密公文应当通过机要交通、邮政机要通信、城市机要文件交换站或者收发件机关机要收发人员进行传递，通过密码电报或者符合国家保密规定的计算机信息系统进行传输。

第二十七条 需要归档的公文及有关材料，应当根据有关档案法律法规以及机关档案管理规定，及时收集齐全、整理归档。两个以上机关联合办理的公文，原件由主办机关归档，相关机关保存复制件。机关负责人兼任其他机关职务的，在履行所兼职务过程中形成的公文，由其兼职机关归档。

第七章　公文管理

第二十八条 各级党政机关应当建立健全本机关公文管理制度，确保管理严格规范，充分发挥公文效用。

第二十九条 党政机关公文由文秘部门或者专人统一管理。设立党委（党组）的县级以上单位应当建立机要保密室和机要阅文室，并按照有关保密规定配备工作人员和必要的安全保密设施设备。

第三十条 公文确定密级前，应当按照拟定的密级先行采取保密措施。确定密级后，应当按照所定密级严格管理。绝密级公文应当由专人管理。

公文的密级需要变更或者解除的，由原确定密级的机关或者其上级机关决定。

第三十一条 公文的印发传达范围应当按照发文机关的要求执行；需要变更的，应当经发文机关批准。

涉密公文公开发布前应当履行解密程序。公开发布的时间、形式和渠道，由发文机关确定。

经批准公开发布的公文，同发文机关正式印发的公文具有同等效力。

第三十二条 复制、汇编机密级、秘密级公文，应当符合有关规定并经本机关负责人批准。绝密级公文一般不得复制、汇编，确有工作需要的，应当经发文机关或者其上级机关批准。复制、汇编的公文视同原件管理。

复制件应当加盖复制机关戳记。翻印件应当注明翻印的机关名称、日期。汇编本的密级按照编入公文的最高密级标注。

第三十三条 公文的撤销和废止，由发文机关、上级机关或者权力机关根据职权范围和有关法律法规决定。公文被撤销的，视为自始无效；公文被废止的，视为自废止之日起失效。

第三十四条 涉密公文应当按照发文机关的要求和有关规定进行清退或者销毁。

第三十五条　不具备归档和保存价值的公文，经批准后可以销毁。销毁涉密公文必须严格按照有关规定履行审批登记手续，确保不丢失、不漏销。个人不得私自销毁、留存涉密公文。

第三十六条　机关合并时，全部公文应当随之合并管理；机关撤销时，需要归档的公文经整理后按照有关规定移交档案管理部门。

工作人员离岗离职时，所在机关应当督促其将暂存、借用的公文按照有关规定移交、清退。

第三十七条　新设立的机关应当向本级党委、政府的办公厅（室）提出发文立户申请。经审查符合条件的，列为发文单位，机关合并或者撤销时，相应进行调整。

第八章　附　则

第三十八条　党政机关公文含电子公文。电子公文处理工作的具体办法另行制定。

第三十九条　法规、规章方面的公文，依照有关规定处理。外事方面的公文，依照外事主管部门的有关规定处理。

第四十条　其他机关和单位的公文处理工作，可以参照本条例执行。

第四十一条　本条例由中共中央办公厅、国务院办公厅负责解释。

第四十二条　本条例自2012年7月1日起施行。1996年5月3日中共中央办公厅发布的《中国共产党机关公文处理条例》和2000年8月24日国务院发布的《国家行政机关公文处理办法》停止执行。